民文化 운동, 민화연구와 보급에 헌신한 선각자 조자용의 생애와 사상

조자용과 민화운동

월간 민화

KB133111

주시록(酒示錄)

조자용

酒여, 맥주여, 시원한 술님이여,
목마른 자의 답답한 속을 풀어 주시고,
찌푸린 이맛살을 펴주시고,
너그러운 마음씨의 씨알을 심어주시니
감사하고 감사하나이다.
세상의 모든 못마땅한 일, 구역질나는 일,
삐뚤어진 일, 속상한 일, 안타까운 일,
욕하고 싶은 일, 싸우고 싶은 일,
다 잊어버리게 하시니
님의 뜻에 따라 관대하게 안아주겠나이다.

酒여, 법주여, 거룩한 술님이여,
법에 눌려 피어날 줄 모르는 째째한 자에게,
법을 뚫고 나가 가슴을 활짝 펼 수 있는 힘을 주시니
감사하고 감사하나이다.
창조의 기능을 마비시키는 법, 왜소한 인간성을 자인하는 법,
형식의 구멍으로 몰아넣는 법,
이런 그릇된 법을 주입한 착각 교육의 주사기를
뺏어버리기 위하여
빼라 빼라 하면서 벗어버리겠나이다.

酒여 양주여, 비싼 술님이여,
돈에 어두운 자에게 돈맛을 가르쳐주시니
감사하고 감사하나이다.
민족의 얼을 되찾으려고 땀 흘리는 자,
가엾은 사람을 도우려고 애쓰는 자,
이 모든 사람이 돈을 몰라서 허덕이고 있는데
이제 님으로 하여 돈이 곧 자유와 힘이란 진리를
전도하게 되었사오니
돈 돈 하면서 돈교나 포교하겠나이다.

酒여, 탁주여, 텁텁한 술님이여,
멋들어진 민족 예술의 주류이시며,
가락과 멋과 신바람의 원천이시며
외세에 휩쓸리지 않고 뼈대 지킨 주체이며
구국의 영웅과 만고 멋쟁이들의 도깨비 국물이신 님이여,
님의 참뜻을 깨닫지 못하는 가엾은 자,
님의 뜻을 거역하고 님을 팔아먹는 자,
님의 멋을 모르고 욕하는 자,
님의 넓고 넓은 사랑을 모르고 슬슬 피하는 자,
이 모든 얼빠진 무리를 용서해 주시옵고,
크고 크신 힘과 지혜와 사랑으로써
앞 못 보는 겨레를 주시酒示하여 주옵소서.

조자용의 그림

조자용 도깨비 스케치

조자용의 그림

조자용 작품(1978, 호자)

만물초(조자용 그림)

조자용의 낙관

❶ ❷ ❸ 조자용의 낙관 ❹ 조자용의 친필과 낙관

조자용의 글씨

조자용 친필, 운우산천(雲雨山川) 151×10cm, 지본수묵, 김현경 소장

그 사람, 조자용

조자용 선생님과의 인연을 생각하며

　이 책은 이태 전에 나온 필자의 박사학위 논문을 일반 대중이 읽기 편하
도록 다듬은 것이다. 학위논문의 딱딱함을 탈피하여 조금은 부드럽게 이야
기하듯 조자용 선생님의 이야기를 펼쳐보고자 했다.

　생각해보면 늦은 나이에 민화를 그리고, 박사과정을 수료한 후 우리나
라 민화계의 중시조(中始祖) 격인 고(故) 조자용 선생님을 만나게 된 건 필
시 인연(因緣)이라고 밖에는 설명할 길이 없을 것 같다. 그 분 생전에 만나
뵌 적은 없지만, 선생님이 걸었던 삶의 궤적(軌跡), 민화와 기층문화에 대
한 수집과 전시 · 연구의 업적, 그리고 마지막으로 그 분과 인연을 맺었던
수많은 분들과의 만남을 통해 조자용 선생님을 간접적으로나마 만날 수 있
게 된 것은 만학도(晚學徒)인 나의 후반기 인생에 결정적인 전환점이 될 수
밖에 없었다.

　조자용 선생님에 대한 논문을 쓰기로 결정한 것은 미얀마를 여행하던
중이었다. 윤열수 가회민화박물관장과 윤범모 가천대학교 교수가 조자용
기념사업에 대해 이야기를 나누던 중에 조자용 선생님을 조명하는 박사학
위 논문도 나오면 좋겠다는 얘기를 하셨다. 당시 학위 논문을 준비하고 있
던 필자는 그 말을 듣는 순간 한번 해보고 싶다는 생각이 들었고 다음 날
두 분께 조자용 선생님에 대한 논문을 쓰고 싶다고 말했다. 여행에서 돌아
오자마자 지도교수인 정병모 교수와 의논해 논문주제를 바꾸기에 이르렀
다. 여행 당시 불교의 나라 미얀마에서 필자의 기원은 오로지 시집 간 큰
딸의 회임(懷妊)을 바라는 것이 전부였는데, 뜻밖에도 박사학위 논문인『조

자용의 민화운동 연구』가 먼저 나왔고, 경주대학교 대학원에서 2015년 문학박사 학위를 받게 되었다.

조자용 연구의 첫 시작으로 선생님의 저서인 『삼신민고』를 읽으면서 인연이라는 생각에 놀랐다. 십여 년 전에 어떤 불사(佛事)에 참여했던 적이 있었는데, 그때는 절인지 산신각인지도 구별하지 못할 정도로 상식이 부족했던 시절이었다. 전각이 완성되고 나서야 그곳이 산신각인 줄 알았으니… 그 후 필자는 절에 갈 기회가 있으면 산신각에 꼭 인사를 드린다. 이 책을 읽기 전까지 필자는 선생님에 대해 오로지 민화와 관련해서만 생각하고 있었으니 선생님에 대한 연구가 참으로 다행이란 생각이 든다. 시간이 지날수록 시대를 앞섰던 건축가 그리고 민문화 운동가로서의 중요했던 선생님 모습이 점점 크게 드러났다.

조자용 연구를 진행하면서 많은 사람들을 만나 선생님에 대한 이야기를 나누면서 그 분들의 인연이 여전히 계속되고 있음을 알게 되었다. 심우성 공주민속극박물관장은 '조자용 형님은 남사당놀이패를 위해 아낌없이 후원해주었고 공주민속극박물관을 만들 때도 많은 도움을 주었다'고 하셔서 선생님이 전통문화 복원을 위해서도 많은 지원을 했다는 사실을 알게 되었다.

허영환 전 성신여대 교수는 오래 전 기자였던 시절에 선생님을 만난 것이 계기가 되어 미술사를 전공하기 위해 유학을 떠나게 되었다면서 언젠가는 자신이 선생님의 평전을 쓰리라 생각했는데 "이름도 모르는 경상도 여인이 나타나 박사학위논문을 쓰게 될 줄은 몰랐다" 면서 격려를 아끼지 않으셨다. 이관용 전 서울대 교수는 에밀레박물관 소장품으로 1979년부터 일본의 6개 도시를 순회했던 민화전시의 도록을 구해주면서 용기를 북돋아주셨다. 그리고 이상규 경북대학교 교수는 선생님의 연구가 우리 고대사연구에 기여한 학술적 가치를 깨우쳐주셨고, 건축학도 시절 선생님의 건축물 앞에서 직접 가르침을 받은 이중우 전 계명대학교 교수는 우리나라 현대건축사에서 선생님의 위치를 분명히 보여주셨다.

이호재 가나아트센터 회장은 선생님이 민화를 다른 곳으로 넘겨야 할 상황에서 단 한 번도 흥정을 한 적이 없었다는 말로 선생님의 성품과 두 분의 오랜 인연을 느끼게 했다. 송규태 화백은 민화에 대한 모든 것을 가르쳐주셨고, 구활 선생님은 글을 통해 풍류가 조자용의 본모습을 표현하셨다. 김영호 전 하와이대학교 교수는 한걸음에 달려 나와 선생님과 존 카터 코벨 교수와의 인연과 미국에서의 첫 민화전시에 대해 자세하게 설명하셨고 그 시절 하와이대 유학생이었던 박찬석 전 경북대학교 총장은 까치호랑이에 대한 귀중한 견해까지 들려주셨다. 김윤근 경주문화원 원장과 윤광주 선생의 이야기는 경주에서 도깨비기와를 수집했던 선생님의 행적에 대한 귀한 자료가 되었다. 무세중 선생은 부족한 삼신에 대한 자각을 일깨워주셨고, 김금화 만신은 LA 행콕공원에서 벌어진 굿판을 자세히 기억하셨다. 김만희 선생도 초창기 국내외 민화전시의 상황을 알려주셨다.

김종규 문화유산국민신탁 이사장은 인터뷰를 마치자 전용차를 내주시면서 "조자용 선생님 때문에 왔으니 내 차로 모셔야 한다"고 권하셔서 그 차를 타고 돌아오기도 했다. 덕분에 우리나라 최초의 신식 도서관이었던 중명전 2층에서 차를 마시며, 조자용 선생님이 한옥으로 멋지게 설계한 주한 미국대사의 관저를 내다보는 호사를 누리기도 했다. 허동화 한국자수박물관 관장은 휴일 오전에 댁으로 방문했지만 멋진 모습으로 반겨주셨고, 수십 년 간직한 선생님의 선물인 호랑이 이빨을 보여주면서 지난날을 어제 일처럼 추억하셨다. 김쾌정 한국박물관협회 회장은 젊은 날 선생을 만나 한국민중박물관협회를 만들었던 상황을 상세히 들려주셨다. 황규완 선생은 평창동 가나아트센터의 전시에서 만나 선생님의 생전 목소리를 들을 수 있도록 해주셨으니(보관하던 녹음 파일을 통해), 열심히 하다보면 어느 날 자료가 저절로 걸어온다는 말이 사실인 것도 같았고, 한편으로는 선생님의 커다란 음덕(陰德)을 받고 있는 것이 아닐까 하는 생각도 들었다.

민학회 회원들의 추억은 각별했다. 선생님과 긴 세월을 함께 한 그분들이 아니라 한참 뒤에 나타난 필자가 선생님에 대한 연구를 했다는 것이 참으로 송구한 마음이 든다. 40년이 넘도록 이어지고 있는 민학회 답사의 일정으로 지리산 청학동에 있는 삼성궁의 개천대제에 참석해 마을사람들이 벌이는 축하공연 중에 전통복식을 입고 북을 치던 어린아이의 천진함을 보면서 우리 전통을 지키며 살고 있는 사람들에 대한 고마움을 느꼈던 기억도 생생하다. 저승에서도 이승의 끈을 놓지 않고 이러한 기회를 만들어주신 선생님에게 정말 하염없이 감사할 따름이다. 학위 논문 준비를 한답시고 돌아가신 조자용 선생님의 덕을 톡톡히 보면서 다녔는데, 공부는 콩알만큼 했으니 뒤늦은 호통을 받을까 두렵기도 하다.

많은 사람들이 그리워하는 조자용 선생님은 어느새 필자의 마음에서도 반짝이는 별이 되었다. 세상이 아무리 빠르게 변한다고 해도 진실은 우리의 마음을 움직인다. 우리 문화의 참모습을 찾으려했던 선생님의 숭고한 열정과 진실한 마음이야말로 우리에게 커다란 울림을 던져주고 있다는 생각이 든다. 먹고 사는 문제에서 자유롭지 못하고, 문화를 누리는 것이 사치스러웠을 만큼 어려웠던 시절에 대한민국 기층문화의 정체성과 정수(精髓)를 찾는 일에 평생을 바친 선생의 헌신적인 노력은 후배들에게 영원히 귀감이 될 것이다.

정병모 교수와 윤열수 관장 그리고 윤범모 교수에게 고개 숙여 감사드리고 책을 내는 과정에서 자신의 일처럼 도와준 노승대, 김영균, 이만주, 박본수 님께 고마움을 전한다. 마지막으로 아낌없이 후원해 준 가족들에게 감사의 말을 전하고 싶다.

2016. 12. 5
부산 해운대에서
이영실

🔺 들어가며

_____ 한국 사람의 멋을 알려면 먼저 한국 도깨비와 호랑이를 사귀어
야 하고, 한반도의 신비를 깨달으려면 금강산과 백두산을 찾아야 하고,
동방군자 나라의 믿음을 살피려면 산신령님과 칠성님 곁으로 가야 하
고, 한국 예술의 극치를 맛보려면 무당과 기생과 막걸리 술맛을 알아야
한다.

대갈(大喝) 조자용(趙子庸, 1926~2000)이 마음의 지표로 삼았다는
말이다. 미국에서 건축학을 공부한 그가 가장 한국적인 문화를 사랑한
것이다. 선진문명만을 앞세우며 우리 전통문화를 뒤돌아볼 여유조차
없었던 시절에 조자용은 서구화가 아니라 우리 문화의 보전과 계승의
중요성을 일깨우고 있다. 조자용에 대한 평가는 다양하다. 건축가, 민
속학자, 풍류인, 문화운동가, 도깨비, 철학자 등이다. 그만큼 깊은 이
론적 바탕과 실천력을 갖추고 있었다. 분명한 것은 그가 우리 문화의
미래를 선도했다는 사실이다. 또한 그에게는 다양한 별명과 수식어가
있다. 세계적인 건축가, 구조공학자, 민문화 연구가, 민문화 운동가,
독창적 이론의 사상가, 민화연구가, 민화박물관 관장, 캠프 운영자, 덩
더쿵 할아버지, 호레이 할아버지, 도깨비 형님, 젊은 오빠 등이다. 이
것을 하나하나 자세하게 들여다보면 그가 걸었던 인생의 길이 뚜렷하
게 나타난다.

_____ 초등학교 때는 '자라목제이'라는 별명이 붙었고 중학시절에는
가장 나이가 어리다 해서 '베이비'라는 별명으로 놀림감이 되었다. 나
이 20이 되어 미국으로 유학 갔다가 '코리아 양키'라는 별명을 달게 받

아야 했고, 30이 되면서 집에 돌아오고 나서는 '카우보이'니 '찰스 판돌 푸' 같은 괴상한 별명이 붙었는데 아마 서양 원숭이라는 느낌으로 붙었을 것이다. 이후 나는 미국서 배워 온 기술을 가지고 많은 집을 지어 왔으며 새로운 것을 발전시켰는데 미쳐서 밤을 세워가며 일만 해오다가 귀여운 딸까지 잃어 버렸다. 그러나 얼마 안 가서 '거북이 아저씨'라는 별명을 경주의 어린이들한테서 얻게 되었으니 문화모태학에 빠졌던 탓이라고 생각된다. 40에 오르면서 도깨비, 호레이, 산신령님 등의 국수적인 별명이 뒤따랐다. 50이 지나고 나니 이번에는 대갈선생과 호레이 할아버지, 덩더쿵 할아버지 등 할아버지 돌림의 늙은 별명이 뒤따라 오게 되었다. … 이제 70을 맞이하면서 삼신사를 찾아주는 젊은이들한테서 자연스럽게 형님, 호레이 형님, 도깨비 형님, 젊은 형님, 젊은 오빠로 불리게 되었으니 늦게나마 한 인간으로서의 알몸이 제대로 드러나는 것 같다. 40년 전에는 건축과, 토목과 학생들에게 구조공학을 가르쳤으니 내가 택한 전공 분야도 확실한 것인데 그런 내력을 모르고 나를 민속학자나 미술사학자, 심지어는 고고학자라고까지 소개하는 사람들도 있는 것을 보아 확실히 그동안 탈선 인생을 살아온 것이 틀림없어 보인다. 좋게 보아준다면 전공분야 이외에 또 한 인생을 살아왔다는 결과가 나타난 것이겠지만 그러한 그릇된 인식이 바로 가식적인 표상이며, 내가 걸어온 인생의 알맹이는 별명들이 더욱 정확하게 알려 주고 있다고 느껴진다. 선생님, 교수님, 사장님, 회장님 따위의 경칭들은 내가 이룩한 일을 망칠 뿐이다. 한 사람이 이룩한 일이란 따지고 보면 별거 아니겠지만 그래도 자기 딴에는 아껴서 살아온 인생이니 이제 그 모든 것을 정리하여 '덩더쿵 할아버지', '호레이 할아버지', '도깨비 형님', '젊은 오빠'답게 물려주어야 할 때가 온 것 같다.

이 글은 조자용이 우리 문화의 모태를 찾고자 노력한 이야기를 정리한 『비나이다 비나이다 – 내 민족문화의 모태를 찾아서』(삼신학회프레스, 1996) 서문 중의 일부이다. 해외유학파 건축가에서 호레이 할아버지와 같은 별명을 얻기까지 그의 삶에는 참으로 많은 이야기가 담겨 있다. 조자용은 이런 별명들이 자신의 인생행로를 잘 보여주는 것 같다며 오히려 선생님, 교수님, 사장님, 회장님 등의 경칭보다 훨씬 마음에 든다고 말했다. 세상 사람들이 부와 명예를 향해 달려가는 동안 제대로 대접받지 못하고 있던 전통문화의 전승에 대한 중요성을 인식해 한국문화의 모태를 찾으려는 소명으로 평생 민문화를 연구했고 더 나아가 실천에 옮기는 열정적인 일생을 살았다.

그는 민족문화의 모태를 찾기 위해서는 먼저 '민'의 문화에서 시작해야 한다는 사실을 경험으로 깨우쳤다. 우리 문화의 원류를 담은 기층문화의 흔적을 찾아 전국 방방곡곡을 찾아다녔으며 민화를 비롯한 민문화의 역사를 온몸으로 써 내려갔다. 미국에서 공부를 마치고 귀국한 후 건축가로서 활발한 활동을 펼치며 실력을 인정받았고 사회적 평가도 탄탄했지만 결코 거기에 안주하지 않았다.

당시 미술사학자들 조차도 관심 갖지 않은 민화를 수집해 민화연구의 기반을 마련한 업적은 그 중요성을 아무리 강조해도 지나치지 않다. 아무도 알아주는 사람이 없다 하더라도 사라져 가는 우리 전통문화의 흔적을 찾아 연구하고, 민화를 수집해 박물관을 개관했으며 나아가 우리나라 기층문화 연구의 초석을 다졌다. 조자용의 삶에서 우리가 특히 관심 가져야 할 부분은 우리 전통문화에 대한 이론적 연구뿐만이 아니라 실천을 병행함으로써 위기의 기층문화, 즉 사라지고 있는 고유문화를 보존하고 계승하는 일에 평생을 바쳤다는 점일 것이다.

유학을 마치고 귀국한 다음부터 2000년 임종을 맞을 때까지 조자용의 삶을 한마디로 설명할 수 있는 단어는 단연 '민문화'가 아닐까. 그는 자신이 추구한 분야를 스스로 '민문화'라고 정의하기도 했다. 그가 가장 열성을 기울였던 민화수집과 연구도 민문화의 정체성을 확인하는 작업과 긴밀하게 연결되어 있다. 그는 우리 민문화가 한국문화의 원형을 전해주고 있다는 사실을 깨닫고 있었다.

그의 인생 전체를 짧게 요약해본다면 '한국인의 정체성, 즉 한국문화의 원형에 대한 탐색과 삼신사상을 기초로 한 가장 한국적인 미의식을 확립하고자 노력'한 것이다. 다시 말하면 '우리 문화의 근원을 찾아 현대에 전승하려는 노력'이라고 할 수 있을 것이다. 50대 이전 '기층문화의 근원을 찾아 헤맨' 시기에는 도깨비기와와 민화 수집 연구, 에밀레박물관 설립 및 개관, 민학회 결성, 한국민중박물관 협회 창립, 국내외 민화전시 등의 활동이 두드러졌고, 50대 이후 '우리 문화를 현대에 전승하려는 구체적인 실천과 노력'은 속리산 에밀레박물관 캠프, 삼신사 민족문화수련장 개설 및 운영, 복마을 운동 및 마을축제 부활 운동으로 나타난다.

이 책은 조자용이 어떤 계기로 우리 전통문화와 우리 문화의 본질(모태)에 관심을 갖게 되었고, 그것을 어떠한 과정을 통해 연구하고 또 구체적으로 실천했는지, 그의 인생길을 더듬어보면서 그의 삶을 기리고자 한다.

1장에서는 조자용의 어린 시절부터 21세 나이에 미국으로 유학을 떠나 건축가로서의 삶을 시작하게 된 계기와 과정을 살펴보고자 한다.

2장에서는 조자용이 하버드에서 구조공학을 전공한 후 미국에서의 안정적인 삶을 버리고 고국으로 돌아와 건축가로서 새 조국 건설에 어떻게 앞장섰는지 알아볼 것이다. 다음으로 건축 설계 분야에서 전통을 바탕으로 한 현대화 작업의 방식이 무엇이었는지, 그리고 그가 어떠한 현대건축물을 세상에 탄생시켰는지 구체적인 예를 들어 살펴보고자 한다.

3장에서는 먼저 범어사 일주문이 준 강렬한 인상에서 비롯된 조자용의 '한국문화의 정체성'의 의문에 대해 알아보겠다. 그런 후 문화재 답사와 도깨비기와 수집 그리고 까치호랑이 민화와의 운명적인 만남, 이 모든 것을 통해 우리 민문화의 세계에 진입해 민문화 운동가로서의 쉽지 않았던 인생행로를 살펴볼 것이다.

4장에서는 소외당하고 있던 우리 민문화의 문화사적 지위를 바로 세우기 위한 조자용의 활동에 대해 구체적으로 살펴보겠다. 성공한 건축가의 길을 걸으면서도 어렵던 전통문화를 후원하고 에밀레박물관 개관, 민학회 설립, 한국민중박물관협회 창립 등의 앞선 행보를 통해 연구가에 그치지 않고 실천가, 운동가로서 삶을 산 조자용의 진솔한 면모를 볼 수 있을 것이다.

5장, 6장에서는 한국인으로서는 처음으로 민화의 가치와 아름다움을 발견한 조자용의 업적을 제대로 알아보고자 한다. 특히 그의 민화수집과 민화연구 그리고 전시활동을 중심으로 분석해 볼 것이다. 그가 소장했던 대표적인 작품들과 그가 기획한 많은 국내외 전시들을 정리하면서 조자용이 우리민화의 대중화와 세계화에 어떻게 앞장섰는지 살펴보겠다. 또한 민화 관련 저술에 대한 분석을 통해 그가 민화를 어떻게 정의했고, 민화의 범주를 어떻게 정하고 분류했는지 고찰해 볼 것이다. 이를 통해 민화연구가로서의 모습뿐만이 아니라 더 넓은 범위로 예술문화운동을 펼친 민문화운동가 조자용의 모습을 충분히 밝혀 볼 수 있을 것이다.

7장은 조자용의 인생 후반기에 대한 이야기다. 1977년 갑작스런 건강 악화와 여러 상황 때문에 에밀레박물관이 속리산으로 낙향하게 되었지만 우리나라를 이끌어나갈 젊은이들에게 민족문화를 직접 보고 체험을 하게 만들어 한국문화의 정통성을 후대까지 지속시킬 수 있도록 이끌어 준 구체적인 실천에 대해 살펴볼 것이다. 또한 전통문화를 현대에 전승하려는 조자용의 노력인 '복마을 운동 및 마을축제 부활운동' 등을 정리하면서 이런 활동을 통해 조자용이 이루고자 한 소망이 무엇이 었으며 이 모든 것이 그의 인생 하반기를 차지하고 있는 삼신사상과 어 떻게 관련되고 있는지 알아보겠다. 그리고 마지막으로 조자용의 삶이 오늘날 우리에게 어떠한 의미를 주고 있는지 그 뜻을 기려보고자 한다.

1

황해도 해주 '베이비', 그 사람 조자용

그의 전공인 건축학은 당시만해도 전통적으로 기술을 천시하는 경향이 있는데다 '기술자가 되지 말라'는 부친의 뜻에 어긋나는 것이었지만 가난하고 폐허가 된 조국을 재건하는 데는 무엇보다 기술이 중요하다는 것을 깨달은 조자용 스스로의 결정이었다. 웨슬리안 대학에 다니는 동안 식당에서 테이블을 정리하는 아르바이트로 식사를 해결하고 도서관에서 책 제본하는 일을 배워 용돈을 벌었다. 힘이 들어 코피를 쏟으면서도 그는 세상의 어려움을 인내하고 사랑해야 한다는 경험을 했다.

아름다운 시절

미국 유학

1장

황해도 해주 '베이비',
그 사람 조자용

아름다운 시절

조자용은 일제 강점기인 1926년 황해도 해주 황주군 점교면 쟁수리 757번지에서 한약방을 한 아버지 조성일(趙聖一)과 어머니 김종실(金鍾實) 사이에서 첫째 아들로 태어났다.[1] 그의 아버지는 환갑이 넘은 나이로 서양의술을 받아들이는 등 개화인(開化人)이었고 어머니는 큰 키의 미인이었다.[2] 조자용의 아버지는 그 지역에서 이름난 한약방의 주

---

1) 윤열수,「민화의 중시조 조자용」,『한국 민화』 2호 (한국민화학회, 2011), p. 158.

2) 조자용은 자신의 부모님에 대해 다음과 같이 회고하였다. "아버지는 철저한 개화꾼이셨고 어머니는 모든 것을 신비적으로 보시는 분이었다. 그래서 나는 아버지를 따라 모든 것을 과학적으로 해석하는 버릇과 어머니를 따라 모든 것을 신비적으로 받아들이는 버릇이 아버지도 사랑하고 어머니도 사랑하는 식으로 사이좋게 내 마음 속에서 자라난 것이다." 조자용,『우리 문화의 모태를 찾아서』(안그라픽스, 2001), p. 221 참조.

인이었으므로 경제적으로 여유가 있는 집안이었다.

그는 밝은 성격으로 마을 사람에게 사랑을 많이 받았다. 또래보다 머리 하나는 더 클 정도로 덩치는 컸지만, 중학시절에는 학급에서 가장 어려 '베이비'라는 별명으로 불렸다. 조자용은 당시 경쟁률이 높았던 명문 평양사범학교에 입학한 수재였다. 평양사범은 한 반에 한국 학생이 몇 명에 불과했고 대부분이 일본 학생이었다. 1943년 그는 사범학교를 졸업하고 열일곱 살에 훈도로 발령받았다. 첫 발령지는 황해도 연백군에 있는 연백국민학교였다.[3]

연백국민학교의 교사는 교장을 포함해 절반이 일본인이었다. 1945년 8월 15일, 해방이 되자 조자용은 학생들에게 "너희들은 이제부터라도 조선인으로서 진실을 배우기 바란다."면서 사죄했다. 그는 만능 스포츠맨으로 학생들에게 인기 많은 선생이었지만 해방이 되자 3일 만에 학교를 그만 두고 고향으로 돌아왔다.

해방이 되었지만 북쪽에는 소련군이, 남쪽에는 미군이 들어왔다. 조자용의 고향마을에서는 항간에 '일제시대 때 관공서에 근무했던 사람들을 체포해 시베리아로 보낸다'는 소문이 흉흉하게 나돌았다. 그는 사범학교를 나와 교사로 일했기 때문에 고향에 그대로 남아 있기에는 상황이 좋지 않았다. 1945년 10월 아버지의 강한 권유로 홀로 삼팔선을 넘어 남으로 피할 수밖에 없었다.[4]

---

3) 에밀레박물관 학예연구원이었던 윤열수의 증언에 의하면, 조자용과 함께 강화도 마니산 천제단의 단군에게 세배를 가곤 했는데, 그때마다 조자용은 바다 건너 연백군을 바라보면서 무척 좋아했다고 한다. 윤열수 가회민화박물관장 증언(2013. 3. 31. 민학회의 보은 속리산, 조자용 공적비 답사 버스 안에서)

4) 엔도 키미오, 이은옥 정유진 역, 『한국의 마지막 표범』(이담, 2014) 참조. 엔도 키미오는 아시아 지역의 야생동물의 생태에 관하여 관심이 많은 일본의 연구자이다. 주로 논픽션 동물문학 집필을 하였으며 관련 저서도 많다. 그는 한국의 표범, 호랑이에도 관심이 많았는데, 한국의 표범, 호랑이를 취재 연구하는 과정에서 당시 속리산 에밀레박물관 관장 조자용을 만났다. 엔도 키미오의 저서 『한국의 마지막 표범』 제6장 '호랑이 그림의 미술관장' 부분에는 조자용과의 만남은 물론, 조자용에게서 직접 들은 인생이야기가 수록되어 있어 조자용의 생애를 정리하는 데 참고할 만한 내용이 많다.

남으로 오면서 조자용은 서울에서 다시 교사로 일할 수 있을 것이라고 생각했다. 그러나 급히 오느라 교원면허증을 챙기지 못했고, 당시 서울에서는 북에서 온 사람을 교원으로 채용하지 않는 분위기였다. 여러 가지 어려움을 겪고 있을 때 우연히 미군병사를 만나 서울에서의 그의 인생은 미군부대 식당에서 접시 닦는 일부터 시작되었다.[5]

미군부대에서 일하는 동안 미국인 요리사와 젊은 군인들에게 영어를 배웠다. 그들은 좋은 선생이 되어주었고 한 달 정도가 지나자 그의 영어 실력은 일상적인 대화를 할 수 있을 정도로 발전했다. 어느 날 그는 부대원들과 식재료를 구입하러 시장에 갔는데 학생시절 1등상을 받을 정도로 능숙했던 주판을 들고 가 계산을 돕자 미군 주방장은 접시닦이 청년의 실력에 매우 놀랐다. 미군의 계산 속도보다 몇 배나 빠르고 정확했기 때문이다.[6]

미국 유학

조자용은 미군부대에서 일한지 일년정도 지났을 무렵, 미국유학생을 모집한다는 신문광고를 보고 자신을 제외하고는 모두 기독교 신자인 유학생들과 함께 미군정청이 발행한 여권을 가지고 미국으로 떠나게 되었다.[7]

그 시절 미국 유학을 가기 위해서는 선교사의 추천이 필요했기 때문

---

5) 엔도 키미오, 이은옥 번역, 『한국의 마지막 표범』(이담, 2013) pp. 130~136 참조.

6) 선경식의 『이 땅의 기인들』이라는 책을 참고하면, 조자용은 남쪽으로 와 처음에는 미군 식당 접시닦이부터 청소부 등 많은 고생을 했던 것으로 보인다. 그러나 영어에 어느 정도 능통해지면서 미국 유학을 결심했고, 유학비를 벌기 위해 1년 정도 사업을 했다고 한다. 선경식, 『이 땅의 기인들』(시몬 출판사, 1990), pp.134-136 참조.

7) 조자용, 『비나이다 비나이다』(삼신학회프레스, 1996), p. 15.

미국유학을 위해 미국 화물선 모톤
(Morton)호를 타고(1947)

미국유학을 가는 동료들과 함께

에 조자용은 김활란을 찾아갔다. 이때 평양 출신의 김선희(플로리다 스
테슨 대학 영문학 전공, 영문학 교수)가 김활란의 비서로 일하고 있었
다. 당시 김선희는 휴가를 다녀와 출근을 했는데 키가 큰 젊은 남자가
서류를 제출하는 것을 보았다. 이것이 두 사람의 첫 만남이었다. 후에
김선희도 김활란의 권유로 미국 유학을 떠나게 되어 두 사람은 배에서
다시 만나게 되었고 유학 중에 결혼했다. 1952년에 큰딸 에밀리, 1953
년에는 작은 딸 마가렛(조은희)이 태어났다.[8] 1948년 조자용은 테네시
웨슬리안 초급대학(Wesleyan college) 토목과를 1년 만에 졸업했다. 그
는 자신이 미국에 건너간 뒤 공과대학을 선택하게 된 이유에 대해 다음
과 같이 밝힌 적이 있다.

---

8) 조자용, 『우리 문화의 모태를 찾아서』(안그라픽스, 2001), p. 26.

보스톤 헤밍웨이 공원에서 조자용 가족(1953)　　　　테네시 웨슬리안 초급대학 동기생들과 함께(1948)

_____집을 짓고, 다리를 만들고, 물을 당기고, 쇠를 두들기면서 인간의 삶을 도와주는 엔지니어의 역할은 성스러운 것이라고 믿게 되었고, 마침내 크리스천 엔지니어의 성기사상(聖技思想)이 태어났던 것이다. 이것이 전통적 천기사상(賤技思想)을 뒤엎고 폐허의 조국 재건의 큰 문제와 당면하게 된 햇병아리 엔지니어가 창출한 유아철학이었다.[9]

　그의 전공 선택은 그때까지만 해도 전통적으로 기술을 천시하는 경향이 있었고 '기술자가 되지 말라'는 부친의 뜻에 어긋나는 것이었지만, 가난하고 폐허가 된 조국을 재건하기 위해서는 무엇보다 기술이

9)　조자용, 『비나이다비나이다』(삼신학회프레스,1996), p.26. 이 책은 1947년 21세의 나이로 미국 유학을 떠날 때부터 심장병으로 쓰러진 1977년까지 젊은 시절 민족문화의 모태를 찾기 위해 동분서주하던 시기에 있었던 일화들을 에세이 형식으로 담아낸 저술이다. 조자용이 젊은 시절 건축을 전공하면서 어떻게 민문화에 관심을 갖게 되었고, 어떤 방법으로 민문화 연구에 접근했는지 등을 구체적으로 알려주는 매우 중요한 저술이다.

밴더빌트 대학 측량 캠프(1950)

중요하다는 것을 깨달은 조자용 스스로의 결정이었다. 웨슬리안대학
에 다니는 동안 식당에서 테이블을 정리하는 아르바이트로 식사를 해
결하고, 도서관에서 책 제본하는 일을 배워 용돈을 벌었다. 힘이 들어
코피를 쏟으면서도 그는 세상의 어려움을 인내하고 사랑하면서 살아
야 한다는 경험을 했다.[10] 그 후 밴더빌트(Vanderbilt) 대학 토목공학
과에 진학해 1951년에 졸업을 했다. 밴더빌트 시절에는 학비를 벌기 위
해 매년 여름마다 공사판에서 아르바이트를 했지만 그의 성적은 경제
학만 빼고는 모두 A학점이었을 만큼 상위권이었다. 대학을 마친 후에
는 장학생으로 하버드 대학 대학원에서 구조공학을 전공으로 석사학위

10) 조자용, 『비나이다비나이다』(삼신학회프레스,1996), p.22.

를 받았다.[11] 하버드의 수업은 세계 전체의 흐름을 생각하는 높은 수준의 교육장이었으니 당연히 세계 최고의 건축기술을 접할 수 있었다.[12] 1953년 3월에 대학원 과정을 마무리하고 잭슨 앤 몰란드(Jackson & Morland)의 구조부에 취직해 미국 회사에서 한국인으로서의 자존심을 지키며 열심히 일했다.

---

11) 조자용, 앞의 책, p. 46. 조자용은 하버드의 피어스 홀(Pierse Hall)에 있는 공과대학원에서 토질공학자 테라자키(Terrzaki), 카사그란데(Casagrande), 콘크리트공학자 피바디(Peabody) 등에게 배웠고 후에 피바디교수가 갑자기 사망한 후에는 MIT의 스미스(Smith), 하트레인(Hartlein)에게도 배웠다. 후에 1956년에 공과대학원은 응용과학분야에 통합되는 바람에 공과대학원이라는 이름이 없어졌다. 이때 동양인 동창으로는 일본의 사이토(濟藤迪孝)가 있다.

12) 리처드 H.K 비에토. 나카조 아카코, 황보진서 역, 『하버드의 세계를 움직이는 수업』(다산북스, 2012), p. 6.

2

하버드 유학파 건축가,
새 조국 건설 일선에 서다

그는 건축 현장에서 누구보다도 바쁘게 일하
면서도 기회가 생길 때마다 우리 전통건축
물과 문화재를 답사해 한국문화의 근원이 무
엇인지, 그리고 그것을 어떻게 현대 건축물
에 적용할 것인지를 깊이 고민했다. 조자용은
1964년 대구 동산병원 건축을 계기로 전통 건
축의 현대화에 대한 디자인적 방향을 잡을 수
있었다. 병원 기숙사 건물 입구를 백제탑을
응용해 설계했고 주차장 계단은 불국사의 백
운교와 청운교를 닮은 형식을 취해 전통과 조
화를 이루면서도 독창적인 현대건축물을 지향
했다.

2장

하버드 유학파 건축가, 새 조국 건설 일선에 서다

폐허의 고국으로 돌아가자

조자용은 미국의 건축 현장에서 최첨단 기술을 익히면서 확고한 자리를 차지하기 시작했다. 그러나 어머니가 계신 조국이 전쟁으로 처참하게 파괴된 상황에서 자신과 같은 건축가가 필요하다는 생각을 떨쳐버릴 수가 없었다. 결국 미국에서의 보장된 생활을 버리고 폐허의 한국으로 돌아오게 되었다. 그의 귀국이 결코 예사롭지 않은 일이었음은 그와 함께 유학을 떠났던 30명 중에서 20명 이상이 귀국하지 않고 미국에 남았다는 사실을 생각해 보면 충분히 짐작할 수 있다. 물론 젊은 조자용 또한 사람인지라 '안일과 도전 사이의 선택'에서 많은 고민이 있었을 것이다.

블록 건축 현장의 조자용(1955)

블록을 이용해 3층으로 지은 동산병원 기숙사(1955)

_____ 무엇 때문에 멀리 미국까지 와서 이 고생을 했던가. 그 당시만
해도 개개인의 입신 출세보다도 나라구실 못하는 나라를 위해서 무엇
을 할 것인가를 먼저 생각할 줄 알아야 하는 시기였다. 전쟁만 끝나면
집으로 돌아가서 일해야 한다는 근본정신만은 확고부동하게 서 있었
던 것은 틀림없었다. 그러나 막상 휴전이 되고 보니 안정된 자신의 생
활 상황을 하루아침에 차버리기는 너무나 아까웠다. (중략) 어떻게 하
면 한국을 빠져나갈 것인가만을 생각할 시절에 지옥 같은 땅으로 기어
들어간다는 것은 미친 짓이 아닐 수 없었다.[1]

---

1) 조자용, 『비나이다 비나이다』(삼신학회 프레스, 1996), p. 54.

생각을 거듭했지만 결국 1954년 7년간의 유학생활을 뒤로하고 부인과 두 딸을 미국에 남기고 먼저 귀국했다. 결국 폐허의 조국을 위한 '도전'을 선택한 것이다.

그는 레이몬드 천주교 신부와 동산병원 문영복[2]과 함께 화물선 시글(Seagle)호를 타고 부산으로 돌아왔다.[3] 그는 귀국하는 배 안에서 콘크리트 블록 수동식 제작기를 설계해 한국에서 경제적인 집을 지을 계획을 세웠다. 자신이 미국 유학을 통해 공부한 새로운 건축기술과 쉽게 구할 수 있는 재료를 이용해 건축물을 세우는 것이 어려움에 빠진 우리나라를 위해 자신이 할 수 있는 최고의 소명이라고 굳게 믿고 있었다.

현대건축의 도입

1954년, 당시 28세의 조자용은 한국으로 돌아왔다. 귀국 후 그는 유엔한국재건단(UNKRA)에서 일하느라 동분서주했다. 그가 맡은 첫 사업은 경상북도 문경의 시멘트 공장 건설이었다. 그 후 부산에서 일하게 된지 얼마 지나지 않아 대구 동산병원 황용운 원장에게서 간호학교 기숙사 건축을 부탁받았다. 처음으로 의뢰받은 설계였고 유엔한국재건단 직원이던 그에게 부업이 생긴 것이다. 이때 그는 시멘트 블록으로 건축물을 짓는 설계를 했고 전쟁이 끝난 지 얼마 되지 않아 철근을 구하기 어려워 죽근 콘크리트를 사용하기도 했다. 담장에나 쓰는 것으로 여겼던 블록을 사용한 3층 건축물이 탄생하자 당시로서는 처음 있는 일이

---

2) 제5대 동산병원장, 병리학 전공.

3) 조자용, 앞의 책, pp. 48~56.

대구시 대명동 계명대학교 본관 (조자용, 1955)

라 건축계에서는 획기적인 사건이 되었다.[4]

　조자용의 첫 작품이 성공하자 블록 건축은 건축계에서 일시에 유행하기 시작했다. 이후 그는 1955년 대구 동산병원 기숙사를 시작으로 계명대학교 대명동 본관(대구, 1955)과 강당, 경북대학교 본관(대구), 계성고등학교 강당(대구, 1955) 등을 건축했다. 계성고등학교 강당은 우리나라 최초의 셸구조 건축으로서, 당시 한국 건축현장의 수준을 뛰어넘는 젊은 건축가의 패기의 산물이었다.

　조자용의 건축물들을 간추려보면 다음과 같다. 대구 동산병원과 병

---

4)　그 시절 대한주택영단(대한주택공사의 전신)이 1948에서 1951년까지는 목조 주택을 주로 지었고, 1957년까지는 흙, 석회, 시멘트를 혼합하여 제조한 벽돌을 주재료로 사용했으며, 1958년 이후가 되어서야 시멘트 블록을 사용하여 정릉에 2층 연립주택을 건설할 정도의 수준이었다. 전남일 등, 『한국 주거의 사회사』(돌베개, 2008), pp. 170~171. 참조.

원기숙사(1964)와 창고(1962),[5] 원주 감리교병원, 광주 장로교병원, 부산 침례교병원, 서울YMCA(1964), 광주 YMCA 강당(1964), 수산교회, 그래험 기념병원, 경주 장로교병원, 부산 구세군 본영빌딩, 서울 SDA 병원, 전주 예수병원(1971), 을지로 메디컬센터 등이다. 그 외에도 여수 애양원, 대구 애락원 등도 그의 손을 거쳤다.

앞서 살펴본 바와 같이, 한국전쟁 이후 조자용이 건축가로서 활동한 시기에 설계한 대부분의 건축물은 원조 자본으로 건축된 공공건물이거나 기독교가 지원한 의료시설과 교육시설이 주를 이룬다. 이런 경향은 전쟁 이후 미국 선교사들에 의한 민간 재건사업과 긴밀한 관계가 있다. 미국 유학 덕분에 많은 선교사들과 친분이 있었고, 그러한 관계는 그의 초창기 건축 활동에 큰 영향을 미쳤다. 조자용이 "나의 뜻을 살리는 데 그들(미국 선교사들)이 필요했고, 그들의 뜻을 살리는데 내가 필요했다."고 회고한 것을 보면 잘 알 수 있다.[6] 조자용이 설계한 건축물에 대해 모두 그가 설계한 것인가 하는 의문을 제기하기도 하는데 그것은 당시 우리나라 건축사정을 잘 모르고 하는 말이다. 1950년대에는 설계비가 따로 책정되어 있지 않아 감리로 기록되었다 하더라도 알고 보면 설계에서 시공까지 모두 맡아서 한 경우가 대부분이기 때문이다.[7] 그의 작품 중에서 건축사적으로 의미가 있는 작품들을 살펴보자. 대구시 대명동에 있는 계명대학교 본관 건물은 붉은 벽돌의 고전주의 건축양식으로 지어졌는데 이 건물은 조자용이 다녔던 밴더빌트 대학의 스템버

5) 조자용은 당시 동산병원 창고를 오메가형 셸판 슬래브시스템으로 지었는데 이것으로 특허를 받았다. 당시 창고로 지었던 건물이 지금은 장례식장으로 사용되고 있다. 오메가형 슬래브시스템의 원리는 기와의 암기와와 숫기와의 원리를 본따 디자인한 것이다. 이중우 설명(계명대건축학과 명예교수), 2014. 9. 18. 오후 2시~오후 4시, 동산병원 현장에서. 구활 동석.

6) 조자용, 『비나이다 비나이다』(삼신학회 프레스, 1996), p. 67.

7) 조자용은 노승대에게 서울 YMCA를 지을 때 당시 설계비가 따로 책정되지 않아 설계, 건축, 감리 등을 일괄로 맡아서 지었다고 말했다. 노승대 증언, 2014. 8. 22. 인사동 섬진강에서, 오후 7시~오후 10시, 이만주 동석.

대구시 산격동 경북대학교 본관(1955)

경북대학교 본관 중앙부 정면(1955)

대구시 대신동 계성고 체육관 정면(1955)

계성고등학교 체육관의 내부모습(한국 최초의 셸구조)　　대구시 동산동 동산병원 장례식장 입구

하우스(Stambaugh House)와 닮았다. 경북대학교 본관 건물은 피바디
교육 대학(Peabody College of Education and Human)의 와이엇센터
(Wyatt Center)와 비슷하다. 미국에서 공부한 조자용에게 미국 대학의
건축스타일이 익숙한 것은 당연할 것이다.[8]

　경북대학교 본관 건물은 지금도 죽근 콘크리트로 지어진 상태가 그
대로 남아있다.[9] 본관은 캠퍼스의 중앙 언덕에 위치해 있고 화강석으
로 마감되어 여전히 그 위용을 자랑한다. 높은 계단 위에 올라서면 넓
고 밝은 현관을 배치해 조자용의 건축철학을 잘 보여주고 있다. 또한
계단 위에서 눈 아래로 펼쳐지는 캠퍼스의 전경은 시야가 확 트이면서
어려웠던 시절에 그가 대학생들에게 심어주고 싶었던 꿈과 희망이 충
분히 느껴진다. 계성고등학교 강당을 건축할 때 조자용은 지주가 없는
대형 돔 구조를 설계했는데 이런 셸구조[10]는 한국에서 최초로 시도되었

8)　안창모,「미스터리와 히스토리의 주인공, 건축가 조자용」,『제1회 대갈문화축제 기념전 도록』
(조자용기념사업회, 2014), pp. 10~13.

9)　박찬석 전 경북대 총장 증언, 2014. 8. 13. 오후6시~9시 대구 수박물관에서, 이경숙 관장 동석.

10)　셸구조(Shell Construction)는 샬렌 구조라고도 하는데 조개모양이나 알의 껍질이라는 뜻
으로 비교적 얇은 곡면으로 덮는 건축 구조로 1920년 등장하여 1950년대 철근 콘크리트 기술이
발전하면서 주목받기 시작하였다. 당시 조자용은 계성고 강당을 건축하면서 우리나라 최초로 셸
구조를 시도하여 완성시켰다. 당시 그는 우리나라의 건축 수준을 고려하지 않은 젊은 패기로 돔
구조의 건축물을 성공시켰다.

기 때문에 당시 건축계의 큰 관심을 받았다.[11] 그러나 건축에 참여한 인부들이 돔 구조의 지붕이 무너질까봐 건물 안으로 들어가려고 하지 않아 조자용이 직접 지지대를 제거하는 시범을 보일 만큼 건축 환경은 열악했다.[12] 조자용은 이와 같은 셸구조의 지붕을 1962년 동산병원 창고를 지을 때 수키와와 암키와의 원리를 이용해 조립식으로 만들어 특허를 받기도했다.

지금도 영화나 드라마, 광고 등의 배경으로 자주 등장하는 붉은 벽돌의 계명대학교 대명동 본관은 당시 학교 측에서 주문한 양식대로 건축되었지만 중앙부에 탑을 배치함으로써 본관이 가져야 할 중심으로서의 역할을 분명히 보여준다. 그리고 건물 내부의 천장은 비록 콘크리트이지만 한옥의 서까래 모양으로 디자인했고 건물 입구 양쪽에 세운 호랑이 석상은 역시 조자용다운 선택이다. 그는 건축현장에서 바쁜 나날을 보내면서도 시간이 지날수록 전통에 대한 인식이 커져만 갔다. 귀국 직후의 시기를 미국에서 배운 서양식 건축물을 짓느라 밤낮없이 뛰어다닌 시절이었다고 말한다. 낮에는 설계사무실과 공사장에서 땀 흘리고, 밤에는 청구대학에서 강의하고, 주말에는 야간기차로 서울에 올라가 한미재단[13] 일을 돕는 등 동분서주했다.[14] 그러나 1957년 정릉 입구의 야산 3만 평에 200동이나 되는 주택단지 조성사업을 벌이다가 큰 어려

---

11) 이중우 증언(계명대 건축학과 명예교수), 2014. 9. 18, 오후 2시~오후 4시 동산병원과 계성고 답사. 구활 동석.

12) 하지만 이 건물이 얼마나 튼튼하게 지어졌는지 지금까지도 당시의 문짝이 지금도 그대로 사용되고 있다. 필자가 그곳을 방문한 날 강당 앞에서 만난 농구부 코치는 자신이 학교에 다닌 시절 왕성한 혈기에 강당 문을 수없이 걷어찼는데도 끄떡없었다는 말을 전하면서 "이 건물을 누가 지었어요?" 라고 도리어 관심을 표했다.

13) 미국의 한국에 대한 원조기관이었던 한미재단은 1956년 서울 행촌동에 시범 사업의 추진으로 최초의 아파트를 지었다. 이때 벽체를 공장에서 생산된 콘크리트 블록으로 시공했다. 전남일, 『한국 주거의 공간사』(돌베개 2010)

14) 조자용, 『비나이다 비나이다』(삼신학회 프레스, 1996), p. 62.

계성고등학교 체육관의 셸구조 건축장면(1955)

계성고등학교 체육관 입구

계명대 본관 앞에 세워진 호랑이

움을 겪었다. 보수적인 한국건축계에서 그의 최첨단 건축 기술이 쉽게 받아들여지지 않아 좌절에 빠지기도 했다. 그는 기술력과 디자인실력, 모두를 갖춘 뛰어난 건축가였지만 P.C.공법[15]의 건축을 한국 실정에 비해 너무 빨리 적용하려다 사업적으로는 실패를 겪었다. 건축가로서 그에게 어려운 시대를 산다는 것은 불행이기도 했고 행운이기도 했다. 이것이 선구자의 삶이 아닐까. 선구자는 새로운 시대를 완성하는 것이 아니라 새로운 시대를 여는 사람일 것이다. 건축 현장에서 얻은 경험을 토대로 건축계에서 받은 특허는 다음과 같다.

· Sliced-Folded Shin Shell Long Span Structural System (특허), (1962)
· Omega-Section Precast Concrete Slab System (특허)
· T-post Y-bow Precast Concrete House-Structure (특허)

특허의 내용을 살펴보면, 셸구조의 건축 부재를 사용하기 편리하도록 발전시킨 점이 주목된다. 오메가형 P.C. 콘크리트 슬래브는 목재난이 심각했던 우리나라 실정을 감안해 개발했는데 이동식 공장이 가능하도록 했고 운반, 설치 등을 간소화했다. 이것은 1964년 서울 YMCA와 동산병원(현재 장례식장으로 사용하고 있음), 광주 YMCA를 지을 때 적용했고, 1968년 월남의 아파트 건축에도 사용했다.

그가 앞서가는 공법을 선보이고, 새로운 건축 자재를 만들어 현대적 건축물에 독창성을 보이고 있던 1960년대에 정부도 경제적 근대화에 집중하고 있었다. 물론 거대한 근대화 물결은 미국의 영향이 크게 작용하던 시절이었다.[16] 그 당시 건축계의 상황으로는 군부독재의 산업

---

15) P.C.(Pre-cast Concrete) 공법은 공장에서 미리 제작한 콘크리트 부재를 사용하는 공법을 말한다.

16) 한국역사연구회현대사연구반, 『한국현대사 3』(풀빛, 1993), p. 163.

대구 동산병원 셀구조 조립화(1962)

셀구조 조립화로 지은 동산병원 장례식장의 모습

화정책에 따라 국가 차원에서 건물이 대대적으로 세워지고 있었다. 건축이 과시 행정의 수단으로 동원되면서 현대건축 붐이 일었고 권력층의 힘이 건축계에 크게 작용하던 시기이기도 했다. 그런 상황에서 조자용은 현대건축가로서 활발한 활동을 하면서도 도깨비기와와 민화, 남사당놀이,[17] 에밀레 박물관 개관 등 점점 우리 전통문화에 빠져들고 있었다.

전통건축의 현대화로 탄생한 조자용의 현대건축물

조자용은 최고 기술의 세계적인 건축가였지만 단순히 서양에서 배운 기술을 적용한 건축물을 세우는 것에만 급급하지 않았다.

_____ 선택한 전공분야가 어떤 것이든 간에 사람은 자기 민족 문화의 바탕을 파악해야 할 의무가 있다. 특히 우리나라의 경우 이 문제는 모든 분야에서 매우 심각하다는 점을 절감하게 된다. 그래서 나도 자기 분야에서나마 내 나라 전통을 토대로 한 현대화 작업을 이념으로 삼지 않을 수 없다. 서양 원숭이로서의 묘기를 부리면서도 부지런히 고적을 찾아다니면서 자랑스러운 조상들의 작품도 찾아냈다.[18]

조자용은 어떤 분야에서 활동을 하든지 민족문화의 근원을 파악해야 하고, 그것을 현대화하는 작업이 가장 중요하다는 생각을 잊지 않았다. 단순히 자신이 가진 현대적 기술을 이용한 건축물을 짓는데 그치는

---

17) 심우성은 남사당 식구들을 모아 남사당놀이를 재현할 때 경제적 뒷바라지 한 사람은 조자용이었다고 증언했다. 심우성 증언 2013. 10. 2. 오후 1시 인사동 이모집 식당에서, 윤열수·이은옥 동석.

18) 조자용, 앞의 책, p. 11.

것이 아니라 전통건축물을 통해 배운 우리건축물의 장점과 아름다움을 현대건축물에 조화롭게 응용하는 것이 현대건축가의 소명이라는 신념이 확실했던 것이다. 그는 건축 현장에서 누구보다도 바쁘게 일하면서 기회가 생길 때마다 우리 전통건축물과 문화재를 답사해 한국문화의 근원이 무엇인지, 그리고 그것을 어떻게 현대건축물에 적용할 것인지를 깊이 고민했다. 조자용은 1964년 대구 동산병원 건축을 계기로 전통 건축의 현대화에 대한 디자인적인 방향을 잡을 수 있었다.[19] 병원 기숙사 건물 입구를 백제탑을 응용해 설계했고, 주차장에서 건물이 있는 곳으로 올라가는 계단의 모습을 불국사의 백운교, 청운교와 닮은 형식을 취해 전통과 조화를 이루면서도 독창적인 모습의 현대건축물을 만드는 길로 들어서게 되었다.

　조자용의 전통 건축에 대한 철학은 1966년 새문안교회의 증축 기록에서도 볼 수 있다. 불교가 중국을 거쳐 인도에서 들어온 외래종교이지만, 그것을 수용한 종교공간인 사찰은 우리의 전통건축물이었던 것처럼, 기독교가 서양에서 들어왔지만 교회 공간은 우리 전통건축물로 지으려는 계획을 한 것으로 보인다.

_____　1966년 10월, 예배 공간 부족으로 고심하던 당회는 본당 신축을 결정하였다. 강신명 담임목사는 유학파 건축가 3인을 지명하여 ① 연합성, ②성경적 상징성, ③한국적 상징성, ④파이프 오르간 설치 가능이란 4가지 지침을 주고 설계경선을 실시하였다. 르 꼬르뷔제의 제자 김중업은 포기했고 하버드 출신 민학운동가 조자용이 한옥의 이미지

19) 박길룡, 『한국 현대 건축의 유전자』(공간사, 2005), p. 149.

동산병원 기숙사 입구(1964)

동산병원 기숙사 입구(사진, 2014)

동산병원 교직원사무실 전경(구기숙사, 사진 2014)

를 살린 반면, MIT 출신인 황손 이구(李玖)[20]는 페이(I.M.Pei)의 제자답
게 모더니즘을 바탕으로 단순미를 표현하여 당회와 교인들의 지지를 받
았다.[21]

---

20) 이구는 영친왕과 이방자의 아들로 I.M Pei 건축사무실에서 일했다. 하와이 동서문화센터의
    제퍼슨홀을 I.M. Pei 건축회사에서 맡아 건축할 때 이구가 책임자로 건축하여 지붕 처마에
    서 우리 한옥의 느낌이 살아 있다.

21) 윤호기, 「새문안교회 4차 성전 건축 」(새문안교회, 1966).

위의 글을 보면, 1966년에 이미 건축가 조자용을 '하버드 출신 민학운동가'로 소개하고 있다는 점이 눈에 띈다. 여기서 그는 현대건축물을 설계할 때 우리 전통건축물인 한옥의 장점과 멋을 어떻게 적용해 실현할 것인가를 깊게 고민하는 건축가로 인정받고 있음을 알 수 있다. 비록 새문안교회의 신축설계가 선택되지는 못했지만 그 당시 유학파 건축가들 사이에서 한옥의 이미지를 살린 교회를 짓겠다는 계획안을 제출했다는 점은 그의 건축철학을 엿볼 수 있는 매우 중요한 자료다. 그는 한옥에 대한 확신을 분명하게 가지고 있었다.

조자용이 설계한 건축물 중에서 가장 의미가 있는 것은 1968년에 개관한 에밀레박물관일 것이다. 그가 유학을 마치고 에밀레박물관을 설립하기까지 14년의 시간이 흘렀고 여러 가지 과정들이 있었다. 그것을 여기서 한번 정리해 보고 다음으로 넘어가는 것이 좋을 것 같다. 1954년 운명처럼 범어사 일주문과 만나 우리 전통 건축물의 우수성과 함께 우리 문화의 본질에 대한 의문을 갖기 시작했고 그 후 1961년까지는 주로 일주문과 백제 석탑 등을 보려고 전국적인 고적 답사를 다녔다.

그 와중에 특히 스스로 '와열(瓦悅)'이라고 표현할 만큼 도깨비기와 수집에 대한 강한 열망을 갖게 되었다. 1962년 사업실패, 1963년 큰딸 에밀리의 갑작스런 죽음 등 조자용 개인사적으로 볼 때 1960년대 전반기는 여러 면에서 힘들었던 시기였지만 또한 그의 인생에서 중요한 시점이기도 했다. 1964년에는 대구동산병원 간호사기숙사를 설계하면서 우리 전통건축물의 아름다움을 응용해 '전통을 토대로 한 현대화 작업'이라는 이념을 놓치지 않았다. 1965년에는 '전통을 토대로 한 현대화 작업'을 실질적으로 마음껏 펼칠 수 있는 공간을 마련하기 위해서 서울 등촌동 206번지에 1000평의 땅을 매입했다. 1966년, 그의 나이 40세에 에밀레박물관의 상량식을 하긴 했지만, 건축비용 수급이 어려워 공사가 늦어지다가 1968년 1층과 3층 전체를 임대 놓고 나서야 마지막

예산이 확보되어 마침내 완공할 수 있게 되었다.

당시 젊은 건축가 조자용이 어깨에 짊어진 삶의 무게는 너무 무거웠다. 그러나 그런 어려움 속에서 건축한 에밀레박물관이기 때문에 조자용의 건축철학이 가장 많이 실현되었을 것으로 보인다. 조자용이 설계한 크고 작은 여러 건축물 중에서 '전통을 토대로 한 현대화 작업'의 가장 본보기가 되는 작품이 바로 에밀레박물관이 아니었을까 하는 생각이 드는 것이다. 1966년 설계 공모했다가 최종 선택되지 못했던 새문안교회의 설계도 시기적인 부분이나 여러 상황을 고려해 볼 때 에밀레박물관과 비슷한 경향이 아니었을까 추측이 가능하다. 그러나 안타깝게도 에밀레박물관은 사진자료로만 남아 있고 현재 해당 건축물을 볼 수가 없다. 사진자료도 외부의 모습만 있어 건축물의 구조나 디자인 등에 대해 제대로 된 평가를 하기 어렵다. 다만 외관에 보이는 구조로 보아 조자용이 전공한 구조공학적 지식과 한국의 전통구조를 일체화시켜서 조형화한 시도로 보여진다. 여기서 표현된 그의 조형적 감각은 민족문화에 가졌던 남다른 애정을 통해서만 이해할 수 있는 부분일 것이다.[22]

'전통 건축의 현대화'의 건축방식을 보여주는 또 다른 건물이 있다. 1973년에 조자용의 설계로 지어진 세종대학교(전 수도여자사범대학) 박물관이다. 우리 전통 궁궐의 양식을 응용한 건물로 대지가 1000평이고 건평 1200평으로 지상 4층으로 지어진, 박물관으로는 국내 최대 규모로 개관했다. 개관식 날 박정희 대통령 부부가 참석할 정도로 대단했고 우리나라 최초의 생활민속박물관으로 궁궐 양식의 현대화 작업으로 볼 수 있다. 이것은 한옥의 현대화란 목표에 궁궐건축의 장점을 응용할 수 있는 계기가 되었으리라고 짐작되는 부분이다.

---

22) 안창모, 「미스터리와 히스토리의 주인공, 건축가 조자용」, 『제1회 대갈문화축제 기념전 도록』 (조자용기념사업회, 2014), pp. 10~13 참조.

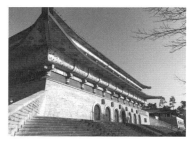

세종대학교박물관 전경

세종대학교박물관 전경

미국대사관저 전경

미국대사관저(하비브 하우스, 조자용. 1976)

그 후 조자용은 1976년에 미국대사관저를 건축함으로써 우리 건축물의 전통을 살리는 동시에 현대식 인테리어로 한옥의 가능성에 대해 앞선 안목을 확실하게 보여주었다. 전통한옥 구조였지만 천정을 높이는 등 내부는 미국식 인테리어로 설계해 새로운 한옥을 탄생시켰던 것이다.

정동에 위치한 미국대사관저는 건축가 조자용의 대표작이다. 일명 '하비브하우스'로 불리는 미국 대사관 건물로 주재국의 건축 양식으로

지어진 세계에서 유일한 곳이다.[23] 하비브하우스는 한국적인 건축물에
서구식 생활방식으로 설계된 도시형 한옥의 형태를 아름답게 선보인
독창적인 작품이다. 다음은 1974년 11월 6일 『매일경제신문』의 기사로
미대사관저를 한옥으로 건축하기로 결정했다는 내용이다.

_____ 우리나라 전통 건축의 권위자인 에밀레미술관 관장 조자용 씨
가 설계한 이 건물은 시멘트 조각 하나 보이지 않는 단층 한식 기와집
으로 우리 고유 건축 예술미를 보여줄 것이라고 한다. 그러나 이 건물
에는 지하에 250평의 기계실이 있으며 내부구조와 설비는 초현대식으
로 꾸며져 미국 대사관저들 가운데 가장 최첨단의 건물이 될 것이라고
한다. 건물 크기는 지상면적이 300평인 단층이나 실제높이는 3층 건물
과 맞먹는 것이다. (중략) 1972년 당시 필립 하비브 대사는 90년간 미
국대사관저로 이용하면서 원형을 보존해 온 점을 감안하여 신축 관리
는 계속 순 한식 건물로 지을 것을 국무성에 건의 승낙을 받아 한옥에
현대 시설을 절충하여 건축하기로 하였다.[24]

기사를 살펴보면 조자용은 1974년 미대사관저 건축에 앞서 이미
1964년 대구동산병원과 1966년 새문안교회 설계 공모, 1968년 에밀레
박물관, 1973년 세종대학교박물관 등을 통해 전통건축물의 아름다움

―――

23) 하비브 하우스는 1971~1974년 주한 미국대사를 지냈던 필립 하비브(Philip Habib)의 재임
중 지어진 미국 대사관저로, 그의 이름을 따 하비브 하우스라는 명칭이 붙었다. 조자용은 에밀레
박물관을 개관한 후 미국 평화봉사단원들에게 우리 문화에 대한 강의를 하여 큰 인기를 얻고 있
었는데 이때 부대사였던 하비브도 소식을 듣고 에밀레박물관에 방문해 열정적인 조자용에게 반
했다고 한다. 후에 미대사관저를 새로 건축하게 되었을 때 대사가 된 하비브는 조자용에게 미대
사관저를 한옥으로 짓는 일을 맡겼다.

24) 1974년 당시 미국대사였던 하비브는 미대사관저로 쓰고 있던 한옥이 낡아 새로 지어야 하
자 역사성을 지키기 위해 한옥으로 신축할 것을 결심했다. 하비브가 부대사 시절에 미국유학파
인 조자용을 이미 알고 있었기 때문에 미대사관저 건축은 조자용에게 맡겼다. 이때 신영훈과 이
광규가 함께 참여했다.『매일경제신문』, 1974. 11. 6. 참조.

❶ 미대사관저. 높은 천장과 벽난로 위에는 안녕이라는 뜻의 녕(寧)자 봉인이 새겨진 내부
❷ 포석정을 닮은 미대사관저의 중앙 정원

을 현대건축물의 설계에 적용하는 '전통건축의 권위자'로 이름이 알려
져 있었음을 알 수 있다. 첨단의 건축물을 설계하면서도 끊임없이 전통
구조물에 대한 연구, 도깨비기와와 민화 등의 문화재 수집과 연구 등을
통해 깨달은 민족문화의 장점을 적용하는 건축가였다는 말이다. 이러
한 조자용의 건축철학이 미대사관저 설계에도 그대로 적용된 것이다.
하비브하우스에서 조자용은 한국적인 선과 장엄한 멋을 잘 보여주었
다. 실내는 미국 오리건 주와 테네시 주에서 가져온 전나무로 높은 천
장을 만들어 대들보와 서까래를 정갈하게 배치하고 벽난로 위에는 '편

안할 녕(寧)'자 봉인을 새겨 넣었다.

  건물 전체는 못을 사용하지 않고 목재를 끼워 맞추는 전통 한옥 기법으로 제작하고, 냉·난방 시설은 미국식 시스템을 설치했다. 중앙의 넓은 홀은 대사관저의 공식 행사를 진행할 수 있는 공간으로 충분히 확보했고 대사 가족의 숙소 공간과는 口자의 복도로 연결했다. 복도 바깥쪽으로는 격자문과 유리창으로 2중창을 만들어 집안 전체가 아늑한 느낌이 들도록 했다. 그러면서도 집안 구석구석이 자연 채광에 의해 따뜻하고 편안하면서 어느 방에서나 밖을 내다볼 수 있도록 설계했다. 앞뜰에는 석조 호랑이상과 석등을 배치했고 건물 중앙에 위치한 정원에는 경주의 포석정이 연상되는 연못을 만들어놓았다.

  미대사관저는 정남향집으로 한국식 정원과 돌담이 잘 어울려 단아한 한국적 정취를 자아낸다. 문과 격자창 그리고 문고리 같은 소품들은 당시 한국 최고장인들의 작품이다. 그리고 방마다 서양식 양변기가 갖추어진 욕실을 배치했다.[25] 이처럼 조자용은 미대사관저를 통해 아름다우면서도 쓸모 있는 한옥의 형태를 잘 보여주고 있다. 조자용은 한옥 현대화 방식을 한옥이 가진 전통적 미학의 틀 안에서 여러 가지 건축양식의 장점을 부분적으로 첨가하는 방법으로 제시했다.[26] 자연과 잘 어울리는 한옥의 장점을 살려 건축물과 정원을 주변 환경에 맞게 적절히 배치해 그가 한옥에 대해 가지고 있던 미의식을 그대로 담아낸 것이다.[27] 1983년 한국을 방문했던 레이건 대통령은 이곳에 머문 후 "세상에서 내가 머문 숙소 중 가장 인상 깊은 집이었다."는 찬사를 남겼다는 일화가 있다.

---

25) 김쾌정 허준박물관관장 증언, 2014. 7. 17. 오후2~4시, 허준박물관 관장실에서.

26) 임석재, 『서울 건축 − 개화기~일제강점기』(이화여자대학교출판부, 2011), pp. 54~55.

27) 주남철, 『한국건축사』(고려대학교출판부, 2000), p. 411.

      화창한 6월의 어느 날, 하비브 하우스의 두툼한 철문이 차르르 열렸다. 대문 안으로 들어가니 미국공사관 건물이 보였다. 1884년 서울에 세워진 최초의 외국공사관 건물로 서울시 유형문화재 제132호다. 2004년 지금의 모습으로 복원됐다. 대사관저는 그 뒤에 있었다. 잘 가꿔진 널따란 초록색 잔디밭 뒤로 2층집 만한 높이에 시원하게 뻗어있는 기와지붕이 웅장한 한옥이었다. 오른쪽 야트막한 언덕길을 따라 올라가는데 건물 오른쪽 벽에 '성조기 문양'이 동그랗게 새겨져 있었다.[28]

   정형모는 초여름 미대사관저의 모습을 이와 같이 그리고 있다. 그리고 많은 사람들의 관심을 받으며 전통 한옥 양식과 현대적 인테리어를 접목해 지은 미대사관저를 현대적 관점으로 바라보는 시선은 황두진의 『한옥이 돌아왔다』에 잘 나타나 있다.

      이 집은 여러 가지 점에서 한옥의 진화에 관련된 단서들을 제공한다. 한국의 전통적 건축양식과 미국의 생활문화가 결합한 새로운 창작물로 볼 필요가 있다는 점을 강조했다. 이 집은 만약 한옥의 진화가 계속 진행되었다면 우리 주변에 상당히 보편화되었을 그런 상상 속의 한옥일 수 있기 때문에 우리에게 아쉬움과 안타까움을 준다. 이 건물은 한옥이 상당한 보편성을 갖는 세계적 건축양식으로 발전할 수 있는 가능성까지도 제시한다고 할 수 있다.[29]

---

28) 2014년 6월 29일자 『중앙일보 SUNDAY MAGAZINE』에서 정형모가 「'서울 속 미국' 찾는 사람들에게 한국미술 알리는 작은 갤러리—서울 정동 미국 대사관저 '하비브 하우스' 속살 탐구」라는 제목으로 정동에 있는 미대사관저에서 진행한 '아트 인 앰버시(ART in Embassies)'라는 프로그램에 대한 취재 내용의 일부분이다. 이 전시의 제목은 《맥락의 재조명(Context Revisited)》이었다. 미대사관저의 주인인 성김(54) 주한 미국대사와 부인 정재은(45)이 하비브하우스에서 한국 작가 및 한국계 미국인 작가 12명의 작품 19점을 대여해 전시했다.

29) 황두진, 『한옥이 돌아왔다』(공간사, 2006), pp. 186~190.

이 평가는 세계에서 가장 건강한 주거 공간이라는 한옥을 현대적으로 살려낸 조자용에 대한 '건축가로서의 평가'로 충분하다고 본다.[30] 건축가 조정구도 "하비브 하우스는 한옥이 단순히 볼거리가 아닌 살림 공간으로서 충분히 가치 있다는 것을 여실히 보여주고 있다."고 했다.[31]

조자용이 관심을 가졌던 고건축 복원에 대해서는 차의 성지인 일지암을 예로 들 수 있다. 1978년에 박동선,[32] 박종한, 최범술,[33] 김미희 등은 전라남도 해남 두륜산(頭崙山) 대흥사에 있는 초의 선사의 일지암[34]을 복원하기로 하고 조자용에게 설계 시공을 맡겼다. 많은 건축가 중에서 그에게 이 일이 맡겨진 것은 1960-1970년대에 이미 그 분야의 권위자로 인정받았기 때문일 것이다. 결과적으로 이 일은 조자용이 한국

---

30) 전남일 등, 『한국 주거의 미시사』(돌베개, 2009), pp. 402~405.

31) 1976년 조자용은 하와이 민화전시를 가서 혼자 힘으로 준비하느라 너무 무리를 하였는지 심장에 이상이 생겨 귀국하게 되었다. 그는 미대사관저의 준공식에 휠체어를 타고 참석하였고 더 이상 건축일은 할 수가 없게 되었다.

32) 1978년 박동선은 해인사에서 스님들이 차를 마시는 것을 보고 진주의 박종한을 만나 하천다숙에서 전국 규모의 차문화 운동을 벌이기로 합심하고 12월에 최범술, 박동선, 박종한, 김미희 등 차인들이 모여 사단법인 한국 차인회를 창립했다. 이때 조자용에게 일지암을 복원을 의뢰했다. 이런 이유로 조자용은 우리나라 차문화 복원에 참여하게 되었다. 박동선은 지금도 한국차인연합회 이사장이고 김미희는 명원다회를 창립해 차문화 복원과 보급에 열정을 쏟았다. 박종한의 하천다숙에서는 지금도 남도 차인회가 그 맥을 잇고 있다. : 김태연, 『한국의 근현대 차인열전』(도서출판 이른아침, 2012)과 김의정, 『차의 선구자 명원 김미희』(학고재, 2010) 참조.

33) 효당 최범술(曉堂 崔凡述, 1904~1979)은 다솔사에 출가하여 1960년대부터 차문화를 알리기 시작했다. 그가 저술한 『한국의 차도』는 우리나라 최초의 차도관련 개론서로 오늘날까지 평가받고 있다. 김운학, 『한국의 차문화』(이른아침, 2004) 참조.

34) 일지암은 초의 선사가 39세였던 1824년에 지어 40여 년 간 거처하였던 한국 차 문화 중흥의 상징인 곳이다. 초의 선사는 추사 김정희, 다산 정약용 등 당대의 명사, 시인, 예인들과 폭넓게 교류하면서 이곳에서 다서(茶書)의 고전인 『동다송』을 저술하고 『다신전』을 정리했다.

일지암 복원(조자용. 1978)

대갈초당(1979)

의 전통 차복원에도 기여를 하게 된 계기가 되었다.[35] 1954년부터 시작되었던 답사를 바탕으로 구상되어진 일지암은 고건축물에서 나온 자재들을 다시 사용하여 복원이 이루어졌다. 그는 한국 전통 다실은 대자연

35) 한풀선사 증언, 2013. 10. 20. 오후6시. 청학동 삼성궁의 개천대제를 마치고 삼성궁 다실에서. 한산대사 동석. 삼성궁에서는 개천대제를 마친 후에 참석한 사람들에게 음식과 차를 대접하였다. 이때 사용한 찻잔은 박종한이 고안한 의(義), 경(敬)이 앞뒤로 쓰인 잔을 사용하였다. 의(義)를 자신을 향하도록 하여 의를 행하고 경(敬)을 바깥쪽으로 행하게 하여 상대를 향한 존경을 나타내는 의미였다.

속에서 시원하고 꾸밈새 없이 텁텁하고 간소한 멋의 요소를 이루고, 천지인(天地人)이 화합하는 공간이어야 한다고 생각했다.[36] 즉, 한국의 전통 다실은 인공적으로 꾸민 방이 아니고 나무 밑, 잔디밭, 멍석, 돗자리, 평상, 원두막, 초정, 툇마루, 온돌방, 사랑방 등과 같은 자연스럽고 편안한 공간이 되어야 한다고 생각했던 것이다.[37] 그는 경주 서출지(書出池), 담양 식영정(息影亭), 해인사 희랑대(希朗臺), 익산 호운정(壺雲亭) 등에서 일지암 설계를 위한 영감을 얻었다고 말했다. 바닥의 마루 속에는 온돌을 설치하기도 했다.[38] 이렇게 이루어진 1979년의 일지암의 복원은 우리나라 차문화의 복원이 활발히 이루어지는 중요한 계기가 되었다. 일지암을 복원하기 전인 1978년 겨울 무렵, 조자용은 담양 소쇄원 근처에 초가집을 마련해 대갈초당이라는 이름을 지었다. 이때 방문한 다인(茶人)들이 이곳이야말로 한국고유의 다실이라 평했는데 이것은 그가 대갈초당을, 그동안 보았던 초당과 정자들을 기초로 해서 만들었기 때문이다. 이처럼 조자용의 건축에는 1954(28세)년부터 이어진 유적답사와 유물수집으로 이어진 전통문화 찾기의 여정이 고스란히 담겨 있다.

---

36) 조자용은 텁텁하다의 의미를 이조의 민화『李朝の 民畵』(강담사, 1982) 에서 스스로 표현하기를 '자연을 살리고 교만이나 작위가 없는 미이며 거친 속에서도 세련미가 높은 미를 말한다.'고 하였다.

37) 조자용은 우리 고유의 전통 차문화를 일지암 건축을 통하여 나타내면서 한국 차문화의 기초를 마련하는데 일조했다. 중국인들은 4000여 년 전부터 차를 마시기 시작했고 일상생활에서 없어서는 안 될 만큼 중요한 것이었고 차로 손님을 접대했다. 이 차 문화가 한국과 일본으로 전래되었다. 한국의 차문화는 다례라고 하여 차로 제사를 지냈으며 차를 통한 예절을 중시했다. 일본으로 건너간 차문화는 다도(茶道)라는 일본의 문화로 만들었다. 일본의 다도는 선(禪)에 도달하고자 하는 방법으로 이어졌다.

38) 조자용, 앞의 책, pp. 27~28.

3

범어사 일주문에서
'한국문화의 정체성'을 묻다

까치호랑이는 조자용이 민화의 세계에 입문
하는 좋은 길잡이가 되었다. 범어사 일주문에
서 가졌던 우리 문화의 원형에 대한 의구심이
민화가 가진 사상적 배경에 의해 답이 보이기
시작한 것이다. 뿐만 아니라 조자용 스스로
까치호랑이가 우리 민문화가 무엇인가를 깨
우쳐 준 위대한 스승이라는 말을 남겼다. 오
랜 시간을 헤매다 찾은 민족문화의 모태에 대
한 깨달음이 까치호랑이와의 만남으로 풀리기
시작했으니 이것이야말로 그의 인생에서 가장
중대한 사건이 아닐 수 없다.

범어사 일주문의 강렬한 인상

문화재 답사와 와열(瓦悅), 우리 문화 모태 찾기의 출발이 되다

까치호랑이를 통해 드디어 만난 우리 민화의 신비로운 세계

3장

범어사 일주문에서
'한국문화의 정체성'을 묻다

범어사 일주문의 강렬한 인상

범어사 일주문은 조자용에게 우리 전통 건축에 관심을 갖는 계기를 만들어 주었다. 여기서 시작된 한국문화의 원형에 대한 의구심이 도깨비기와와 민화를 수집하게 만들었고 박물관을 개관하게 했으며, 나아가 민문화 운동을 전개하도록 이끌었다.

전통문화에 대한 연구와 활동으로 이루어진 그의 일생이 '전통구조물과의 만남'에서 시작되었던 것이다. 이 말은 문화의 전체적인 모습을 파악할 수 있는 안목을 가진 건축가의 시각이 한국문화의 본질에 대한 인식에 이르게 했다는 뜻이다. 조자용은 1954년 귀국해 유엔한국재건단(UNKRA)이 추진하던 문경 시멘트공장 건설에 참여했고 얼마 후 부산에서 일하게 되었다.[1] 이 시기에 부산 금정산의 범어사에서 일주문을 보게 되었는데[2], 이때 그는 귀국한 지 얼마 지나지 않아 이것을 본 것이 얼마나 다행인지 모르겠다고 말한다. 세계 일류의 하버드 대학에서 구조공학을 전공한 건축가의 관점으로 보아도 범어사 일주문은 너무 신기해 그 첫 인상이 충격적이었다는 것이다. 범어사의 일주문은 4개의 기둥을 일렬로 세우고 그 위에 지붕을 올렸다. 이것은 조자용으로 하여금 '일주문의 형식이 불교 미술의 양식이고 기능은 인도의 불경에 기초하긴 했지만 미술적 표현에 있어서는 우리 민족의 전통적 양식이 불교적 조형에 적용된 것이 아닐까' 하는 결론을 내리도록 만들었다.[3]

_____ 전혀 보주(補柱)를 쓰지 않고 돌기둥 위에 목조 구조체를 살짝

---

1) 1950년 12월 1일 유엔총회는 결의안을 통과시켜 '유엔한국재건단'(United Nations Korean Reconstruction Agency, UNKRA)을 창설하였다. 운크라는 한국에 대한 구호의 차원을 넘어서서 전쟁으로 폐허가 된 한국경제를 전쟁 이전의 수준으로 회복시켜 한국경제 재건의 발판을 마련하는 데 커다란 기여를 하였다. 운크라의 지원 활동은 경제 영역뿐 아니라 교육, 아동 문제 등에까지 크게 기여했다. 한국경제 재건을 위한 운크라의 지원은 시설투자와 원자재를 도입하고 한국사회의 교육, 문화적 기반을 확충하는 데 사용되었다. 또한 한국의 농업 및 자연자원 개발을 위한 기반 시설투자도 이루어졌다. 연탄, 판유리, 제지, 농기구, 시멘트 공장들이 설립되어 한국의 공업 부흥을 위한 기반을 마련하였고, 공업발전의 기초가 되는 송·배전 시설의 확충과 전력 개발에도 많은 기금이 투입되었다. 교통운수, 보건위생분야에도 운크라의 지원금이 할당되었는데, 특별히 전후 폐허가 된 학교시설·병원을 복구하고 수많은 고아들을 보살피기 위해 고아원들을 설립하기도 하였다.

2) 부산박물관편, 『범어사 보제루지』(부산박물관, 2012), pp. 2~13. 범어사의 가람배치는 대웅전을 중심으로 동—서 중심축의 배치로 지형의 고저차를 활용한 상·중·하단의 3단의 구조를 가지고 있다. 이중 첫째 문인 일주문(조계문)은 2006. 02. 07. 보물 제1461호로 지정되었고 부산 금정구 청룡동 546에 위치하며 조선시대에 만들어진 것이다. 조계문은 숙종 44년 1718년에 돌기둥을 교체하여 지금에 이르고 있다. 조계문은 가람 진입로에 차례대로 세운 삼문(三門)중의 첫째 문으로 山門이라고도 하고 기둥이 일렬로 나란히 서서 지붕을 받치므로 일주문이라고도 한다. 이 조계문은 기둥 2개만 지지하는 다른 일주문과 달리 자연 암반위에 일렬로 160㎝ 정도의 장주형(長柱形) 초석들을 4개 세우고, 이 초석 위에 높이가 낮고 굵은 두리기둥을 세워 기둥 사이를 창방으로 결구하고 이 위에 다시 평방을 놓아 장방형의 틀을 짠 뒤 공포(栱包)를 놓아 다포식 건축을 이루고 있다. 한국전통건축의 구조미를 잘 표현하여 우리나라 일주문 중에서 걸작으로 평가할 수 있다.

3) 조자용, 『우리 문화의 모태를 찾아서』(안그라픽스, 2001) p. 115.

조자용이 찍은 범어사 일주문(1954)

부산시 청룡동 범어사 일주문

올려놓은 것인데 아무리 보아도 귀신의 장난으로 밖에 보이지 않는다. 네 개의 돌기둥을 한 줄로 배열하고 흔들거릴 수 있는 기와지붕과 목조물을 마치 신들린 무당이 창끝에 돼지 세우듯이 올려놓았으니 말이다. 그것도 바람 억세기로 소문난 금정산 중턱에 자리 잡고 있으니 놀라지 않을 수가 없다. 일주문이란 기둥을 한 줄로 세운 문인데 줄타기하는 원리로 그 구조의 안정성을 풀이할 수밖에 없다. 나는 선진 미국에서 구조공학을 전공했음에도 이런 식으로 집을 세울 자신이 없다. 한동안 일주문만 찾아다녔다.

조자용은 우리 전통건축의 우수성에 감탄했고 동시에 외래 종교인 불교사찰 안에 지어진 건축물이지만 우리민족의 고유양식이 포함되어 지어진 것은 아닐까 하는 의문을 갖게 되었다. 더불어 그 속에는 대대로 전해 내려오는 우리 전통사상이 들어있을 것이라는 생각을 함께 하게 되었다. 사실 건축물은 지역의 문화적 특성을 가장 잘 설명하고 있는 문화적 산물이다. 그래서 '한국 문화'라는 것이 우리 고유의 문화가 기반이 되고 외래에서 들어온 타문화들은 그 바탕 위에서 수용되고 굳어진 것이라는 확신을 갖게 되었다.[4] 한국 문화의 본질에 대한 인식, 즉 '한국문화의 모태란 무엇인가'를 찾는 긴 여정이 시작된 것이다.

_____ 한 민족 또는 한 지역의 문화는 하나이며 둘이나 셋이 아니다. 표면상(表面相)과 저변상(底邊相)이 있을 뿐이다.[5]

우리 문화의 본질에 대한 고민을 이어갈수록 당시 학계의 연구가 표면에만 편중되어 있고 한국문화의 모태를 등한시해 왔다는 생각을 지

4) 조흥윤, 「한국의 전통예술」 『한국의 전통예술』(한국문화재보호재단, 1997), p. 18.

5) 조자용, 『한호의 미술』, (에밀레미술관, 1974), p. 9.

울 수가 없었다. 현재 우리가 내세우고 있는 한국적이라는 것이 우리 문화의 껍질에서 찾을 수 있는 것이 아니고 민족문화 속에 흐르는 근원에서 찾을 수 있는 것이 아닌가. 수천 년 이어온 한국문화의 본질은 원형이라는 기본의 특징을 유지하면서 외래문화와 접촉하고 받아들여 변화해 온 것이지 않은가.[6] 그렇다면 조자용의 민족문화 뿌리 찾기 작업은 한국문화의 주체성을 회복하고 문화적 근간을 튼튼하게 하기 위한 기초 작업임은 틀림없는 사실이다.

문화재 답사와 와열(瓦悅), 우리 문화 모태 찾기의 출발이 되다

유학에서 돌아와 문화재에 관심을 갖게 된 것은 조자용이 평생 한국문화의 모태를 찾는 일에 몰두하게 된 밑거름이 되었다. 그의 문화재답사와 유물수집은 문화재가 박물관을 통해 전시됨으로써 보다 많은 일반인들이 쉽게 접하고 느낄 수 있도록 해야 한다는 신념을 갖게 해주었고, 직접 박물관을 개관해 민문화 연구와 함께 박물관 운동을 벌일 수 있도록 만들었다. 한국문화 모태 찾기의 출발이 된 것이다. 그리고 중요한 것은 유물을 수집하게 되면서 그가 평생 놓지 않았던 '도깨비', '호랑이', '산신', '삼신' 등의 중요한 우리 문화의 핵심을 만났다는 사실이다.

중학생 시절 수학여행에서 부여의 정림사지 오층탑을 보면서 조자용은 강한 인상을 받았다. 오층탑에 대한 어린 시절의 기억 때문에 어른이 되어 다시 그 탑을 찾게 되었고, 1960년대 초부터는 건축 일로 바쁜 일정 속에서도 백제 석탑을 찾아다녔다. 이 기간은 그에게 건축가로서 전통건축의 우수성에 대한 확신을 직접 확인할 수 있었던 소중한 시간

---

6) 정재식, 『전통의 연속과 변화』(아카넷, 2004), p. 90.

이었다.[7] 또한 이것은 그가 현대건축물에 전통건축의 양식적 요소를 더해 독창성을 보일 수 있었던 건축철학의 바탕이 되어 주었다. 1960년대 대구동산병원과 서울 에밀레박물관이 대표적인 경우에 해당된다. 그는 유학시절 하버드대학 옌칭도서관에서 다보탑의 구조가 상세하게 그려진 책을 보면서 설계도를 만들어 보기도 했다. 그 후 시간이 지나 경주를 방문해 책에서만 보았던 다보탑을 직접 보면서 동양 불교국가에서 건립된 수많은 석탑 중에서도 유례를 찾을 수 없는 독특한 모습에 깊은 감동을 받았다. 그는 다보탑의 건축학적 우수함 때문에 놀랐고 어느 탑에서도 볼 수 없는 아름다움 때문에 놀랐다.[8] 7년이란 시간 동안 전국을 답사 다니던 그에게 어느 날 찾아 온 기와수집에 대한 자신의 열망을 '와열(瓦悅)'이란 단어로 표현했다. 1961년 무렵, 기와를 수집하게 된 동기를 다음과 같이 이야기한다.

_____ 어느 날 경주 시내 한 다방에서 벽에 시멘트로 박아놓은 비천상 암막새 파편을 보게 되었는데 순간 눈을 뗄 수 없을 만큼 마음에 들어 가지고 싶었다. 벽에 붙은 것을 뜯어 팔라고는 할 수 없어 자주 드나들면서 군침만 삼켰다. 며칠 그러고 있었는데 좋은 생각이 떠올랐다. 나도 기왓장을 수집하면 어떨까 하는 생각을 가지게 되어 스스로 무릎을 탁 쳤다. (중략) 문제의 비천상 막새기와도 드디어 나의 품안에 들어올 정도로 기와 수집에 대한 나의 열정과 집념은 대단한 것이었다. 나는 기와 수집의 즐거움은 도저히 말로 표현 수 없어 그저 와열(瓦悅)이라고 했다.[9]

———
7) 조자용, 『비나이다비나이다』, (삼신학회프레스, 1996), p. 92.

8) 조자용, 『우리 문화의 모태를 찾아서』(안그라픽스, 2001), p. 85.

9) 조자용, 앞의 책, p. 93.

도깨비 기와에 열중하던 시기(1962)　　　기와수집품으로 가득한 조자용의 건축사무소(1962)

'와열'의 대상 중에서 가장 주목되는 것은 '도깨비기와'이다. 이 '도깨비기와'는 그에게 한국인으로서 자신감을 가질 수 있도록 일깨워주는 중대한 시작이 되었다. '도깨비'가 그를 '호랑이'에게로 이끌었고 호랑이는 '산신령' 앞에 데려다주었고 산신령은 그에게 우리 문화의 모태를 이해하는 데 필요한 핵심내용을 가르쳐주었다. 조자용이 평생 찾아다닌 '민문화'의 정체를 밝혀내는 최고의 키워드는 바로 이때 찾은 것들이다.

＿＿＿＿ 서양 원숭이로서의 묘기를 부리면서도 부지런히 고적을 찾아다니면서 자랑스러운 조상들의 작품도 찾아냈다. 다음 단계에서는 옛 기와조각을 수집하는데 열을 올려 집안에까지 끌고 들어왔다. 그 결과는 무엇이었던가. 일본 학자들이나 서양학자들이 역설한대로 한문화는 중국문화의 한 지방적 특색이거나 불교문화의 영향으로 이루어진 것이라는 점을 시인하지 않을 수 없게 되었다.

내 민족문화가 양부모문화였다는 점을 인식하면서부터 나는 문화적 고아가 되고 말았다. 도대체 내 민족의 생부모문화는 어찌되었단 말인가. 고아의 서러움을 당하면서 방황하게 되었다. 무엇인가 근본적으로 잘못된 지식이 몸에 깊숙이 배어 있는 것이 틀림없다고 느꼈다. 그러한 지식의 독소는 어디서 왔는가. 그것은 권위주의 문화관과 사대주의 문화관에서 온 것이라고 결론지었다. 그러면 참된 내 문화의 모태는 어디에 숨어 있단 말인가. 바로 짚신 짝 밑에 깔려 있으리라 단정하고 기어들어 갔다. 도깨비를 찾고, 호랑이를 찾고, 산신령을 찾고, 거북이를 찾으면서 헤매는 과정에서 희미하게나마 내 생부모가 드러나기 시작했다. 바로 별명으로 불러야 할 민문화(民文化) 속에서 내 민족문화의 모태를 찾게 된 것이다.[10]

　도깨비기와 수집에 많은 노력을 기울인 이유가 한 가지 더 있다. 귀면와는 중국에서도 많이 발견되지만 망와 양식의 도깨비기와는 중국에도 없다는 사실 때문이다. 이것은 우리 문화가 중국의 영향을 받았지만 도깨비기와와 같은 우리 고유의 양식을 보여주는 독창적인 문화가 존재한다는 사실에 대해 확신을 주었다.[11]

　우리 문화의 모태를 찾기 위한 그의 노력은 일본 강점기와 한국전쟁으로 무너져 버린 우리 문화에 대한 자긍심을 되찾으려는 신념이었다.[12] 우리민족의 정체성을 정립하고자 하는 강한 의지를 보여주는 부분이다.

———

10)　조자용, 『비나이다비나이다』(삼신학회프레스, 1996), pp. 11~22.

11)　마이클 설리번, 한정희 외 번역, 『중국미술사』(예경, 1999).

12)　"내가 초등학교 다닐 때 배운 교과서에서 경주 무열왕릉 옆에 있는 신라시대 돌거북이 사진이 참 인상에 남았는데 수십 년이 지나서야 실물을 보게 되었는데 돌거북은 마치 살아서 기어가는 듯한 참으로 훌륭한 조각이었다. 그 후로부터 나는 경주 근처에 남아있는 신라시대의 거북을 찾아다니게 되었고 여러 해 동안 돌아다니며 찾아낸 신라시대의 돌거북은 이루 다 헤아릴 수 없을 정도로 많았다. 그 후 나는 우리나라 방방곡곡을 찾아다니며 신라, 고려, 조선시대의 거북과 요즈음 만든 거북까지 모두 비교하면서 거북에 나타난 우리 조상들이 남긴 미술을 연구해 왔다." 조자용, 『한얼의 미술』(에밀레미술관, 1971), p. 7.

'까치호랑이'를 통해 드디어 만난 우리 민화의 신비로운 세계

건축일과 함께 문화재답사와 유물수집에 열을 올리고 있던 1967년 무렵, 조자용은 인사동에서 운명적인 민화작품 한 점을 만났다. 골동상에서 떡살을 구입했는데 그것을 싸준 포장지가 바로 문제의 '까치호랑이'인 것이다. '피카소호랑이' 또는 '호덕이'라 부르는 까치호랑이 민화와의 만남을 조자용은 '인사동 골목에서 주웠다'고 표현한다. 양지에 그려진 '까치호랑이'는 이처럼 우연히 그에게 왔던 것이다.[13] 이 '까치호랑이'는 후에 한국을 대표하는 민화가 되었고, 88올림픽 마스코트 호돌이의 할아버지가 되었다.[14]

'까치호랑이'가 등장함으로써 사팔뜨기 눈에 혀를 내밀고 있는 바보 호랑이 얼굴에서 터져 나오는 우리 민족의 해학과 웃음에 대한 이야기가 시작되었다. 막걸리에 취한 것 같기도 하고 산신으로부터 영약(靈藥)을 받아 마신 것 같은 호덕이와 조자용의 만남은 평생 민문화운동을 펼친 그에게 막대한 영향을 준 중대한 사건임과 동시에 큰 행운이었다.

_____ 결국 이 문둥이 같은 호랑이 그림 한장이 나로 하여금 몇해 동안 민화수집에 발광하게 만들었다. 참으로 나는 이 호랑이 덕을 크게 입었다. 민화의 세계도 들어가는 길잡이였고, 민화가 무엇이고 우리 민문화가 무엇인가를 깨우쳐준 위대한 스승으로 받들게 되었다. 그래서 호덕이라는 초당도 한 채 지어 바치게 되었다.[15]

---

13) 황규완 증언, 2013. 11. 1 오후 6시~8시, 평창동 가나아트, 한국화가 박대성 개인전시회 리셉션에서

14) 김현, 「88올림픽 마스코트 호돌이 비화」(한국범보존기금, 2013), p. 4.

15) 조자용, 『우리 문화의 모태를 찾아서』(안그라픽스, 2001), p. 172.

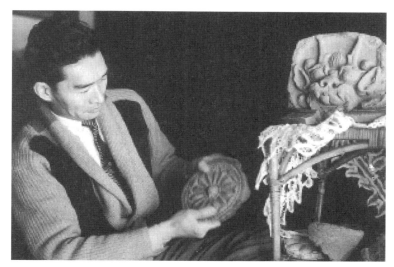

조자용과 도깨비기와 (1962)

'까치호랑이'는 조자용이 민화의 세계에 들어갈 수 있는 좋은 길잡이가 되었다. 범어사 일주문에서 가졌던 우리 문화의 원형에 대한 의구심이 민화가 가진 사상적 배경에 의해 답이 보이기 시작한 것이다. 뿐만 아니라 조자용 스스로 '까치호랑이'가 '우리 민문화가 무엇인가를 깨우쳐준 위대한 스승'이란 말을 남겼다. 오랜 시간을 헤매다 찾은 민족문화의 모태에 관한 깨달음이 '까치호랑이' 민화와의 만남으로 풀리기 시작했으니 이것이야말로 그의 인생에서 가장 중대한 사건이 아닐 수 없다. 그의 민화 수집과 연구가 단순히 민화연구 차원이 아니라 민화운동이며 나아가 민문화운동이라는 큰 틀로 바라봐야 하는 이유가 여기에 있다.

　우스꽝스러운 호랑이 모습에서 큰사람은 화를 내지 않고 작은 것들과 어울리면서 너그럽게 받아들이는 멋과 바보인 척하는 여유로움에서 오는 멋을 볼 수 있다.[16] 후에 한국고유의 민화라고 여기던 까치호랑이

16)　조자용, 앞의 책, p. 180.

도상이 중국에서 들어온 사실이 밝혀지면서 논란이 되었음에도 불구하고 한국회화의 기초가 되어야 함을 주장하는 것은 호랑이 그림의 표현 방법이나 그 속에 담긴 정신세계 때문이다.

_____ 인사동 골목에서 '주워온' 까치호랑이 그림은 조선 말엽에 어느 이름 모를 환쟁이가 욕심 없이 그린 속화에 지나지 않겠으나, 곁에 두고 보면 볼수록 한없는 신비성이 마음속 깊이 스며들었다. 정통화라고 으스대는 맹호도는 얼마 안 가서 싫증이 나기 마련인데 이 찌그러진 시라소니 민화는 날이 갈수록 친근해지는 것이다.

1960년대는 역사적으로 박정희 정부가 적극적으로 민족주의를 내세우던 시절이었다. 그런 영향으로 지식인 사회에서도 한국적인 특성과 주체성을 강조하는 경향이 많이 나타났다.

당시 시대적으로 전통적인 것이란 외국과 구별되는 고유한 것으로 여기는 경향이 있었다.[17] 이런 분위기에서 조자용 역시 민족주의가 바탕이 되긴 했지만, 그의 앞선 심미안이 한국적인 특성을 지니고 있으면서도 세계 어느 곳에서나 감동을 줄 수 있는 미적 보편성을 가진 민화를 알아볼 수 있었다. 누구나 인정하는 정통화가 아니라 아무도 알아주지 않은 민화에서 한국적 회화의 가치를 발견한 것이다.

1970년도에 발행된 책, *Humor of the Korean Tiger*에 이 시라소니(조자용 지칭, 일명 피카소 까치호랑이)가 흑백사진으로 실렸다. 이 호랑이는 등장하자마자 많은 사람들에게 사랑을 받았다. 시간이 흐르면서 그대로 모사한 그림까지 나타났고, 공예품이나 가면

17) 홍석률, 「1960년대 한국 민족주의의 분화」 『1960년대 한국의 근대화와 지식인』(선인, 2004), pp. 211~212.

등으로 상품화되기도 했으며, 티셔츠나 쇼핑백에도 그려졌다. 우표로도 만들어지고 토정비결의 책표지에도 실렸다.[18] 호덕이에 대한 조자용의 애정으로 에밀레박물관에는 호덕이 특별전시실이 꾸며지기도 했다. 조자용은 1967년부터 본격적으로 민화 수집을 시작해 1970년에는 그동안의 민화 수집의 결과로 민화에 흐르는 한국회화의 흐름을 한눈에 볼 수 있는 상황이 되었다.

까치호랑이를 비롯한 민화 수집에 심혈을 기울이게 되면서 그는 민화의 세계에서 한국미술의 본질과 민문화에 대한 탐구를 시작했다. 민화 '까치호랑이'를 통해 신라 도깨비기와에서 호랑이로 이어지는 뚜렷한 한국인의 정신세계와 예술의 흐름을 발견했던 것이다. 그래서 산신각에 있는 산신도가 없어지기 전에 모두 기록으로 남겨야 한다는 사명감으로 전국을 다니느라 바빴다.

_____ 기와 수집에 쏟던 정열을 차차 호랑이 민화 수집으로 옮기기 시작한 것은 1965년 전후이다. 까치호랑이 덕분에 산신호랑이에게까지 관심을 쏟게 되었다. 민족문화의 모태를 찾아다니는 마당에서 이 시기는 매우 중요한 전환점이었으며 불교미술 예찬에서 탈피하여 신교미술 탐구에 몰두하게 되었다. 한문화의 핵심은 '민의 세계'에서 찾아야 한다는 확고한 신념이 생겼다. 민문화는 두 가지의 큰 뜻을 내포하고 있었다. 하나는 민주문화라는 뜻이요, 또 하나는 민족문화라는 뜻에서의 민문화다. 그런데 우리나라의 경우 민주문화 탐구는 결국 민족문화 탐구와 일치된다는 공식을 발견하게 되었다. 낯선 십자가 미술이나, 위압적인 불상미술이나, 징그러운 도교 신상미술과는 달리 내 힘으로 찾아낸 생부모 종교의 호랑이 미술은 귀여운 강아지나 고양이 얼굴에 뽀뽀하

18) 조자용은, 얼굴은 점무늬고 몸통은 줄무늬인 시라소니 까치호랑 민화 속의 호랑이를 호덕이라고 불렀으며, 피카소 까치호랑이라고도 불렀다.

는 듯한 깊은 사랑을 느끼게 해주고도 남았다.[19]

　민화를 만나기 전에는 도깨비기와, 석굴암, 다보탑, 돌거북 등 신라 문화에 몰두했다. 그리고 자신이 지은 건축물에 신라구조물을 접목해 서양건축물을 세우기에 바빴던 '서양원숭이'에서 전통을 사랑하는 젊은 이로 변하게 된 것을 기뻐하기도 했다. 그러나 민화를 만난 후 신라문화가 불교문화 때문에 빛났다는 생각이 들기 시작했고, 불교문화 이전에 있었던 우리 고유문화는 어떤 것이었으며 어디에 남아 있을까 라는 질문을 스스로 하기에 이르렀다.[20]

　우리 민족이 고유의 독창적인 문화를 이어오고 있을 것이란 확신을 갖기 시작했던 것이다. 이런 과정들은 조자용으로 하여금 신라문화가 '양부모문화(養父母文化)'에 불과한 것은 아닐까 하는 의구심을 갖게 했고 한국인의 '생부모문화(生父母文化)'에 대한 탐구에 몰두하도록 만들었다. '생부모문화'란 오늘날 우리가 찾고 있는 진정한 한국문화의 원류, 즉 한국적 특성을 가진 우리 문화의 원형일 것이다.[21]

　민족문화의 모태에 대한 인식은 전통문화를 보는 새로운 전환점이 되었고 문화유적을 보는 시각도 달라지게 만들었다. 사찰을 방문할 때도 대웅전 뒤쪽에 있는 산신각이나 칠성각을 먼저 찾았다. 연화문 기와가 아니라 도깨비기와 수집에 열을 올렸고, 불탑이 아니라 돌로 만든 거북을 찾아 전국을 돌아다녔다. 이것은 조자용이 민문화 운동가로서 실천적 삶을 사는데 철학적 기초가 되었다.

19)　조자용, 『우리 문화의 모태를 찾아서』 (안그라픽스, 2001), p. 173~174.

20)　조자용은 경주에 초가집을 장만했고 계림 근처에는 300평 정도의 땅을 마련해 기와박물관을 세울 꿈도 가지고 있었다. 당시 그는 서라벌 불교문화에 빠져 있다가 민화를 통해 새로운 눈으로 보니, 경주의 남산이 불교의 조각으로 덮여 있는 것이 아니라 우리 어머니들이 대대로 자손을 위해 빌어 왔던 기도처인 알바위로 덮여 있다는 사실을 발견하고 '생부모문화'라는 개념을 연구하게 되었다.

21)　조자용, 앞의 책, p. 132.

4

민문화의 지위를
바로 세워야 하지 않겠나?

에밀레박물관은 한국의 민화에 대한 연구와
활동의 중심이 되었다. 에밀레박물관에서 시
작된 조자용의 활동은 민화를 수집하고 연구
하는 것을 넘어서 우리 기층문화가 전통문화
예술사에서 중요한 부분으로 자리잡을 수 있
도록 만들었다. 그는 민화를 앞세워 1960년대
'전통'이라는 말이 주목받지 못하고 있을 때
전통을 이야기했고 현대적인 미술만을 외치던
1970년대에 기층문화의 중요성을 강조하면서
그것을 보전하고 알리는 일에 전력을 다했다.
우여곡절을 겪은 끝에 마침내 1968년 10월26
일 드디어 에밀레하우스가 완성되었다.

4장

민문화의 지위를
바로 세워야 하지 않겠나?

최초의 민화박물관, 에밀레박물관 개관

1965년, 39세의 조자용은 에밀레하우스(에밀레박물관의 최초 이름)를 짓기 위해 김포가도 등촌동 206번지(강서구 화곡동)에 땅 천 평을 마련했다. 등촌동은 서울 외곽에 위치해 대부분이 논과 밭이었다. 그 무렵 조자용은 심우성 등과 어울리고 있었다.[1] 이 시기는 '와열'이라고 스스로 표현할 만큼 기와 수집에 열정을 쏟기도 했다. 조자용이 건축가로 일하면서도 막대한 비용을 들여 도깨비기와와 민화를 중심으로 하는 개인박물관을 설립한 것은 분명히 이유가 있을 것이다.

---

1) 조자용은 한국 문화의 핵심은 '민의 세계'에서 찾아야 하고, '민의 세계의 문화'를 '민문화'라고 이름 지었다. 민문화는 두 가지의 개념을 포함하고 있는데, 그것은 민주문화와 민족문화라고 보았다. 우리나라의 경우, 민문화에서 민주문화의 탐구는 결국 민족문화 탐구와 일치한다고 하였다. 허영환,「민문화 운동가 조자용」,『민학회 40년사 기념』(민학회, 2013), p. 1.

에밀레박물관 전경(1968)

바로 '전통'과 '기층문화', '민문화' 말이다.[2] 조자용은 『한얼의 미술』 서문에서 에밀레박물관을 설립하게 된 이유를 다음과 같이 설명한다.

―――― 여기 작은 집이 한 채 섰습니다. 크기는 보잘 것 없이 작지만 큰 뜻을 품고 갖은 애를 써 가면서 피와 땀으로 빚어낸 집입니다. 이 집 이름을 에밀레미술관이라 지었습니다. 우리나라 미술의 극치를 에밀레종에서 느꼈기 때문입니다. 종을 울리다 울리다 울리지 않아서 어린 아기를 집어넣으면서까지 신라의 예술가들은 종 하나에 온 정신을 바쳤습니다. 그 종에서는 에밀레 에밀레 하는 소리가 울렸다지요. 그것이 한

2) 조자용은 1961년 35세 때 사업 실패로 힘겨운 시기를 보냈다. 겨우 빚에서 풀려나 1962년 36세에는 서울 생활을 청산하고 대구로 내려와 건축사무실을 개소하여 활동했다. 비록 사업이 실패하여 좌절감에 빠졌지만 한편으로는 이 시기 열정적인 기와 수집을 통해 아픈 마음의 상처를 치유할 수 있었던 것으로 보인다. 그런데 1963년 37세 때 갑작스런 큰딸 에밀리의 죽음을 맞았는데, 이 또한 조자용에게는 사업 실패보다도 더 큰 아픔이었던 것으로 보인다. 딸의 죽음은 조자용의 기와 수집과 나아가 1965년 박물관 설립 기획에 더욱 몰두하게 한 배경으로 작용하지 않았을까 생각한다.

국 전통의 예술의 소리가 아니고 무엇이겠습니까. (중략) 이제부터 에밀레미술관은 하나씩 뜻있는 일을 시작해볼까 합니다. 잃어버린 우리네 예술을 찾고 믿음을 찾고 얼을 찾아서 뼈대 있는 새 나라를 세우는 터 닦는 일을 말입니다. 그리고 남의 도움을 바라지 않고 자기 힘으로 닦아가겠노라고 여러분 앞에 굳게 굳게 맹세합니다.[3]

에밀레박물관은 한국민화 연구와 활동의 중심이 되었다. 에밀레박물관에서 시작된 조자용의 활동은 민화를 수집하고 연구하는 것을 넘어서 우리의 기층문화가 전통문화 예술사에서 중요한 부분으로 자리 잡을 수 있도록 만들었다. 설립취지의 내용 중 "이제부터 에밀레미술관은 하나씩 뜻있는 일을 시작해볼까 합니다. 잃어버린 우리네 예술을 찾고 믿음을 찾고 얼을 찾아서 뼈대 있는 새 나라를 세우는 터 닦는 일을 말입니다."라는 말에서 짐작할 수 있듯이, 그는 민화를 앞세워 1960년대 '전통'이라는 말이 주목받지 못하고 있을 때 전통을 이야기했고, 현대화만을 외치던 1970년대에 기층문화의 중요성을 강조하면서 그것을 보전하고 알리는 일에 전력을 다했다.

조자용의 나이 40세, 1966년 5월 28일에 박물관을 착공했지만 골조공사 후에 잔금을 치르지 못해 공사가 중단되는 어려움을 겪기도 했다. 온가족이 건축 중인 박물관의 한쪽에 있는 25평 숙직실로 이사를 해야만 하는 힘든 상황 속에서도 그의 박물관에 대한 강한 집념은 멈추지 않았다.

우여곡절을 겪으면서도 1968년 10월 26일 드디어 에밀레하우스가 개관되었다. 건축사무실은 지하층으로 옮기고 1층과 3층은 세를 주고 2층의 한쪽에 숙직실을 꾸며 살림공간으로 사용하면서 2층의 절반인 35평을 전시실로 꾸민 것은 당시 조자용의 경제적인 형편을 잘 보여주

---

3) 조자용, 『한얼의 미술』(에밀레미술관, 1971), p. 2.

고 있다.[4]

개관 당시 에밀레하우스는 《벽사의 미술》이란 주제로 개관 기념전을 열었다. 기와 100여 점과 민화 12점이 전시되었는데, 그때 안내장에 적혀 있는 전시품 목록은 다음과 같다.

수면망와 獸面望瓦 100점화	문망와 花紋望瓦 3점
망와 望瓦 2점	선유망와 線釉望瓦 3점
신라식구미 新羅式鳩尾(鴟尾?) 2점	용두 龍頭 1점
토수 吐首 1점	구룡자 鬼龍子 8점
토기수각 土器獸脚 20점	청동수각 靑銅獸脚 2점
산신도 山神圖 2점	까치호랑이 2점
종규도 鐘規圖 3점	운룡도 雲龍圖 2점
호피 虎皮 1점	맹호도 猛虎圖 2점

개막전시는 도깨비기와 100여 점을 중심으로 기와가 주를 이루었다. 그러나 〈까치호랑이〉, 〈산신도〉, 〈운룡도〉, 〈종규도〉, 〈호피도〉, 〈맹호도〉 등 민화가 등장한 것은 큰 의미가 있다. 당시에는 개인의 힘으로 전통문화재 전시관을 만들었다는 사실만으로도 주목받을 일이었다. 거기다 '벽사의 미술'이라는 특이한 주제가 미술사적으로 전문가들의 관

---

4) 조자용은 재정적 어려움에도 불구하고 에밀레박물관을 준공할 수 있었던 에피소드를 다음과 같이 회고하였다. "1968년 3월 말 미국의 PAE회사가 찾아와서 1층과 3층, 그리고 넓은 대지를 빌려달라고 하기에 4년 계약으로 전액을 미리 받아버렸다. 그 돈으로 나머지 공사를 마무리하고 남은 돈은 인사동 거리에서 뿌렸다. 민화 수집에 박차를 올리게 되는 동시에 에밀레하우스는 준공되었다." 이처럼 1층과 3층을 미국회사에 임대하고 받은 수익으로 마지막 공사를 하고 민화 작품 수집도 본격적으로 할 수 있는 여유가 생긴 것으로 보인다. 현재 이곳에는 원래의 에밀레박물관은 없어지고 5층짜리 아파트인 연희빌라 4개동이 들어서 있으며 도로 앞쪽에 있던 하이웨이 주유소는 그대로 자리를 지키고 있다.

심을 끌었다. 이때 방명록에는 김명선, 임한영, 최순우,[5] 이홍식, 홍사준, 김천배, 최치환, 황해수 등이 서명했다.[6]

전시된 민화 중에 까치호랑이 2점과 산신도 2점이 보인다. 이것은 조자용 민화연구의 중요한 출발점이다. 그는 조선 후기에 우리나라 거리가 대대적인 호랑이 그림 전시장이었으니 호랑이 나라의 위상에 이러한 민화 작품들이 너무 잘 어울린다고 생각했다.[7] 대문마다 붙여진 개성 넘치는 호랑이를 상상해 보면 그의 말에 충분히 이해가 간다. 또한 산신도에는 산신과 함께 호랑이가 등장하는데 이것은 우리 민족이 다른 나라에서 들어온 종교를 믿더라도 우리 고유의 믿음을 뼈대로 삼아 왔다는 것을 보여준다고 해석했다.[8] 사찰의 한 곳을 차지하고 있는 산신각의 산신도가 불교의 그림이 아니라 우리 고유의 신앙이 전해지는 그림임을 밝힌 것이다. 이것은 우리 문화의 본질에 대한 조자용의 인식이 구체적으로 드러나기 시작한 시점이다.

에밀레박물관의 이름에 대한 재미난 이야기가 있다. 1968년 개관할 당시에는 '에밀레하우스'라고 불렀는데 사람들이 이름만 듣고 이곳을 다방으로 오해하는 경우가 많았다. 그래서 1970년에는 민화를 전시하는 곳이라는 의미로 '에밀레미술관'이라 불렀는데 미술관이라 하니까 이번에는 그림을 전시하고 파는 화랑이라고 생각하는 사람들이 많았다. 이는 당시 사립박물관에 대한 일반의 인식이 어떠한지를 잘 보여주고 있다. 하지만 에밀레미술관으로 부를 때는 출판사로 등록했기 때문

---

5) 국립중앙박물관 관장이었던 최순우(1916~1984)도 민화에 관심을 가졌다. 최순우는 에밀레하우스의 개관식에도 참여하였고 조자용이 최초의 민화전으로 보는 1969년 신세계화랑의 '호랑이전'에 소장품을 내놓기도 하였다. 최순우는 국립박물관 관장이 되기 바로 전에 사립박물관장들이 모이는 친목 모임에도 가끔 참석하기도 하였다.

6) 조자용, 『비나이다 비나이다』(삼신학회프레스, 1996), pp. 220~221.

7) 조자용, 위의 책, p. 249.

8) 조자용, 『왕도깨비 용 호랑이』, (삼신학회, 2000), p. 87.

평화봉사단원들을 위한 박물관 강좌(1973)

에 최소한의 법적 지위가 확보되었고 호랑이박물관으로 꽤 알려져 있었다. 당시 호랑이박물관은 미국 평화봉사단원들과 미8군 안의 어린이들에게 인기가 많았다. 미국 부대사로 근무한 하비브(Philip Habib, 1971~1974년 주한 미국대사)도 소문을 듣고 전시실을 구경한 후 외국인 모임에 가서 호랑이박물관에 대해 전했는데 그때부터 외국 사람들이 전시를 보러오기 시작했다. 1970년 6월 28일 제37차 세계 PEN 대회가 서울에서 개최되어 33개국에서 157명의 외국인들이 참석했다. 그 시절 박정희 대통령은 세계에서 모인 문인들을 최고로 대우하라는 지시를 했다. 그러나 서울 고궁을 구경시키고 경주 관광을 하고 나자 버스 두 대에 타고 있는 외국인들을 마땅히 안내할 곳이 없었다. 이때 하비브의 추천으로 에밀레미술관을 방문했는데 참가 문인들의 반응이 아주 좋았다. 다른 곳에 가 있던 버스 한 대가 더 올 정도였다고 한다.[9] 이처럼 에밀레박물관은 그 자체가 민화의 역사를 말해주고 있다.

9) 윤열수 증언, 2013. 4. 18. 오후 6시. 부산 미부아트센터 민화전시 준비를 마치고 송도 횟집에서.

개관 후 1975년까지 5년 동안 에밀레미술관은 외국인 전용 미술관이나 다름없었다. 그때가 에밀레미술관의 전성기였다.[10] 1976년이 되자 비로소 박물관이란 이름을 사용할 수 있어서 에밀레박물관이 탄생했다. 한국민중박물관협회가 창립되었기 때문이다.

민문화 원형 보전 위해 발 벗고 나서다 : 민학회 설립과 활동

조자용은 에밀레박물관을 운영하던 시기인 1971년에 그와 뜻을 같이한 사람들과 함께 '우리 문화의 원형 보전의 중요성을 깨닫고 기층문화를 답사하고 연구'하고자 '민학회(民學會)'를 창립했다.[11] 이 일은 기층문화가 전통문화 예술사에서 자리 잡을 수 있는 중요한 계기를 마련했다. 조자용이 민학회를 만들었던 때의 정치·사회적 분위기를 살펴보면 충분히 민학회의 성격과 중요성을 짐작해 볼 수 있을 것이다. 민학회를 결성한 1971년의 한국 상황은 경제는 나아졌지만 독재정치로 인한 민주주의의 후퇴로 나라를 걱정하는 지식인들의 고뇌가 깊은 시절이었다.

이러한 때에 김상조·박종한 등과 함께 진주에 있는 식당 서울집에서 회칙도 없이 열 가지의 기본 원칙을 취결(醉決;술 취한 김에 결의하는 일)함으로써 민학회가 시작되었다.[12] 이것은 민학회의 기본이념이 되었고 어떤 회칙보다도 엄격하게 운영되었다. 열 가지 원칙은 그 당시 우리 사회에 만연되어 있던 권위주의에서 벗어나 학문의 깊이나 지위

---

10) 조자용, 『우리 문화의 모태를 찾아서』(안그라픽스, 2001), pp. 225~226.

11) 1971년 11월 25일, 김상조의 주선으로 진주에 있는 식당 '서울집'에 조자용, 박종한, 김상조 등이 모여 후에 민학회의 선구자가 될지도 모르고 '민학'에 대한 연구를 함께 결의하였던 것이다.

12) 민학회 편집부, 『醉決時代의 열마디 소리』(민학회보 10호, 1985), p. 3.

에 관계없이 겸허한 자세로 민문화에 대한 활동을 추진해 나가자는 것이다.

열 가지 기본원칙은 다음과 같다.

① 불교문화니 유교문화니 하는 관념 위주의 생각을 떠나서 그런 외래문화를 받아들이고 발전시킬 수 있었던 예부터의 우리 문화 바탕을 찾는 데 협동적인 노력을 기울여서 우리 밑뿌리에 깔린 바탕을 후손들에게 물려주자.

② 모든 회원들을 사회적 지위나 학문 소양의 심천을 따지지 말고 알몸뚱이의 본연의 자세에서 모든 회원의 연수활동에 상호협조하자.

③ 조사, 연구의 대상은 민간신앙, 민간풍속, 민간설화, 민간언어, 민간생활, 민간예술 등 민(民)자 돌림의 서민적 학문개념을 한울 속에 종합하여 상호비교하고 연구키로 하고 우리 동인지를『민학(民學)』이라 불러보자.

④ 자기나 이웃이 비장(秘藏)하고 있는 가보나 소장품이나 각자가 조사하고 연구한 자료를 회원 자신의 이름으로 소개하고 정리함으로써 퇴장된 자료를 공표하여 일종의 국민문화 족보를 만들자.

⑤ 회원가입의 자격에는 필수조건을 둔다. 바탕에서 우리 문화를 인식하고 『민학(民學)』의 눈을 갖고 자료를 선택할 줄 아는 안목을 가진 사람, 자료을 정리하고 소개할 수 있는 사람, 원고를 집필하고 규정된 회비를 납부하는 사람으로 엄격한 기준을 세우자.

⑥ 제1집에서는 원고 내용을 가능한 한 단정적인 결론을 멀리하고 평이한 글로 쓰되 자작을 원칙으로 고수하자. 단 회원 중 자기의 활동내용을 스스로 쓰기 어려울 때는 편집위원에게 위탁하여 참관기 형식으로 기술하도록 하자.

⑦ 민학회는 상례적인 감투제도를 따르지 말고 일꾼제도를 지향하되 일꾼은 스스로 지원함을 원칙으로 하자. 단 제1집 발간까지는 무보수로 한다.

⑧ 민학회의 규약제정 등 제반잡무는『民學』제1집을 완성한 뒤, 그 편집과정

에서 얻은 체험을 통하여 제반사항을 정리하여 처리하자.

⑨『민학(民學)』은 한국미술도서를 세계적인 수준에 올려놓는데 그 목표를 두고 국내 인쇄제본기술을 최고도로 활용하고 영문으로 번역하여 호화판으로 세계에 두각을 나타내자.

⑩『민학회(民學會)』는 우리들 스스로의 힘으로 키워나가지 무상지원이나 보조금 등은 절대로 받지 않음을 철칙으로 하자.

열 가지 원칙을 자세히 들여다보면, 가장 중요하고 으뜸 되는 원칙이 '불교문화니 유교문화니 하는 관념 위주의 생각을 떠나서 그런 외래문화를 받아들이고 발전시킬 수 있었던 예부터의 우리 문화 바탕을 찾는데 협동적인 노력을 기울여서 우리 밑뿌리에 깔린 바탕을 후손들에게 물려주자'이다. 이러한 민학회의 원칙은 앞서 조자용이 1968년에 설립 개관한 서울 에밀레박물관의 설립취지, 즉 '잃어버린 우리네 예술을 찾고 믿음을 찾고 얼을 찾아서 뼈대 있는 새 나라를 세우는 터 닦는 일'과 맥락을 같이 하고 있다는 점에서 주목된다. 특히 민학회의 원칙에서 '밑뿌리에 깔린 바탕'이라 함은 우리 문화의 원형 혹은 모태 찾기를 말하고 있는 것이 아닌가. 민학회가 추구한 우리 문화의 원형 찾기란 현재의 우리가 더 나은 문화를 창조할 수 있는 기초를 다지는 일임이 분명하다.

민학회의 열 가지의 원칙은 민학회가 기층문화의 보전을 통해 한국문화의 정체성을 찾기 위해 어떤 활동에 중점을 두었는지 분명히 알 수 있다. 민학회의 연구대상은 식(食)·면(眠)·설(泄)·의(衣)·주(住) 등 생리적 삶에서 시작해 생활 풍습 전반을 대상으로 삼는 생활에 기초를 두었다. 이것이 기층문화의 중요성을 누구보다 먼저 깨달은 민학운동이자 민문화운동이다. 편집위원들과 조자용은 에밀레박물관을 거점

제 260차 민학회 답사(속리산보은 조자용묘소, 2013.5)

으로 『民學』1, 2집 (1972~1973)을 발간했다.[13]

우리 문화를 세계에 알리기 위해 세계적 수준의 미술도서를 만들기로 계획한 민학회 회원들의 노력과 열정은 대단했다. 『민학』은 한글과 영문으로 편집되었는데 에밀레박물관 초창기부터 함께한 칼 스트롬(Carl strom) 과 제니퍼 스트롬(Jennifer strom) 부부가 영어 번역을 무보수로 맡았다.[14]

『민학』이 발간된 1972년 한국은 그때까지도 우리 것, 특히 기층문화는 수준이 낮고 가치가 없는 것이라고 스스로 폄하하는 경향이 강한 시절이었다. 또한 기층문화, 즉 민문화를 보존하기보다는 낡은 문화의 소산이므로 하루 빨리 없애야 하는 것으로 생각하던 때이기도 했다. 이러한 정서가 만연한 때에 우리 문화가 결코 뒤떨어진 것이 아니라는 민문

---

13) 민학 1집 발간에 참여한 인물들을 살펴보면 학계를 비롯한 다양한 사람들이 있었음을 알 수 있다. 조자용을 비롯한 통문관 대표 이겸노, 한미재단대표 도로시 후로스트, 국회의원 이해원, 수도여사대대학원장 최옥자, 문화재위원 김상조. 최길성, 의사 홍승민, 한국일보 논설위원 예용해, 이화여대 교수 이남덕·윤정옥, 국립박물관 강우방, 코리아타임즈 임갑손, 방송인 박용기, 화가 김비함, 건축사업가 김병은·김두식 등이었다.

14) 민학회, 『民學』제1집 (에밀레미술관, 1972), pp. 128~131.

『민학』 1집(에밀레미술관, 1972)　　　　　『민학』 2집(에밀레미술관, 1973)

화의 정신은 한국의 전통문화를 그나마 지킬 수 있는 든든한 바탕이 되었다. 지금도 민학회 출신의 많은 문화계 인사들이 각 분야에서 활발한 활동을 하는 것을 보면 이러한 사실이 증명되고 있다. 민학회 활동을 하면서 쌓은 민문화에 대한 애정과 안목이 그들을 더욱 학문적으로 또는 문화적으로 발전시켰음이 확실하다.

　『민학』 제1집의 '민학논단'에는 강우방 등이 민학에 관련된 논문을 썼고, '민학의 선구'에는 고유섭 · 이능화 · 최남선 등의 '우리 문화론'을 실어 민학의 논리를 더욱 탄탄하게 전개했다. 또한 영어로 번역해 우리 민문화를 세계에 알리는 역할의 선두에 있었다. 조자용을 비롯한 민학회는 고유섭이 우리 미술의 특색으로 주장한 '무기교의 기교(技巧)', '무계획의 계획'을 앞장세움으로써 우리 민문화의 특성을 올바르게 정립하는 데 기여했다.[15]

　『민학』 제2집에 '우리 문화를 세계에 빛나게 해준 것은 이름 없는 장인

15)　민학회, 앞의 책, p. 138.

『민학』 2집 출판기념회 에밀레박물관 정원에서(1973)　가회박물관을 방문한 제니퍼 스트롬(2013)

들이 욕심 없이 만들어놓은 문화 유물'이라면서 그들을 위해 묵념을 했다
는 대목이 나온다. 이것이야 말로 민문화를 연구하는 기본 정신이었다.

_____ 민학회는 모든 사람들이 우리 문화에 관심조차 둘 형편이 아니
었던 시절에 출범하여, 이 땅에 답사문화의 씨앗을 뿌린 원조가 되었
고, 민학회 나름의 시각과 인식을 가지고 갖가지 형태의 우리 문화유산
을 꾸준히 살펴온 민(民) 중심의 단체로 자리매김해 왔습니다.[16]

『민학』을 출판할 때 민학회는 많은 어려움을 겪었다. 세계적 수준의
책을 만들기에는 시간적으로나 경제적인 여건들이 따라주지 않았기 때
문이다. 그러나 조자용의 집념은 대단했고 『민학』은 당시로서는 획기적
인 양장본으로 2집까지 발간되었다. 민학회는 한 동안 공백기를 거친

16)　김종규, 『민학회보』(민학회보 , 1999), p. 1.

후 1976년이 되어서야 새롭게 결속되면서 경주에서 열린 제3차 총회를 통해 최초의 회장단을 구성했다. 이후 『민학회보』도 발간되었다. 『민학회보』에 실린 수많은 논문이나 글들은 민학회 회원들의 연구가 매우 전문적이고 열정적이었음을 보여준다. 창간호의 첫머리에 실린 신영훈의 「시작의 첫머리」를 보면 그 당시 민학회가 추구하고자 했던 정신이 무엇인지 분명히 알 수 있다.[17] 급속히 밀려드는 외래문화로 인해 사라져가고 있는 우리 민족의 일상생활을 되찾아 보존하는 것을 민학회의 본분으로 생각했던 것이다. 여기서 '우리 민족의 일상생활을 되찾아 보존하는 것', 이것을 곧 '민학운동'이요, '민문화운동'이라 할 수 있다.

회장	이겸노
부산민학회장	이위상
부산총무	허만하
진주민학회장	박종한
대구민학회장	이세준
경주민학회장	우병익
운영위원	강덕인 조자용 최규진 최정희
총무	신영훈
재무	정해석
감사	김상조 김병은

_____ 생활은 일상생활이어서 역사책에는 기록되지 않는 것이 보통입니다. 역사책에 없다고 그것이 없었던 것은 아닙니다. 오히려 역사를 이루는 원동력이 그것이었음에도 불구하고 말입니다. 바싹 다가들어 지금부터라도 그것을 밝혀내는 일을 시작하는 쪽이 옳을 것입니다. (중

17) 신영훈, 「시작의 첫마디」, 『민학회보』창간호(민학회, 1976), p. 2.

략) 어떻게 형성되어 어떻게 흘러 오늘의 우리 맥박에 전달되어 있는가를, 어떻게 만들어졌으며 무슨 생각에서 그렇게 만들어졌던가를 알아내는 일이 우리에게 필요한 노력입니다. 민족의 문화를 이룬 기층문화의 생성 발전을 말하는 것입니다.

민학회는 우리 생활 주변에 남아있는 기층문화를 보전하고 연구해 계승·발전시키는데 공헌하기 위한 모임이었다. 다음은 경주 답사를 겸한 제3차 총회를 통하여 선출된 최초의 민학회 회장단 조직표이다.

여기서 보면 당시 민학회가 서울, 부산, 대구, 진주, 경주 등 전국적인 구성원으로 조직되었음을 알 수 있다. 민학회의 창립을 주도한 조자용, 박종한, 김상조 등도 임원으로 참여했다. 이겸노는 총회 당일 자신이 회장으로 선출되는 줄도 모르고 잠만 잤고, 서울 올라와 다른 사람의 이야기를 듣고 회장이 된 것을 알았다고 하니 오히려 그 시절 민학회 회원들의 낭만과 여유가 느껴진다.[18]

민학회 회원들은 일반학회처럼 정해진 분야를 연구하는 학자들만 모인 것이 아니다. 주로 민예 수집에 열중하고 있던 사람들이 주축이 되었다. 처음에는 직업적인 학자들이 참여하긴 했으나 전통문화를 사랑

---

18) 이겸노, 「회장피선의 뒤안」 (민학회보 제2호, 1976) p. 2 참조; 평남 용강 출신인 이겸노는 1934년 통문관 전신인 금항당(金港堂)을 연 이래 70년 넘게 서점을 꾸려 온 고서의 산 증인이다. 고전문학과 역사를 공부하는 학자치고 통문관 문턱을 넘나들지 않은 이가 드물었다. 국어학자 이희승, 미술사학자 고유섭, 국립박물관장 최순우 등이 단골이었고, 이승만 대통령도 가끔씩 책 구경하러 들렀다. 그리고 물론 조자용과는 오랜 친분을 쌓았다. 그는 열여섯에 서울 책방에 취직한 이유는 '배가 고파 먹고살기 위해서'였다. 그는 "아이든 어른이든 속이지 않는다. 값을 두 번 말하지 않는다."는 원칙으로 신용을 쌓았다. 심우성은 그에게 책을 부탁하면서, 이겸노는 우리 공부를 도와주는 사람이라는 생각을 가지게 되었다고 했다. 월인석보와 월인천강지곡 같은 보물이 그를 통해 세상에 나왔다. 고서 수집에 얽힌 사연을 담아 '통문관 책방비화'도 냈다. 이겸노는 그저 서점 주인이 아니라 '청구영언' '두시언해' '월인천강지곡' 영인본을 펴내 국학연구를 뒷받침한 출판인이기도 했다. 그는 통문관에 '적서승금(積書勝金)'이라는 편액을 걸어두었다. 지식의 그릇인 책을 거두는 일이 돈 모으기보다 백 배 낫다고 믿었던 그의 좌우명이다. 책에 대한 열정과 안목, 심미안이 남다르지 않고는 할 수 없는 일이 고서점 일이다. 민학회 회장으로 추대된 그는 '인사동 대감'이었다.

하는 일반인들과 함께 학회이기보다는 동호인 모임으로 평범하게 출범했다. 그러나 당시 문화계 인사들이 민학회를 거치지 않은 이가 드물 정도였다고 하니 단순한 동호회만은 아니었음을 짐작할 수 있다.[19] 민학회의 성격을 살펴보면 1970년대의 관 주도의 강압적이었던 사회적 분위기 속에서 오히려 지식인들이 숨 쉴 수 있는 통로가 되었다는 생각이 든다. 500여 명의 회원을 가진 민학회의 민문화운동은 기층문화의 가치를 지키는 활동을 펼쳐 세계적인 민예운동에 참여하면서 한국 민예운동을 대표했다는 점에서도 큰 의미를 가진다. 여기서 민학회 탄생의 중추적인 역할을 한 조자용의 열정적인 답사를 보여주는 일화 하나를 살펴보면 그의 남다름을 엿볼 수 있을 것이다. 그는 민학회가 창립되기 바로 몇 달 전 1971년 8월에 거북선을 찾고자 남해로 떠났다. 고성만에서 발견된 옛 지도 속에 선소(船所)라는 장소가 명시되어 있고, 거북선 그림까지 그려져 있어 틀림없이 거북선을 찾아낼 수 있을 것이라고 믿었다. 당시 그는 고성에서 발견된 충무공신상 판화와 거북선과 관련된 그림과 지도를 소장하고 있었다.[20]

구선창 마을 앞바다에 배를 띄우고 돛대에는 충무공 부적을 달았다. 담배 크기의 자석을 노끈에 달아 바닷물에 낚시질하듯 던지는 것이 유일한 탐지기였으니 조자용다운 기발한 아이디어였다. 거북선 등의 철판에 자석이 철썩 붙어줄 것이라 기대한 거북선 낚시질은 매우 간단한 것이었다. 오로지 그의 배포와 집념으로 시작된 탐사였다. 그러나 강한 햇볕 아래 서너 시간의 낚시질은 온몸을 뜨겁게 만들었지만 거북선은 발견하지 못했다. 이 일은 서너 날 계속되었지만 소득도 없이 여름 햇살에 항복하고 말았다.

---

19) 엄미금 증언, 2014. 9. 21, 11시~오후 2시, 충무로 엄미금 화실에서, 박현숙 동석.

20) 1972년 거북선 연구가 이원식이 거북선을 재현하여 서해에 띄웠다. 그 모양이 민학회에서 발간한 『민학』1권(p. 79)에 실린 고성지도에 묘사되어 있던 거북선 모습과 닮았다.

그 후 다시는 거북선 탐사를 하지 않겠다고 다짐했지만 한 어부의 증언 때문에 다시 가게 되었다. 그때는 미군 UDT 대원까지 데리고 갔으니 거북선 낚시질이 탐사 작업으로 본격화된 것이다. 그러나 그것도 결국 별 소득 없이 빈손으로 돌아왔다.[21] 그러나 이런 노력과 열정들이 민학회의 기본정신이 되었음은 틀림없다. 그 후 민학회에서도 꾸준히 거북선에 대한 공동연구는 지속되었다.[22] 거북선 탐사는 아무런 결과를 얻지 못했지만 그 정신만은 민학회가 창립된 지 40년이 지나도 지금까지 민학회의 답사를 통해 꾸준히 이어지고 있다.

그는 누구보다도 먼저 민문화의 중요성을 깨달았고, 그러한 민문화를 연구하고 보전하는 데 많은 노력을 기울였다. 또한 보잘것없다며 눈여겨보지도 않던 일상생활 문화를 중요한 우리 문화로 자리 잡게 만드는 기틀을 마련했으며, 우리 문화의 본질을 찾는 근간이 되도록 만들었다.

방방곡곡에 1천 개의 박물관을 : 한국민중박물관협회 설립과 활동

문화재는 개인의 수장고에 갇혀 있는 것이 아니라 박물관에 보존 · 전시되어 보다 많은 사람들이 보고 느낄 수 있어야 한다는 것이 조자용의 신념이었다. 그는 그 실천으로 한국민중박물관협회를 창립해 박물관 1,000개 만들기를 계획하고 박물관운동을 펼쳐나갔다. 이때 1,000개라는 숫자는 협회를 창립한 당시 미국과 일본의 박물관 수를 비교해 말한 것이다. 2016년 1월 기준 문화체육관광부에서 파악하고 있는 국내 박물관은 826개, 미술관은 219개로 모두 1045개이다. (국공립, 사

---

21) 조자용, 『우리 문화의 모태를 찾아서』(안그라픽스, 2001), pp. 168~169.

22) 민학회, 『민학』2집(에밀레미술관, 1973), pp. 70~71.

한국민중박물관협회 창립 총회 (1976)

한국민중박물관협회의 월례회때 석초원방문(1977.4.16)

립, 대학 포함)[23] 이것은 1976년 조자용이 한국민중박물관협회를 창립한 이래 지금까지 발전해 온 박물관협회의 현황을 보여주고 있다.

우리나라 박물관 역사를 살펴보면 1909년 창경궁에 제실박물관을 일반인에게 처음 개관한 이래, 1912년에는 창경궁 자경전에 이왕가박물관이 설치되었고 1945년 해방 후에야 국립박물관이 개관되었다.[24]

국립박물관 등과 더불어 1938년 간송미술관의 전신인 보화각이 설립되어 최초의 사립박물관으로 명시되고 있다. 1966년에 전형필(全鎣弼 : 1906~1962)의 수집품을 바탕으로 간송미술관이 정식으로 문을 열었다. 1964년 6월에는 민속학자 진성기가 우리나라에서 사설 민속박물관 1호인 제주민속박물관을 개관했다. 이런 상황 속에서 조자용 역시 1968년에 사립박물관인 에밀레박물관의 문을 열었다. 우리 문화에 대한 자각이 희미했던 시절에 앞서서 문화재와 박물관의 중요성을 자각한 결과였다.

조자용은 박물관을 운영한지 8년 후인 1976년에 하와이대학교 안에 있는 동서문화센터(EWC, East—West Center)의 박물관 경영과정(Museum Management)의 연수교육에 참가하기 위해 하와이로 출국하게 되었다.[25]

──── 기숙사로 짐을 옮기고 여러 나라에서 모여든 젊은 수련생들과 함께 박물관 운영학 공부를 시작했다. 수련회 과정은 무미건조한 것이

23) 『2016전국 문화기반시설 총람』(문화체육관광부, 2016)

24) 최광식, 「한국박물관 100년의 역사와 의미」,『한국 박물관 개관 100주년 기념 특별전』(국립중앙박물관, 2009), p. 19.

25) 조자용이 하와이대학 안의 동서문화센터에서 연수 중일 때 박찬석(朴贊石, 전 경북대 총장, 1940~)과 도정일(都正一, 경희대 후마니타스 칼리지 대학장, 1941~)이 하와이대에서 유학 중이었다. 하와이대 역사학부 교수 최영호가 박찬석의 박사논문 심사위원 중 한 명이었다. 이들은 당시 제퍼슨 홀에서의 조자용 민화전시에 참여했고 같은 기숙사에서 지내기도 했다. 그들은 조자용의 딸 조은희(마가렛)을 기억하고 있었다.

지만 우리 민화의 첫 해외 전시 프로가 끼어 있어서 꼭 참고 다녔다. 사실상 그 수련회가 우리 민화전을 활용하여 그 워크숍의 모델로 삼았던 것이다.[26]

  당시 동서문화센터에서는 학비와 생활비를 지원하면서 문화, 경제, 인구 등 여러 분야에서 외국인들을 위한 연수가 이루어지고 있었다. 조자용은 박물관 경영과정 부문에서 각국에서 온 10명과 함께 참여하면서 각 나라의 박물관 운영에 관한 정보를 접하게 되었다. 또한 에밀레박물관의 소장품으로 민화전시를 열고 민화강의를 하는 등 적극적인 활동을 벌였다. 사실 그는 관장으로 박물관 운영에 경험이 많았기 때문에 연수를 받기보다는 미국에서 처음으로 민화를 전시하게 되었다는 기대로 가득 차 있었다. 하와이에서의 6개월 연수를 마치고 귀국한 후 그는 한국박물관협회의 근간이 된 한국민중박물관협회를 창립했다.[27]

  조자용은 동서문화센터의 프로그램에 참여하면서 박물관이야말로 민족문화의 정체성을 지킬 수 있다는 사실에 더욱 확신을 가진 것으로 보인다. 1975년 당시, 동서문화연구소에서 편집위원으로 일하고 있었던 펠츠 윌리엄(Feltz William)은 다음과 같이 조자용을 기억하

<hr>

26) 조자용, 『삼신사의 밤』(삼신학회프레스, 1996), p. 12.

27) 동서문화센터(EWC, East-West Center)는 1960년에 아시아지역에 대한 미국인들의 이해와 교류 증진을 목적으로 하와이대학 안에 설립된 곳이다. 1976년 9월에 작성된 16차 연간보고서를 보면 조자용은 1975년 11월부터 1976년까지 이 연구소의 교육과정 중 박물관 경영자 과정에서 연수를 받았다. 여기서 그는 방문연구자, 하와이대 석·박사 과정의 학생, 전문교육자 등과 함께 문화재 자료관리, 민족음악, 전시·보존, 박물관 이론학 등을 교육받았고, 문화유산을 보존하고 문화의 정체성을 유지하기 위한 프로그램을 교육받았다. 이 교육의 초점은 자기 나라 문화에 대한 이해뿐만이 아니라 타문화에 대한 이해를 돕기 위해 효율적인 방법을 제시해 주었다. 이 연수를 바탕으로 조자용이 주도하였던 한국민중박물관협회 설립에 대해 더욱 확실한 계기를 마련하였음은 분명해 보인다. East-West Center, 『Sixteenth Annual Report(1975. 7. 1~1976. 9. 30)』, Museum Management(1975. 11. 1~1976. 4. 30), pp. 30~38.

고 있었다.[28]

_____ 내 기억으로 CLL Newsletter와 EWC(동서문화센터) 잡지에《금
강산으로부터의 보물》이라는 조자용 전시회 사진이 실려 있다. 이 전
시회는 약 1주일간 제퍼슨홀 회의실에서 열렸고 조자용은 전시된 작
품의 소장자로서 이 전시회의 전시 책임자였다. 뉴질랜드인 James
Mack이 주관한 6개월 과정은 중간 경력의 문화계 종사자들에게 기본
적인 박물관 운영을 교육시키는 과정이었다. 약 10명 정도의 아시아·
태평양 지역에서 온 참석자들 중 조자용은 다소 나이가 많은 편이었으
며 서울에서 에밀레박물관을 이미 소유하고 있었기 때문에 박물관 운
영에 대한 지식이 많았다.

   그의 하와이 활동이 중요한 이유는 세계무대의 중심인 미국에서 첫
민화전시가 성공적이었고 동서문화센터의 박물관경영과정을 마치고
귀국한 후에는 한국민중박물관 협회를 창립했기 때문이다.
   한국민중박물관협회가 창립된 1976년도에는 경제적으로는 100억 달
러 수출을 달성한 해로 떠들썩했다. 정치적으로는 유신체제에 대한 국
민의 반발과 저항이 강했고, 일부 학생들은 전국적인 연대투쟁을 벌였
으며, 야당 정치인과 종교인 등이 중심이 되어 전국적인 민주회복국민

---

28) "The CLL Newsletter and EWC Magazine both refer to and have photos from Zo's
exhibition, Treasures of Diamond Mountain, which I do remember. It was held in one of
the conference rooms of Jefferson Hall, only for a week or so, and Zo was the curator
of the exhibit and, I think, owner of the displayed works. The 6-month program, led
by New Zealander James Mack, brought together mid-career cultural practitioners, to
give them the basics of operating a museum. Among the 10 or so participants from Asia
and the Pacific, Mr. Zo was relatively senior and knowledgeable about museum work,
since he already owned the Emillle folk arts museum in Seoul." 펠츠 윌리엄은 2014년 현재
East-West Center에서 Arts Program Manager로 근무하고 있음.

회의가 결성되기도 할 만큼 어수선한 시국이었다.[29]

1976년 12월 15일, 18명이 참석한 가운데 서울 중랑구 한독의약박물관 2층 강당에서 한국민중박물관협회의 창립총회가 개최되었다.[30] 당시 협회에서 작성된 서류를 살펴보면 1974년 유네스코에서 밝힌 한국의 박물관 수는 49개였고, 미국이 1,994개, 일본이 1,183개였다. 1977년 1월에는 우리나라 박물관을 국·공립박물관 8개, 대학박물관 19개, 사립박물관 22개로 총 49개로 분류되어 있다. 이때 사립박물관을 민중박물관으로 분류하고 있는 점이 특이하다. 여기서 한국민중박물관협회의 '민중'이라는 용어에 주목해 볼 필요가 있다고 본다.[31] '민중'이란 이름은 조자용이 선택한 것이다. 사실 우리나라에서는 예로부터 민중이란 백성 민(民), 무리 중(衆)을 합하여 국가에 속하는 수많은 군중, 큰무리의 사람들이라는 뜻으로 쓰이거나 또는 국민이나 민족과 비슷한 뜻으로 국가를 희망하는 정치적 의미를 가진 많은 사람들이란 뜻으로 쓰였다.[32] 그러나 1970년대에는 유신체제 반대 운동으로 인해 민주화 운동이 본격적으로 진행되면서 민중이란 단어의 의미가 조금씩 변화되었다. 그 당시 한국사회에서 민중이란 말은 권위주의 체제하에서 교육받은 지식인이 민주화운동을 하면서 선도적인 활동가로 앞장서면서 민중이란 말을 사용한 것으로 보는 것이 일반적이다. 조자용이 사용한 민중은 1980년대의 강력한 저항운동 속에서 5.18 민주항쟁의 해석을 통해

29) 민주회복국민회의는 함석헌, 이태영 등 재야 각계 인사들이 개헌과 구속자 석방, 언론자유 보장 등을 요구하고 자주, 평화, 양심을 행동 강령으로 민주회복을 목표로 하였다.

30) 창립총회의 유인물 등은 조자용의 주도로 김쾌정과 윤열수 등이 준비했고 사진 속의 "한국민중박물관협회 창립총회" 글씨는 김쾌정의 것이다.

31) '민중(民衆)'은 한국에서 국가나 사회를 이루는 구성원을 가리키는 말로, 피지배 계급인 민중을 '역사의 주체'로 보는 관점이 담겨 있다. 국가나 사회를 구성하는 일반국민, 피지배계급으로서의 일반대중을 말하기도 한다. 역사를 창조해온 직접적인 주체이면서도 역사의 주인이 되지 못한 사회적 실체를 지칭하는 말로 쓰인다

32) 최정운, 『한국인의 탄생』(미지북스, 2013), p. 486.

새롭게 해석된 계급사회에서의 민중의 의미와는 다소 차이가 있다고 생각한다.[33]

한국민중박물관협회를 만든 시기에 조자용이 '민중'이라는 이름을 쓴 것은 1970년대의 '민주화운동가와 민중이 합해진 민중'의 의미로 보는 것이 타당하다고 본다. 강압적인 권력에 반대되는 민주주의를 원하는 대부분의 민중 말이다. 그러나 당시 민중이란 용어의 사용조차 쉽지 않은 시대적 상황으로 볼 때 조자용이 한국민중박물관협회라는 명칭을 붙인 이유는 분명한 의미가 있었고 그의 신념이 반영된 것으로 보인다. 그는 우리 전통 문화에 관심이 많고 각자 특별한 유물들을 수집해 개인 박물관을 운영하고 있던 15명의 개인 박물관 운영자들과 함께 협회를 조직했다.

_____ 한민족의 문화사는 그 민족이 보존하는 문화재를 중심으로 꾸며진다. (중략) 이 문화재는 국가적으로 지정되고 박물관이란 문화광장을 통하여 세계에 전시된다. 결국 문화재 수와 박물관 수가 한민족의 문화사를 측정하는 척도가 되는 것이다.[34]

조자용은 사립박물관을 운영하는 관장으로서 더 많은 사립박물관이 개관되어야 함을 절감하고 박물관 1,000개 만들기를 제창하면서 민중박물관운동을 펼치기 시작했다. 1977년 9월 24일과 25일, 한국민속촌 별당에서 문화재보호 학술세미나가 열렸다. 이때 황수영(黃壽永, 1918~2011)은 학교 박물관 육성책에 대해 발표했고 조자용은 민간 박물관의 육성과 효과에 대한 견해를 밝혔다. 그리고 백승길(白承吉)[35]은

---

33) 최장집, 『민중에서 시민으로』(돌베개, 2009), pp. 179~180.

34) 『민중박물관운동 folk museum movement』(한국민중박물관협회, 1978) p. 4.

35) 백승길은 1961년~1993년까지 UNESCO 한국위원회 문화, 홍보부장, 기획실장을 역임하였다.

한국민중박물관협회 창립총회 안내장 (1976. 12)

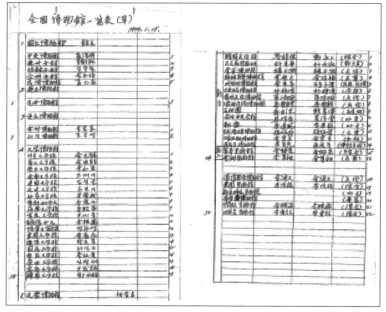

한국민중박물관창립당시 회원현황

「국제박물관협회와의 교류와 문화재 보호」에서 1976년 10월에 우리나라가 국제박물관 협의회(ICOM, International council of museums)[36]에 가입해 회원국의 자격으로 1977년 7월, 모스크바 총회에 참석했음을 밝히고 있다.[37]

이와 같은 사실들로 미루어볼 때 조자용의 민문화운동이 성립된 배경은 학계와도 긴밀한 관계를 맺으면서, 역사학·박물관학·미술사학 등의 학문적 깊이를 가지고 있었고 조자용 스스로 나름대로 자신만의 문화관으로 전개했다는 것을 알 수 있다.

창립총회[38]를 개최할 때만 해도 몇 개의 박물관이 참여할지 예측도 할 수 없는 상황이었다.[39] 그러나 창립총회에 13개의 박물관의 운영자 및 관계자들 18명이 참석했고, 1977년 첫 총회 때는 15개의 박물관이

---

36) 국제박물관협의회(ICOM)는 1946년 11월 프랑스 파리의 루브르미술관에서 유네스코 (United Nations Educational, Scientific and Cultural Organization:국제연합교육과학문화기구)의 협력기구로 창립되었다. 우리나라의 경우 1976년 10월에 가입하면서 ICOM 한국위원회가 설립되었다고 되어 있지만 조자용이 한국민중박물관협회 창립때 서류를 보면 1977년 사업계획서에 ICOM 가입계획이라고 되어 있어 확인이 필요하다고 본다. 2004년에는 서울 세계박물관대회를 성공적으로 개최하면서 국제적으로 한국 박물관과 박물관 종사자들의 위상을 확립하였으며 ICOM 한국위원회는 비정부·비영리 국제기구로서 한국의 국경을 넘어 아시아 지역 박물관 국내외 문화유산의 보전, 박물관의 공공기능 강화, 문화유산 학술 연구에 있어서 활발한 활동을 벌이고 있다.

37) 한국민중박물관협회, 『文化財保護學術세미나』(한국문화재보호협회, 1977), p. 35.

38) 민중박물관협회 창립총회 참석자는 조자용(에밀레미술관장), 허동화(한국자수박물관장), 김종규(삼성출판 박물관장), 고중광(통도사성보박물관장), 노석경(민속촌박물관장), 진성기(제주민속박물관장), 조병순(성암고서박물관장), 한기택(석초원관장), 최낙선(진주간호전문대학장), 박종한(진주대아오민박물관), 이달범(신성민속박물관), 김조형(한독약품전무), 김쾌정(한독의약박물관장), 강진환(호림미술관), 주국성(삼성미술문화재단이사), 김만희(민속화가), 황규완(수석수집가), 윤열수(에밀레미술관 학예실장), 조의효(민속촌 전시관장) 등이었다. 이 외에 위임장을 보내오거나 전화로 위임한 사람은 이병철(호암미술관 대표), 전성우(간송미술관장), 최낙선(진주민속박물관장), 석주선(석주선민속관장), 김형태(부봉미술관장), 박희봉(절두산순교기념관장), 권옥연(금곡박물관장), 구순섭(전주 중앙회관 대표) 등이었다.

39) 1974년경부터 조자용은 10여명의 사립박물관 관장들과 친목모임을 하고 있었는데 후에 이들은 한국민중박물관협회를 만들때 함께 했다. 김쾌정(허준박물관 관장)의 증언, 2014. 7. 17. 오후 2시~오후 4시 허준박물관 관장실에서.

모였다. 1977년 10월에는 20개의 사립박물관이 회원이 되었다. 당시 회원들은 사명감으로 박물관을 운영하던 시절이었고, 협회 활동 역시 회원들의 희생 없이는 이어갈 수 없는 상황이었다.

한국민중박물관협회는 남다른 열정으로 중요한 일들을 시작했다. 어려움 속에서도 박물관협회의 위치를 국가에서 인정하는 공식적인 기관으로 만들었고, 협회 창립 후 바로 박물관법 제정을 위한 작업을 준비할 정도로 앞선 행보를 보였다. 그러한 노력으로 한국민중박물관협회는 한국박물관협회의 모태가 되었다. 창립총회 때의 녹음에 의하면 협회 창립을 적극적으로 주도해 왔던 조자용이 회장직을 고사했지만 결국 초대회장으로 추대되었고,[40] 회장직 수락 연설에서 다음과 같이 심정과 각오를 밝혔다.

_____ 제가 회장을 맡는다는 것은 어울리지 않는 얘기이고, 사실 제게 어울리는 것은 선배님을 모시고 배달부 노릇을 하는 것입니다. 배달부 노릇을 하라면 서슴지 않고 밤낮을 뛰어서 하겠는데 회장을 해라 하니 참 당황하지 않을 수 없습니다. 그러나 여러분의 뜻이므로 그저 제 생각은 회장이 된 것이 아니라 과거와 마찬가지로 그저 배달부로서 여기 뛰고 저기 뛰면서 배달부 노릇을 충실히 하겠다는 한마디 맹세를 하겠습니다. 그리고 과부의 설움을 과부끼리 안다는 말이 옛날부터 전해 오는데, 그동안 우리가 사실 누가 하라고 해서 한 일도 아니고 어쩌다 보니까 이렇게 태어나서 똑같은 운명을 겪게 되었습니다. 이러한 일은 선배님들이 벌써 해주셨어야 했는데 오늘날까지 없었습니다. 조금 전 우리보다 젊은 황 선생이, 참 반갑기도 하지만, 이제야 이런 협회를 만드나 하는 기분을 느꼈다고 했는데 저도 마찬가지로, 선배님들이 일찍 이러한 협회를 만들어주셨으면 우리도 좀 쉽게 이 길을 걸어 왔을 것 아

40) 1976년 12월 15일 한국민중박물관협회 창립총회 녹음테이프 내용이다.

닌가 하는 생각도 듭니다. 이런 역사적 시발점에서 무거운 짐을 지다보니, 앞으로 이것을 어떻게 끌어갈 것인가 걱정이 됩니다. 오늘을 봐도 이번에 전격적으로 며칠 동안 여러분들이 수고해서 이 단계까지 끌어왔습니다만, 사회적인 반응이 우리가 예상한 것보다 상당히 큰 것 같이 느껴집니다. 많이 주목도 받을 것이고 욕도 많이 먹을 것입니다. 그걸 각오하고서, 다음에 맡아서 할 분들은 적어도 수백 회원 중에서 선출되고 지금보다 일하기 훨씬 좋은 조건에 이르기까지 기초공사를 한번 해 봐야겠다는 각오를 하고 이것으로 간단하나마 인사를 마치겠습니다.[41]

인사말에서 비록 처음에는 회장직의 수락을 사양했지만 결국 회원들의 뜻을 받아들여 협회 운영이 어려운 상황이긴 했지만 회장으로서 큰 포부를 밝히는 모습에서 그의 성품과 책임감이 잘 드러난다.[42]
1976년 12월 15일 창립총회에서 선출된 임원은 다음과 같다.[43] 이사를 10명으로 정하고 그 안에서 회장을 정하고 부회장은 지역을 안배해 추대로 임명되었다.

---

41) 황규완이 가지고 있던 1976년 12월 15일 창립총회 녹음테이프 내용을 녹취한 것이다.

42) 김쾌정, 「한국민중박물관의 변천」, 『한국박물관 협회 30년』(한국박물관협회, 2007), pp. 26~28. 녹음에는 나오지 않고 있지만 따로 회장을 인선하는 자리에서 조자용이 회장직을 쉽게 받아들이지 않자 현재 문화유산국민신탁 이사장인 김종규(1939~)가 "키 순서로 정합시다. 여러분 어떻습니까?"라는 즉석 제의를 하여 웃음을 자아냄과 동시에 만장일치로 추대되었다고 한다.

43) 한국민중박물관협회, 『民衆博物館運動 Folk Museum Movement』(한국민중박물관협회, 1978) p. 142~143.

민중박물관 표지(1978)

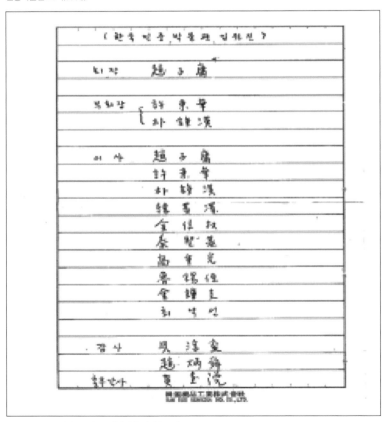

한국민중박물관협회 창립총회 임원 선출 명단 (1976)

　　회장단을 살펴보면 당시 박물관협회 창립이 쉽지 않았다는 것을 알
수 있다. 당시 규모가 큰 박물관이나 미술관의 관계자가 창립총회에는
참석했지만 임원으로는 참여하지 않았다. 이것은 그들의 지지와 도움
없이 출발했다는 뜻이다. 그리고 창립총회 토의에서도 조자용은 회장
으로서 회원들에게 부담을 줄이면서도 협회가 운영될 수 있는 적정한
입회비와 월회비 금액을 조정하기 위해 최선을 다하는 모습을 보이고
있다.

　　박물관 운영이 사명감 없이는 할 수 없을 정도로 힘이 든 일이라는
것을 그 자신이 누구보다 잘 알고 있었기 때문이다. 조자용은 특유의
적극성과 열정으로 협회를 이끌어 나갔다.

　　협회 규약에는 한국민중박물관협회의 목적과 범위, 그리고 회원자격
을 다음과 같이 정하고 있다.[44] 한국의 전통문화를 보존·부흥함으로
서 주체성 있는 현대문화 건설에 기여하겠다는 목적을 밝히고 있다. 이
것은 민문화운동가로서의 조자용의 모습을 분명히 보여준다. 당시로서

---

44) 1977년 마련한 『한국민중박물관협회 규약』 초안 pp. 1~4.

는 누구도 생각하지 못했던 일을 실천에 옮긴 것이다. 협회의 규약에 일반 사립박물관을 가리키는 민중박물관의 종류를 7가지로 분류했다.

① **종합박물관** (3개 분야 이상 고미술 문화재 전시 연구하는 사립박물관)

② **단과박물관** (2개 분야 이하 고미술 문화재 전시 연구하는 사립박물관)

③ **민속박물관** (민속분야 문화재를 전시 연구하는 사립박물관)

④ **학교박물관** (초등학교, 중ㆍ고등학교에서 교육용을 목적으로 하는 전시시설)

⑤ **마을박물관** (사업체에 부설된 대규모 문화재 전시실)

⑥ **골목박물관** (사업체에 부설된 소규모의 문화재전시실)

⑦ **이동박물관** (국내외에서 이동전시를 목적으로 설립된 사설박물관)

규약에서 회원자격을 살펴보면 비영리 박물관으로 구성함을 밝히고 있다. 당시 사립박물관에 대한 개념이 뚜렷하지 않는 상황에서 단순한 소장가나 골동품상과의 구별을 명확히 했다.

한국민중박물관협회는 창립총회 후 1976년 12월 17일과 18일 2일간 국립중앙박물관회의실에서 박물관 발전을 위한 세미나를 개최했다. 이때 발표의 주제는 「대학 박물관의 육성」(진홍섭), 「사설박물관의 육성방안」(이종복) 등인 것을 미루어볼 때 사설 박물관의 육성을 위해 조자용이 주도적인 역할을 했음을 알 수 있다. 당시 토론에 참석한 사람들은 살펴보면 최순우(국립중앙박물관장)를 비롯한 국ㆍ공립 박물관, 대학박물관, 사립박물관의 관장과 관계자 등 29명이었다. 창립 다음해인 1977년 1월 15일 정기총회에서는 사업계획을 제시했는데 다음과 같다. 조자용의 박물관 운동의 방향을 읽을 수 있는 대목이다.[45]

---

45) 한국민중박물관협회, 앞의 책, p. 144.

① 협회지 「한국의 박물관」 발간

② 박물관 육성 제의

③ 월례회

④ ICOM(International council of museums) 가입

⑤ 사회단체등록

⑥ 회원육성

⑦ 지도위원 추대 최순우(국립중앙박물관장)

백승길(UNESCO 문화홍보부장)

협회의 사업계획을 살펴보면 조자용은 유네스코 문화부장이었던 백승길(1932~2004)의 적극적인 도움을 받아 활동을 펼쳤다는 것을 알 수 있다.[46] 또한 국립중앙박물관의 관장이었던 최순우의 동참을 이끌어냈다. 그리고 월례회 개최의 일환으로 전국에 있는 회원들의 박물관을 답사했고 미대사관저에서 다과회를 개최하기도 했다.[47]

그러나 나름대로 활동을 펼치기는 했지만 박물관법이 제정되기 전이

---

46) 유네스코 문화·홍보부장이었던 백승길은 1990년 시사저널지에 유네스코는 1970년에 '문화재의 불법반출입 및 소유권양도의 금지와 예방수단에 관한 조약'을 발효시켜 현재 65개국이 이 조약에 가입하고 있고 우리나라도 이에 서명했다. 1978년에는 '문화재를 원산지 국가로 반환하고 불법적으로 취득한 것의 복원을 촉진하기 위한 정부간 위원회'가 20개국으로 구성되어 출범하였다고 적고 있다.

47) 캐슬린 스티븐슨(Kathleen Stephens) 미국 대사의 블로그 〈심은경의 한국이야기〉에서. "제가 미대사관저를 처음 방문한 것은 1975년 크리스마스였는데요, 그 당시 거의 무너져가던 한옥을 대신해 현 관저를 다시 건립하는 공사가 한창이었습니다. 당시 리차드 슈나이더 주한미국 대사께서 임시 관저에서 살고 계셨는데 제가 그곳에서 열린 리셉션에 초대를 받았습니다. 대사님과 슈나이더 여사님과 함께 당시 짓고 있던 새 관저에 대해 이야기를 나눴던 기억이 아직도 생생합니다. 두 분이 새로운 관저의 첫 주인이셨는데요." 1975년 평화봉사단으로 한국과 인연을 맺었고 당시 조자용과 만남이 있었다. 2008년 10월 한국에 부임한 스티븐슨 대사는 '심은경'이라는 한국 이름을 가지고 있었으며, 한국어가 능숙한 최초 미국대사로 평가받고 있다. 조자용은 1977년 당시 미대사관저를 건축하였고 한국민중박물관협회의 회장이었기 때문에 당시 대사였던 리처드 L. 슈나이더 부부와의 친분은 당연한 일이었으므로 이런 모임이 가능하였다고 본다.

슈나이더 미대사부인 초청 미국대사관저 방문 (1977)

라 사회단체로 등록을 해야 하는 어려운 상황이었다.[48]

하지만 협회는 박물관 1,000개 만들기 운동을 벌이며 개인의 수장고에 들어 있는 골동품을 공개된 국민의 문화재로 양성화시키는 활동을 적극적으로 펼쳐 나갔다.[49] 이런 조자용의 활동을 박물관운동으로 보는 이유는 문화재는 박물관을 통해 지켜져야 한다는 앞선 신념과 실천에 있다. 문화재가 박물관에 보관되지 않고 개인 소유가 되어 안방에 숨어버리면 그것은 다시 땅속에 묻히는 것과 같다. 그런 이유 때문에 조자용은 민학회와 함께 우리 민문화를 찾아 연구했고, 그렇게 찾아낸 문화재를 개인 소유가 아니라 박물관에서 보관 · 전시되어야 함을 주장

48) 1956년 대학박물관협회 설립. 1976년 한국민중박물관협회 설립. 1984년 박물관법 제정. 1991년 박물관 및 미술관 진흥법 제정. 1998년 한국박물관학회 설립. 1999년 박물관 및 미술관 진흥법 일부 수정(학예사 자격증 제도). 최광식, 「한국박물관 100년의 역사와 의미」, 『한국박물관 개관 100주년 기념 특별전』(국립중앙박물관, 2009), p. 19.

49) 한국민중박물관협회, 『民衆博物館運動 Folk Museum Movement』(한국민중박물관협회, 1978) p. 14.

했다. 그렇게 함으로써 우리 모두가 문화에 대한 애정과 자부심을 키워 올바른 주체성을 지켜나갈 수 있다고 생각한 것이다.

조자용은 협회의 기틀을 다졌고 후에 박물관법이 제정될 수 있는 기반을 마련했지만 당시로서는 사립박물관에 대한 인식이 약해서 사회적으로 이목을 받을 만한 사업을 펼치기에는 어려움이 있었다.[50] 하지만 그런 상황에서도 조자용과 협회는 『민중박물관운동 Folk Museum Movement』(1978)이라는 책을 발간했다. 책 내용은 22개의 사립 박물관에 대한 소개와 전시 등을 안내하고 한글과 영어로 편집해 박물관운동을 위해 온갖 노력을 기울였다.[51]

한국민중박물관협회가 탄생됨으로써 이루어진 중요한 일은 1977년 3월 10일부터 시행한 국립중앙박물관의 박물관대학이 생기는 계기를 만들었다는 것이다. 당시 최순우 관장은 박물관이 많이 생기게 되면 학예연구사들이 필요할 것이라는 예상을 하고 박물관대학(국립중앙박물관특설강좌) 개설을 계획했다.[52] 제1기 박물관대학의 교육과정을 살펴보면 고고학, 인류학, 미술사, 박물관학, 미학, 예술론 등의 과목에서 최순우, 황수영, 안휘준, 진홍섭, 정양모, 백승기 등에 의해 수준 높은 교육이 이루어졌음을 알 수 있다.[53] 지금은 거의 모든 박물관에서 운영되고 있는 박물관대학의 근원이 한국민중박물관협회가 창립되면서 비롯된 것이다.

---

50) 윤태석, 「한국박물관협회의 창립 30년」, 『한국박물관협회 30년』(한국박물관협회, 2007), p. 56~57.

51) 『민중박물관운동』(1978)에 소개된 박물관들은 다음과 같다. 금곡박물관, 대아오민박물관, 신성민속관, 석초원, 에밀레박물관, 운향미술관, 제주민속박물관, 진주민속박물관, 통도사박물관, 한국민속촌박물관, 한독의약박물관, 태평양박물관, 민속화연구실, 은랑미술관, 온양민속 박물관 등이 소개되었고 개관계획으로는 부봉미술관, 삼성박물관, 한국자수박물관, 해강도자기박물관, 한국매듭미술관 등이 있다.

52) 황규완 증언, 2014. 5. 9. 서울 의정부 석경사무소에서 1시~4시.

53) 『박물관대학운영규정』(국립중앙박물관, 1977), pp 5~8.

박물관운동은 조자용이 미국 유학에서 서구 문물의 우수함을 접하면서도 그 문화에 동화되어버린 것이 아니라 오히려 우리 고유문화의 우수성을 지키고 발전시켜야 한다는 신념에 대한 결과물이다. 또한 박물관을 통해 문화재가 보존되고 전시되어야 한다는 그의 확신에 찬 실천이었다. 그는 강한 신념과 열정적인 추진력으로 어려운 시기에 개인 박물관을 운영했고, 한국민중박물관협회의 창립이라는 큰 업적을 박물관 역사에 남겼다. 에밀레박물관이 지금은 비록 문이 닫혔고 조자용이 소장했던 소장품들이 여러 곳으로 흩어졌지만, 한국민중박물관협회를 이끌면서 '박물관이야말로 우리 문화의 모태를 지킬 수 있는 곳'이라고 확신했던 정신과 실천은 정당한 평가를 받아야 할 것이다.

5

민화의 대중화와
세계화에 앞장서다

민화에는 민중들이 말하고 싶었던 그 시대의
풍자 스토리가 담겨있다. 우리가 평화를 사랑
하고 풍자를 즐기며 해학과 흥이 넘치는 민족
임이 나타나있고 또한 동심과 신심이 가득해
성실한 삶의 자세와 여유로운 심성을 지닌 민
족임이 표현되어 있다. 어려움 속에서 슬픔에
빠져 한이나 이야기하는 민족이 아니라 어떠
한 상황에서도 웃음을 잃지 않고 어린아이와
같은 마음으로 진심을 다해 가족의 행복과 나
라의 안녕을 기원하는 신명나는 국민이라는
것을 주장하고 있다.

5장

민화의 대중화와
세계화에 앞장서다

조자용을 '한국 민화의 중시조'로 평가하는 것은 민화를 대중화시키고 세계에 알린 업적 때문일 것이다.[1] 평범한 말 같지만 '한국 민화의 선구자'라는 말이 조자용을 설명하는 말로 잘 어울린다고 생각되는 것은 그가 민화에 기울인 평생의 노력을 보면 당연한 것이 아닐까.

이번 장에서는 조자용이 소장했던 대표적인 민화 작품들을 살펴보고, 다음으로 국내·외에서의 활발한 민화 전시를 정리하면서 민화의 대중화와 세계화에 앞장 선 그의 활동에 대해 중점적으로 살펴보고자 한다.

---

1) 윤열수, 「한국민화의 중시조, 조자용의 생애와 발자취」, 『한국민화』(한국민화학회, 2012), p. 157

조자용의 대표적인 민화 소장품

에밀레박물관의 대표적 소장품을 분석해 보면 조자용이 한국 민화를 수집하고 연구하면서 어디에 초점을 두었는지 알 수 있을 것이다.[2] 그는 자신의 운명을 바꾸어 놓은 〈까치호랑이〉(호덕이, 虎德)를 보면서 그림에 표현된 호랑이가 우리가 알고 있는 무서운 맹수가 아니라 재미난 친구 같기도 하고 귀여운 강아지나 고양이처럼 보인다고 했다. 또한 호랑이의 얼굴이 젊은 여승처럼 보이기도 하고 바보 같기도 하면서 할머니의 옛날이야기가 들리는 것 같은 상상을 할 수 있도록 만드는 그림이라고 말한다.

한국인의 정서가 가득 담긴 호랑이 민화에는 한국인의 독창성, 즉 우리 문화의 모태가 담겨 있다. 〈까치호랑이〉는 조자용으로 하여금 산신도에 관심을 가지도록 이끌었으니 부산 범어사 일주문에서 시작된 그의 한국문화의 본질에 다가서려는 탐구의 성격이 분명해지기 시작한 것이다. 그것은 한국인의 정신적 · 문화적 뿌리를 찾는 바탕이 되었다.

(1) 〈까치호랑이〉, 19세기, 양지에 채색, 91.5×54.5㎝, 호암미술관 소장

1967년 인사동에서 우연히 만난 〈까치호랑이, (호덕이, 피카소 까치호랑이) 〉는 조자용의 운명을 바꾸어 놓았다. 부산 범어사의 일주문에서 우리 고유의 신앙과 건축양식이 전해지고 있는 것이 아닐까 하는 의문을 가진 후 〈까치호랑이〉 민화에서 우리 민족의 신앙세계와 회화양식이 전해지고 있음을 깨닫게 된 것이다. 이렇게 시작된 민화 수집과 연구는 민화를 앞세운 문화적 자존심 회복을 위한 실천적 삶의 출발점이 되었다.

조자용은 '까치호랑이'에 종교화와 순수화로 나누어지기 전에 그려졌

---

2) 에밀레박물관의 대표적 소장품은 가회민화박물관 윤열수 관장, 가나아트 이호재 회장, 가천대 윤범모 교수, 경주대 정병모 교수의 의견을 참고했다.

❶ 〈까치호랑이〉(호덕이, 피카소 호랑이) 19세기, 종이,
91.5×54.5㎝, 호암미술관

❷ 〈까치호랑이〉19세기 종이에 채색 116.0×80.0㎝,
일본 구라시키민예관

❸ 〈까치호랑이〉19세기 종이에 채색, 105.0×68.0㎝,
도쿄 일본민예관

던 회화의 맥이 이어지고 있다고 생각했다.[3] 많은 종류의 까치호랑이 수집을 통해 산신도와의 연결고리를 찾았고 그 속에 민간신앙이 담겨 있음을 알게 되었다. 이 그림의 작가는 호랑이의 얼굴을 바보스럽게 표현하는 재치를 드러내는 독창성을 발휘해 격을 높였다고 평가했다. 야생의 맹수가 아니라 우리 곁에 가까이 있는 친밀한 존재가 바로 민화 속의 호랑이라는 것이다.[4] 원래 호랑이는 사람을 잡아먹는 공포의 대상이었다. 한국은 산으로 둘러싸여 있어 호랑이에 대한 두려움을 떨쳐버릴 수가 없는 상황이었다. 그러나 '까치호랑이'를 보면 친근감으로 웃음이 저절로 난다. 이것은 무서운 호랑이를 귀여우면서도 웃음짓게 만드는 호랑이로 그려 우리 민족의 여유로운 민족성을 표현하고 있다. 물론 이것은 산신으로부터 영약을 받아 마신 후 산신의 말을 잘 듣는 전령으로서의 호랑이 모습에서 유래된 것이라 하더라도 매우 해학적인 표현이다.

우리나라의 민화호랑이 그림 중에 명품으로 꼽히는 것을 살펴보면 일본 구라시키민예관 소장 '까치호랑이'가 있는데 눈동자가 4개로 표현되어 당당한 호랑이의 모습이 생생하게 표현되었다. 일본민예관 소장의 '까치호랑이'는 호랑이의 표현이 야수로서의 모습을 여전히 느낄 수 있다. 그러나 다른 그림에 비해 까치와 호랑이가 대립의 각을 팽팽하게 세우고 있는 모습이 이채롭다. 당차게 대드는 까치의 구성은 당시 서민들의 억울함과 푸대접에 대해 항변하는 모습으로 해석되기도 했다.[5] 이후 민화에서 호랑이의 모습은 점점 더 우스꽝스럽게 표현되어 친근한 모습으로 나타난다.

---

3) 1978. 8. 18. 경향신문, 일본에서 발견된 까치호랑이 그림 때문에 뿌리 찾기 논쟁이 벌어졌다. 이 그림에는 작가의 이름 운산(雲山)이 남아있었는데 이는 중국 원나라의 작가로 밝혀졌던 것이다. 그러나 이때 김호연은 기법상으로 임진왜란 이전 것이라고 주장했다. 까치호랑이 도상이 중국의 영향을 받은 것이라 해도 우리 민화의 특징은 호랑이를 단순하고 추상적으로 표현했다.

4) 김호근, 「호랑이에 대한 몇 가지 메모」, 『민학회보』(민학회, 1998), p. 16.

5) 정병모, 『무명화가의 반란 민화』(다할미디어, 2011), pp. 190~195.

〈호작도〉 조선 16세기말～17세기 초 비단에 채색 135.0×81.7㎝ 서울 개인 소장

사람들이 가장 무서워 한 호랑이를 민화에서는 왜 이렇게 그렸을까. 조자용은 호랑이를 웃게 만들고 바보처럼 만들 수 있는 것은 '신(神)'이라고 생각했다.[6] 그렇다면 '신'은 무엇일까. 이런 의문들이 그로 하여금 일생동안 민화를 놓을 수 없도록 만들었을 것이다. 그는 "까치호랑이가 앞으로 한국을 대표하는 자랑스런 그림으로 세계에 널리 알려질 것이다." 라며 그 가치를 예견했다.

〈까치호랑이〉는 현재 호암미술관에 소장 중인데 1977년도 미국 파사디나 전시의 포스터 주인공이었고, 88올림픽의 상징인 호돌이 탄생의 주역이었다. 〈까치호랑이〉의 바탕에는 한국 고유의 신앙이 흐르고 있고 누구에게나 공감을 주는, 해학적이면서도 풍자적이고, 추상적이면서 친근한 그림이다. 조선시대 집집마다 대문에 붙인 까치호랑이 중에는 에로틱한 면을 은유적이지만 노골적으로 나타낸 것들이 많이 있다. 긴 꼬리를 뒷다리 사이로 밀어 올려 당당한 모습을 보이고 있는데, 조자용은 이것을 남근의 발기를 뜻하는 것으로 생각하면서 무릎을 쳤다. 우리 민족이야말로 유머 가득하고, 나쁜 것을 물리치는 벽사의 그림 한 장에도 온갖 해학적인 상상력을 동원했다는 것이다.

민화야말로 우리 선조들의 소박한 생활에서 태어난 그림이다. 사람을 해치는 호랑이를 단순히 무섭게만 그린 것이 아니라 무서움을 웃음으로 극복한 환상적인 화풍을 지닌, 어느 나라에서도 볼 수 없는 한국 고유의 그림인 것이다. 그러나 이 까치호랑이 도상의 원천은 중국의 〈호작도〉이다. 호작도는 명나라와 원나라 작품이 지금까지도 전해지고 있다.[7] 1978년 일본에서 원나라 호작도가 발견되어 당시 큰 논란의 대상이

---

6) "오늘날 한국에서의 종교 발달은 우리 고유의 신앙이었던 무속이 밑바탕에 깔려 있기 때문이다. 샤머니즘은 자신의 복을 비는 가장 단순한 신앙이다. 기독교나 불교 등 그 바탕에 깔린 샤머니즘적인 복을 비는 마음이 한국 종교의 특성이라고 본다." 박찬석 전 경북대교수, 2014. 8. 13. 오후 6시~오후 9시, 수박물관에서 이경숙 동석.

7) Ho-mei sung, Decoded Messages, (Cincinnati Art Museum, 2010), pp. 168~169.

〈호작도〉, Xu Gui명나라(1465~1473) 견본채색 139.7×82.6㎝ 신시네티미술관 소장

〈송하맹호도〉, 조선 18세기, 견본채색,90.4×43.8 ㎝, 삼성미술관 리움 소장

되었다. 1970년대까지만 해도 우리 고유의 도상으로 여겼던 까치호랑이는 명나라의 〈호작도〉가 임진왜란을 전후로 전해진 것이다. 서울의 개인이 소장하고 있는 16~17세기 것으로 추정되는 〈호작도〉를 보면 명나라 화풍을 보인다. 그러나 중국의 호랑이 그림이 점차 한국적인 그림으로 바뀌게 된 예는 많은 까치호랑이 그림을 통해서 볼 수 있다.[8]

호랑이를 소재로 한 민화를 중국의 〈호작도〉와 김홍도의 〈송하맹호도〉와 비교해 보면 민화에 표현된 호랑이의 모습에 단순성과 추상적인 특징이 있으며 풍자와 해학이 담겨 있다. 그리고 구도와 화법, 그 중에서도 특히 세부묘사가 다르다는 것을 볼 수 있다. 이런 사실에서 도상은 외부에서 전래되었지만 호랑이를 표현하는 방법이나 그 속에 흐르고 있는 정신세계는 우리 민족 고유의 것임을 알수 있다는 것이 조자용의 주장이다. 호덕이 이후에도 수많은 까치호랑이 민화를 수집해 실물을 보면서 산신도 안에 그려진 호랑이가 까치호랑이 속의 호랑이로 표현되고 있음을 알게 되었다. 그런 까닭으로 그는 한국화 개념 정립의 바탕에 호랑이 그림을 두어야 함을 주장하는 것이다.

존 카터 코벨(Jon Carter Covell, 1910~1996)[9]도 호랑이 그림이 사람을 괴롭히는 무서운 호랑이를 순하고 사랑스러운 모습으로 그릴 수 있었던 한국인의 민족성이 가장 잘 나타나 있는 한국회화의 절정이라고 했다.[10]

---

8) 정병모, 앞의 책, p. 180~183.

9) 존 카터 코벨은 미국 출신의 동양미술사학자로 일본미술사와 고고학을 전공하였다. 그래서 일본 다이토쿠지(大德寺)에 머물면서 오랫동안 불교미술을 연구하였기 때문에 고려 불화를 직접 볼 수 있는 기회가 많았기 때문에 그녀의 한국문화 연구는 우리에게 큰 의미를 남겼다. 1978년부터 한국에서 머무는 동안 그때까지 일본 것이라고 믿었던 사실들이 한국 것이라는 것을 깨닫고 일본의 미술사를 학자적 양심으로 비판하면서 일본 속에 남아있는 수많은 한국 문화재를 밝혔다.

10) 정병모, 『무명화가들의 반란 민화』(다할미디어, 2011), p. 176.

(2) 〈대호도(大虎圖)〉, 19세기말~20세기 초, 12폭, 종이에 채색, 149×454㎝

〈대호도〉는 송원 김치호(松圓 金致昊)라는 이름이 남아있고 호랑이 그림 중에서도 대작에 속하는 병풍 그림이다. 호랑이가 무언가를 발견 했는지 온몸을 쭉 펴면서 '어홍' 소리를 내는 모습이 실감나게 잘 표현 되어있다. 또한 이것을 바라보는 까치 두 마리가 서로 동조하는 듯한 분 위기가 잘 묘사되어 있다. 조자용은 남아있는 민화가 없어지기 전에 최 대한으로 많이 확보해 보전토록 해야 한다면서 전국 구석구석을 다니며 수집에 열정을 쏟았다. 그래서 민화 수집에 관한 많은 이야기들이 전설 처럼 전해지고 있다.〈대호도〉에 얽힌 이야기도 그 어느 것보다 재미있 으면서 극적이다.

어느 날 조자용은 대구의 건들바위 근처에 있는 골동품상 김환자의 가게를 방문하게 되었다. 그때 12폭 병풍에 호랑이 한 마리가 그려져 있 는 그림을 보고 한눈에 마음을 빼앗기고 말았다. 그렇지만 주인과 흥정 할 요량으로 종업원에게 슬쩍 가격만 물어보고 돌아왔다. 그러나 벌써

〈대호도(大虎圖)〉, 19세기말~20세기 초, 12폭, 종이에 채색, 149×454cm

종업원으로부터 큰 키의 남자가 가격을 물어보고 갔다는 얘기를 들은
김환자는 조자용임을 직감했다. 주인은 그가 나타나자 벌써 팔렸다며
애를 태웠다.[11] 그는 〈대호도〉를 절대 포기할 수 없었기 때문에 그 병풍
을 들고 서울로 돌아오기 위해서는 엄청난 액수를 지불해야 했다. 타고
갔던 자동차마저 주고 왔다고 하니 조자용의 애타는 마음을 짐작할 만
하다. 사업을 하는 그에게 자동차는 당장 없으면 안되는 것이었지만 마
음에 드는 민화를 눈앞에 두고 차마 포기할 수 없었다. 집에 돌아오자
부인이 차의 행방을 묻자 고장이 나서 수리하러 보냈다는 거짓말을 했
다. 며칠을 기다려도 차가 돌아오지 않자 부인이 재차 물었을 때는 차가
완전히 못쓰게 되었다고 말했다.[12]

2014년 1월 인사동 인사가나아트센터에서 열린 대갈문화축제의《조
자용 소장전》에 12폭의 〈대호도〉가 등장했다. 조자용이 사랑했지만 지

11) 황규완 증언, 2014. 오전 12시~ 오후 2시, 이모집에서.

12) 윤열수 증언, 2013. 3. 31, 민학회 답사, 충남 보은의 조자용 공적비 답사 중 버스 안에서.

금은 모두 다른 곳으로 흩어진 작품들을 한자리에 모은 뜻 깊은 자리의 주인공으로, 입구에 들어서면 바로 눈앞에 보이는 곳에 걸렸다. 전시회 도록에 민속학자 심우성이 다음과 같은 글로 조자용에 대한 마음을 표현했다.

> 형님
> 세상살이 먼저 하시고, 도와주시고, 두루 일러 주시더니
> 세상도 먼저 가신 형님이시어
> 형님께서 남기고 가신 귀한 '유품'들이 활짝 꽃을 피우고 있습니다.
> 참으로 아름다우십니다.[13]

〈대호도〉는 점잖은 얼굴 표정을 짓고 늠름하고 위엄 넘치는 자세로 호랑이나라의 호랑이다운 기상이 잘 표현되었다. 세계 어디에서도 찾아볼 수 없는 위풍당당한 호랑이는 단연 최고로 내세울 만하다. 장식이나 벽사의 기능을 넘어선 〈대호도〉 병풍 앞에 서면 알지 못할 위압감이 느껴진다. 겸손하지 못한 마음이 다 드러나는 것 같다.[14]

(3) 〈운룡도(雲龍圖)〉, 19세기, 비단에 채색, 96×152㎝

〈운룡도〉는 구름에 휩싸인 용의 모습을 생동감 있게 묘사했다. 민화의 용은 호랑이와 함께 정월 초하루 대문 앞에 붙이는 문배그림이었다. 호랑이는 나쁜 것을 막아주는 벽사용이고, 용은 복을 불러들이는 역할을 한다.

---

13) 심우성, 『제1회 대갈문화축제 기념전 도록』축사, (조자용기념사업회, 2014), p. 15.

14) 윤열수는 한국민화 중에서 대표 그림을 찾아 문화재로 지정 보호될 수 있다면 단연 〈대호도〉가 그 대상이 되어야 한다고 주장한다. 윤열수, 「대호도 도판해설」, 『吉祥 우리 채색화 걸작전』(가나아트센터, 2013), p. 255 참조

〈운룡도(雲龍圖)〉, 19세기, 비단에 채색, 96×152cm, 가나아트센터 소장

용은 전통적으로 매우 귀한 존재로 비유되어 왕권을 상징하고 초자연적인 힘을 가진 것으로 여겨졌다. 특히 용은 물을 다스린다고 믿었기 때문에 농경사회에서 더욱 중요한 신으로 모셔졌다. 용은 가뭄 때는 비를 내리게 하고 사람들에게 복을 주는 능력을 가졌다고 믿었다. 청룡, 적룡, 백룡, 흑룡, 황룡으로 표현되었는데 이중에서 청룡이 가장 많이 그려졌다. 그 이유는 청룡이 기우제를 지낼 때 상징이 되어 비를 내리게 하고, 또 계절 중에서는 봄을 관장해 풍년을 기원하는 농악의 선두 깃발로 사용되었기 때문이다.[15]

조자용은 용에 대한 자신의 개인적인 추억을 말한 적이 있다. 1960년 용띠인 큰딸에게 줄 선물로 용무늬가 새겨진 골동품 벼루를 구입하면서 용을 소재로 한 미술품에 대해 관심을 가지게 되었다고 한다. 당시 사업실패라는 큰 어려움으로 4년이란 긴 시간을 집에도 들어가지 못하고 힘들게 지냈다. 그 후 빚더미에서 벗어나 대구 수성동의 가족들에게 돌아가면서 딸들에게 골동품 용연(龍硯)을 선물하면서 '아이들에게 국보급 보물을 안겨준 것 같다'고 그 기쁨을 고백했다. 이 일로 그는 두 딸 때문에 용을 사랑하게 되었다고 회고한다.[16] 더군다나 그로부터 얼마 지나지 않은 1963년 안타깝게도 큰딸 에밀리를 잃게 되었으니 안타까운 마음이야 오죽했을까. 딸에 대한 그의 그리움이 용에 대한 애정을 더욱 각별하게 만들었다.

1977년 조자용은 파사디나 아시아박물관의 민화전시 개막식에서 당시 비가 오지 않아 애를 태우고 있던 LA 지역을 위해 〈운룡도〉를 걸고 기우제를 지냈다. 그런데 신기하게도 기우제를 지낸 다음날 비가 내렸다. 이 사건은 LA 현지 신문과 한국의 주요 신문에도 크게 기사가 났다. 조자용이 이 〈운룡도〉를 아끼는 마음이 어떠했을지 충분히 짐작이

15) 윤열수, 앞의 글, p. 268.

16) 조자용, 『비나이다 비나이다』, (삼신학회프레스, 1996), pp. 206~209.

되는 부분이다. 〈운룡도〉는 현재 가나아트센터에서 소장하고 있는데 그것은 조자용이 이호재에게 꼭 소장할 것을 부탁했기 때문이다. 이호재가 기억하는 콜렉터로서의 조자용은 자신의 소장품을 내놓을 때 한 번도 스스로 가격을 정한 적이 없다고 한다. 조자용에게 민화는 도저히 값으로 헤아릴 수 없는 그 무엇이며 작품 그 이상의 작품이요, 우리 민족의 얼이 담긴 문화재였다. 〈운룡도〉는 용이 구름 속을 날아다니는 일반적인 운룡도와 달리 S자 몸통을 곧추세우고 눈앞에 있는 붉은 여의주를 바로 삼켜버릴 듯 입을 크게 벌리고 있다. 몸통을 덮고 있는 비늘의 표현이 섬세하고 색의 표현이 고급스러워 한눈에 봐도 보통 그림이 아니라는 느낌이 든다. 사자의 갈퀴처럼 구름을 겹겹이 두른 모습으로 그려져 필력이 예사롭지 않다. 검은색으로 표현된 구름 탓에 용의 존재가 더욱 강인하고 위엄 있어 보이며, 용과 구름이 엉켜 있는 듯 보이지만 복잡하지 않고 정리가 잘 되어 있다. 용을 표현하는 방법에도 격식이 있어 원래 오족은 황제를 나타내는 것이었지만 〈운룡도〉처럼 후대로 오면서 왕실에서나 불교에서 용의 발톱을 다섯 개로 그린 오조룡(五爪龍)이 통용되기도 했다.

　〈운룡도〉는 비를 내리게 하는 기우제용이거나, 왕처럼 귀한 존재를 상징하기도 하고 복(福)을 주는 길상의 기능도 했다. 조자용은 먹구름을 잔뜩 휘감고 있는 〈운룡도〉 속 용의 모습에서 금방이라도 비를 쏟을 것 같은 기운을 느꼈다. 그렇기 때문에 하와이 전시에서는 〈산신도〉를 걸고 산신제를 지냈지만 비를 기다리는 LA 파사디나 전시에서는 〈운룡도〉를 걸고 기우제를 지낸 것이 아닐까. 조자용은 우리 민화에서 단순한 장식용이 아니라 그 속에 담긴 신앙적인 기원을 보았기 때문에 그의 민화연구는 정신적 배경에 중점을 두었던 것이다.

〈호피장막도(虎皮帳幕圖)〉, 19세기, 8폭병풍, 종이에 채색, 179×344㎝

(4) 〈호피장막도(虎皮帳幕圖)〉, 19세기, 8폭, 종이에 채색, 179×344㎝

1976년 하와이 대학 동서문화센터 소식지를 보면 당시 하와이에서의 민화전시를 소개하고 있는데 조자용의 사진 배경으로 〈호피장막도〉 병풍이 나온다. 그만큼 이 작품에 대한 관심이 컸다는 것을 말해 주고 있다. 〈호피장막도〉는 호피장막 사이로 문방 풍경이 들여다보이는 구성인데 조자용의 해설은 다음과 같다.

_____ 호피도 병풍은 고금 이래 희한한 작품이며 걸작이라고 할 수 있다. 세대를 달리하는 두 사람의 화가가 합작을 한 것으로 판단되기 때문이다. 원래 이 병풍은 일반적인 8폭의 호피의 연결문에 지나지 않았으나 그 중앙 부분을 후일 잘라내고 호피 커튼을 활짝 열어 보인 것이다. 8폭 호피를 장막 치듯 그려놓아 이 병풍을 보는 사람들은 저마다 장막 뒤에 있는 광경을 궁금하게 여기는 호기심을 불러일으킨다. 그래서인지 병풍의 주인이 화가를 불러 한쪽을 들어 올려 숨겨진 방안의 비밀을 노출시키도록 하였다. 그런 과정을 거쳐 문방도가 화면 중심에 자리 잡게 되었다. 옛날 분들이 문방도 대신에 고야의 나부상을 그렸다면

그대로 현대화가 될 뻔했다.[17]

〈호피장막도〉는 장막을 호피무늬가 반복되는 형태로 그려 둥근 무늬를 규칙적으로 배치하고 색의 농도를 달리해 멋지게 표현했다. 장막 중앙의 윗부분을 말아 올려 뒷쪽으로 문방도가 보이게 하고 양쪽으로 호피장막을 커튼처럼 장식한 것이다. 뒷부분의 문방도에는 이 방의 주인이 무엇을 좋아하는지 잘 보여준다. 책을 읽다가 금방 산책이라도 나갔는지 펼쳐진 책 위에는 안경이 그대로 놓여져 있다. 그림의 주인이 많은 자녀를 원했는지 뜬금없는 석류도 올려져 있다. 그러나 이 모든 것이 조금도 어색하지 않다. 〈호피장막도〉에 나타난 호피와 배치된 기물들을 보면서 옛사람들의 호사가 지금 못지않다는 생각이 든다. 〈호피장막도〉는 2016년 여름, 서울 예술의전당에서 열린 《문자도 책거리전》에서 한쪽 벽면 전체를 차지하면서 그 위용을 뽐냈다. 조자용이 1975년 하와이에서 첫 민화전을 장식한 후 30여년이 지난 후이다.

(5) 〈호피도(虎皮圖)〉, 19세기, 8폭, 종이에 채색, 176×416cm

호랑이 가죽을 그린 것이 〈호피도〉이다. 이 그림은 장식성에 역점을 두고 있지만 살아 있는 호랑이가 아닐지라도 무서운 호랑이 그림으로 나쁜 기운을 막아내려는 벽사용이다. 조자용이 수집한 〈호피도〉는 호랑이 가죽을 하나씩 펼쳐놓은 것 같은 형태로 그려진 것이 대부분이다. 병풍 한 폭에 가죽을 하나씩 배치해 만든 것이다. 멀리서 보면 각 폭마다 같은 형태의 무늬가 반복되는 것 같지만 자세히 들여다보면 아주 세밀한 필치로 호랑이 털의 아름다움을 사실적으로 표현했다는 것을 알 수 있다.

호랑이 가죽 무늬는 주로 황색 한 가지로 표현하고 각 폭마다 똑같은

---

17) 조자용, 『한호의 미술』(에밀레미술관, 1974), p. 188.

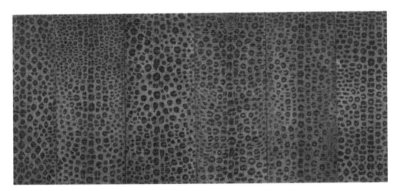

〈호피도(虎皮[圖]〉, 19세기, 8폭, 종이에 채색, 176×416cm

구도로 그려 단조로워 보이기도 한다. 그러나 수없이 그은 터럭의 필력은 전체적으로 호랑이의 힘을 느끼게 해, 보는 사람들을 압도하는 묘한 기운이 있다. 호피무늬 디자인은 야성적이고 도발적인 느낌의 현대적 디자인으로 지금까지도 여전히 사랑받고 있다.[18]

호피는 옛날 혼인 때 신부의 가마 덮개로 사용했는데 신랑이 신부에게 주는 가장 의미 있는 혼수품이었다. 요즈음 세상에 예물로 받은 다이아몬드의 크기를 비교하는 것처럼 어떤 호피를 받았는지가 회자될 정도라고 한다. 처음에는 진짜 호랑이 가죽을 사용했지만 나중에는 그림으로 대체된 것으로 보인다.[19] 호피도 중에 호랑이가 날개를 달고 있는 것이 발견되기도 하는데 이것은 하늘과 땅 모든 곳에서 지켜준다는 의미로 최고의 사랑을 보여주는 것이라고 한다.

조자용의 민화 수집에 대한 또 하나의 유명한 일화가 이 〈호피도〉에도 담겨 있다. 일본인이 여덟 폭 병풍으로 된 〈호피도〉를 김포공항을 통해 가져가려다 발각되었다는 소식을 전해듣고 급하게 공항으로 달려갔다. 그 자리에서 바로 구입한 것이 바로 〈호피도〉이다. 그때 일본인

18)   윤열수, 앞의 글, p. 256.

19)   조자용, 앞의 책, p. 289.

호랑이 가죽을 얹은 신부가마 행렬, 20세기 초 국립민속박물관 소장

혼례 때 신부가 타는 가마의 덮개로 호피 그림을 사용했는데, 처음에는 진짜 호피를 사용하다가
호피가 귀해진 후부터는 호피무늬 담요를 대신 썼다.

〈청룡백호도(靑龍白虎圖)〉, 19세기, 8폭병풍, 비단에 채색, 110.5×499㎝

이 꼭 한 폭만은 가져가기를 원해 당시 여덟 폭 중에 일곱 폭만 남게 되었다는 이야기이다. 한국의 호피도는 세계적으로도 독특한 문양으로 그려져 세계문양사와 세계미술사에서 독창적인 양식으로 높이 평가받고 있다.[20]

(6) 〈청룡백호도(靑龍白虎圖)〉, 19세기, 8폭, 비단에 채색, 110.5×499㎝

궁중에서 사용한 것으로 보이는 〈청룡백호도〉 속 호랑이의 모습에는 민화적 요소가 많이 표현되어 있다. 머리는 표범이고 몸통은 호랑이로 그린 것은 민화 호랑이 그림에서 표현되는 방식과 같다. 그리고 꼬리를 앞발 사이로 치켜 올리고 있는 모습은 까치호랑이 민화에 등장하는 것과 닮았다.[21] 이 병풍의 백호를 모사한 것으로 보이는 민화 〈백호도〉를 보면서 조자용은 조선시대 화원의 그림을 방랑화공들이 모사하면서 민화가 그려졌을 과정에 대해 확신을 가졌다. 정월에 궁중화원들이 세화를 그려 궁문에 붙이면 전국 각지에서 모여든 사람들이 그것을 모방해 그

20) 윤열수 증언, 2013. 3. 31 민학회 보은 조자용공적비 답사 중 버스 안에서

21) 윤열수, 「청룡백호도 도판해설」, 『길상 우리 채색화 걸작전』, (가나아트센터, 2013), p. 256.

렸고, 사대부나 일반 백성들이 대문에 붙였던 것이다. 이런 사실은 왕이나 사대부, 그리고 평민 누구를 막론하고 민화 그리기에 참여하고 즐겼다는 주장의 근간이 되었다. 이렇게 조자용의 '넓은 의미의 민화론'이 탄생하게 된 것이다.[22] 〈청룡백호도〉는 비단 바탕에 최고급 안료를 사용했고 뛰어난 필력의 소유자가 그린 격조 높은 도화서 화원의 그림이라는 것을 한눈에 알 수 있다. 〈청룡백호도〉는 2013년 6월부터 8월까지 두 달 동안 가나아트센터에서 열린 《길상, 우리 채색화 걸작전》에 전시되었다. 고급 병풍으로 꾸며졌고 임금만이 사용할 수 있는 일월오봉도의 양식을 따라 화면 중앙에 몇 개의 산봉우리를 배치하고 있다. 그리고 양쪽으로 폭포가 위치하고 좌우에 청룡과 백호가 자리하고 있다. 장식성 강한 구름 속에서 청룡이 내려오고 백호는 당당히 앉아 천하를 내려다보고 있다.

---

22) '넓은 의미의 민화론'에 대한 내용은 「제6장 조자용의 '민화란 무엇인가」에서 자세히 다루고자 한다.

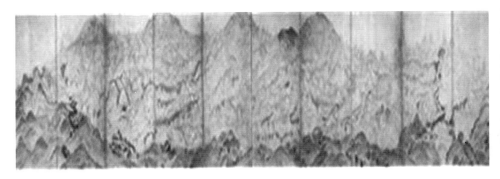

〈금강전도(金剛全圖)〉, 19세기, 10폭병풍, 종이에 채색, 123×594cm.

(7) 〈금강전도(金剛全圖)〉, 19세기, 10폭, 종이에 채색, 123×594cm, 호암미술관

조자용은 민화를 수집하면서 가장 충격을 받았던 것이 〈금강전도〉라고 말한다. 그는 금강산도야말로 우리 민족의 고유 신앙과 독창적인 회화양식이 담긴 진정한 한국화라고 주장한다. 금강산도라는 특이한 화제와 독특한 화풍 때문에 조자용은 스스로 한화(한국회화)에 대한 개념을 가지게 되었다.

_____ 우리 그림을 한화(韓畵)라고 부르고 싶도록 충동(衝動)시켜 준 여러 가지 회화자료 중에서도 금강산도는 가장 대표적인 위치를 차지하고 있는 것 같다.[23)]

또한 조자용은 금강산도가 산수화인 동시에 민족의 신앙적 상징화임을 강조하면서 이런 이유로 금강산도가 추상체로 표현되었고 정령주의와 환상주의로 그려졌다고 주장한다. 그는 우리 민족이 오랜 세월 이어온 산악 숭배사상 때문에 산신을 모시게 되었고, 그 결과 금강산을 환상적으로 그리게 되었으며 산신도라는 종교화를 정착시키게 되었다고

---

23) 조자용, 『民學』2권, 「韓畵 金剛山圖」(에밀레박물관, 1973), p. 58.

결론지으면서 금강산도는 토속신앙에서 태어난 그림이며 그 어떤 회화보다도 종교적인 의식세계가 깊이 담겨 있다고 해석했다.[24] 금강산은 우리 민족의 현실적 삶에도 존재했지만 이상향과도 같은 곳이다. 이름만 해도 지금은 금강산으로 부르고 있지만 우리 선조들은 봄에는 금강산, 여름에는 봉래산, 가을에는 풍악산, 겨울에는 개골산이라고 불렀다. 그 밖에도 열반, 기달, 중향성, 해악 등의 이름이 전해지고 있다. 이 중에서 금강과 중향성, 열반 등은 불교적 이름이다. 봉래산은 삼신산의 하나였으니 금강산을 속세가 아닌 신들이 사는 선계라고 여기며 동경한 듯하다. 풍악산이란 가을 단풍이 다른 산과 비교해 특히 아름다웠음을 표현한 이름이고 개골산이란 산 전체가 기암과 절벽, 그리고 하늘을 찌를 듯한 봉우리로 이루어진 독특한 형상을 표현한 것이다.[25]

_____ 만물초(萬物草)란 창조신이 우주를 창조하시기 전에 구상한 만물의 모형이란 뜻이며 금강산 속에 하나님이 우주창조의 모형을 모아서 한자리에 보존했다는 뜻이 된다.[26]

조자용은 만물초라는 것은 세상이 창조될 때 만들어진 모형의 유적지로서 이것이 바로 금강산이고 생각했다. 금강산이 우리 민족의 신앙 본거지라는 말이다. 그는 금강산의 여러 이름 중에서 만물초를 가장 좋아했는데 그것은 만물초가 가장 한국적인 이름이라는 이유 때문이다. 스스로 만물초 그림을 그리기도 했다.

금강산은 고려 말에 불교의 성지로 인식되면서 국제적인 명산으로 이름을 얻었다. 그런 이유 때문인지 문학과 미술로 다양하게 표현되었

24) 윤진영, 「조자용의 민문화 연구와 저술」 (조자용기념사업회, 2014)

25) 박은순, 「金剛山圖 연구」 (일지사, 1997), pp. 14~34.

26) 조자용, 「비나이다비나이다」 (삼신학회프레스, 1996), p.295.

다. 조선시대 유학자들은 금강산에 대해 특유의 여행 경험과 견문을 문학과 회화로 표현했다. 그래서 현존하는 금강산 그림과 글에는 문인들의 사상과 예술적 성향이 반영되어 있다. 금강산의 기묘한 바위를 보면서 율곡 이이(李珥, 1536~1584)는 '긴 것은 뱀 같고, 사자 같기도 하고, 호랑이 같다'고 묘사했다. 또한 '임금이 조회하는 것 같기도 하고 부처가 중생을 거느리고 참선하는 듯 기이한 형상 때문에 구경을 그만두고 싶지 않다'고말한다.[27] 조선 후기에는 자유로운 감성의 무명화가들이 그린 자유로운 화풍의 금강산도가 많이 나타났다.[28]

조자용은 수많은 금강산도를 수집하면서 무명화가들의 작품이 가진 양식적 특징 외에 특히 신앙적 흐름에 주목했다. 그 결과 여러 가지 면에서 독창적이고 현대적인 감각으로 그려진 민화 금강산도의 중요성을 파악할 수 있게 되었다. 그는 금강산도를 종교화로 해석하면서 한국미술 원형탐구의 기점으로 삼았다. '종교화'에는 여러 형태의 '기원'의 모습이 들어 있는 것은 당연하다. '기원', 즉 '비는 마음'이란 인간이 존재하는 순간부터 생긴 자연스런 믿음의 모습이다. 이런 신앙의 비는 대상이나 모습은 종파에 따라, 시대에 따라 달라진다 해도 마음속에 존재하는 염원의 마음은 원형 그대로 전해지고 있다는 사실을 바탕으로 조자용은 금강산도를 통해 우리민족의 고유 신앙세계에 대한 그 비밀의 문을 두드렸다.

정통회화의 금강산도가 대부분 작은 크기인데 비해 무명작가들의 금강산도는 대부분 8폭 병풍으로 꾸며져 있다. 조자용은 〈금강전도〉에서 금강산 일만 이천 봉을 한 틀에 그린 큰 스케일 때문에 속이 확 트이게 하는 이것이야말로 창의적인 한국고유의 그림임을 주장한다. 민화 금강산도에서 정통산수화에서는 상상할 수 없는 추상적이고도 환상적인

---

27) 정우영, 『선인들과 함께 하는 금강산 기행』(인화, 1998), p. 111~112.

28) 박은순, 위의 책, pp. 392~393.

원숙한 화풍을 발견하고 그 평가를 제대로 하고 있는 것이다.

_____ 추상화를 20세기 서양화의 것으로 알고 있는 것도 가소로운 일이었다. 추상주의는 금강산도 민화의 기본이었다. 인간의 꿈을 그리고 이상을 그리고 상징을 그리고 환상의 세계를 그리는 그림이라 처음부터 그것은 추상을 따라야만 했다.[29]

　민화 〈금강전도〉는 모든 사물에 영혼이 있고 삼라만상의 여러 현상이 그 영혼의 작용이라고 믿는 애니미즘(Animism)을 극명하게 보여주고 있다. 그렇기 때문에 표현 양식에서 환상주의의 극치를 보여주고 있다. 또한 현대에서는 볼 수 없는 신앙적 배경이 깔려 있기 때문에 현대화의 기교로서는 도저히 상상도 할 수 없는 '신기(神技)'가 나타나 있다. 화면을 가득 채우고 있는 바위들의 모습을 자세히 들여다보면 조자용이 왜 그렇게 이 작품에 열광했는지 충분히 이해할 수 있다. 바위 하나하나가 살아있는 사람이나 동물로 표현되어 무생물에도 영혼이 있다는 정령주의를 너무나 잘 보여주고 있기 때문이다. 〈금강전도〉가 보여주는 현대적이고 추상적인 표현은 말이 필요 없을 정도로 한국회화의 특성이 그대로 나타나고 있다.
　조자용은 〈금강전도〉 병풍을 만나는 순간 동양의 다른 나라, 특히 중국과 일본의 그림과 비교해 이 작품 자체 하나만으로도 한국화라고 부르고 싶을 만큼 한국의 회화적 특성이 가득하다고 자신만의 미의식으로 해석한다. 〈금강전도〉를 만난 것은 그가 한창 금강산 그림 수집에

---

29) 조자용, 『우리 문화의 모태를 찾아서』(안그라픽스, 2001), p. 129; 추상표현주의(abstract expressionism)는 1940년대 말~60년대초에　뉴욕을 중심으로 J.폴록, J.뉴먼, M.로스코, C.스틸, W.데쿠닝, F.클라인 등의 활동에 의해 미국에서 전개된 미술의 한 동향으로 미술의 중심이 유럽에서 미국으로 옮겨지고 있음을 예감한 예술사조이다. 정해진 형식을 부정하고 역동감을 표현하는 추상 회화이다.

몰두하고 있을 때였다. 어느 날 1.5m×6.3m 규모의 큰 〈금강전도〉 병풍이 인사동에 나타났다는 소리를 듣자 그는 곧바로 달려 나갔다. 하지만 당시 사업 실패로 경제사정이 좋지 않아 대구 수성동 249번지 집 한 채와 〈금강전도〉를 바꿀 수밖에 없었다.[30] 세월이 지나 〈금강전도〉를 다른 미술관으로 넘겨야 했을 때 조자용이 너무 아쉬워했다는 이야기가 전해진다.

(8) 〈산신도(山神圖)〉, 19세기, 종이에 채색, 75×95㎝

불교는 대중들에게 쉽게 다가가기 위해 민간신앙이었던 산신을 사찰 안으로 받아들였다. 그 결과 대웅전 뒤 작은 산신각에 산신이 모셔졌다. 각 사찰마다 산신의 모습이 다양하게 불교화되기도 했지만 오랜 세월에도 불구하고 원형의 산신 모습이 유지되고 있음을 발견할 수 있다. 조자용은 많은 민화를 수집하고 연구하면서 다양한 사실을 알게 되었는데, 그 중에서 산신도는 본을 떠서 대량 생산하는 불화와는 다른 점이 많은 독창적인 채색화임을 알게 되었다. 산신도는 사찰에서 여러 모습으로 그려졌지만 외래에서 들어온 종교에 의해 조형적인 면에서 큰 변화가 일어나지 않았고, 우리 고유 채색화의 회화양식이 이어지고 있는 것이다.[31]

조자용은 〈산신도〉의 인자한 산신 모습에서 단군의 모습을 발견했다. 그리고 산신 옆에 얌전히 앉아있는 귀여운 호랑이는 〈까치호랑이〉 민화에서 볼 수 있는 호랑이의 모습이라고 생각했다. 산신도에 등장하는 호랑이가 까치호랑이의 모습으로 연결되고 있다고 본 것이다. 그리고 이런 호랑이 그림을 통해 가장 신성한 것이나 가장 무서운 것을 가장 유머 넘치는 예술로 표현한 수준 높은 우리 민족의 우수성을 한국회

30) 조자용, 『비나이다비나이다』, (삼신학회프레스, 1996), pp. 298~299.

31) 조자용, 앞의 책, pp. 273~275.

〈산신도〉, 종이에 채색, 75×95㎝

산신도에 보이는 단군의 모습

화의 바탕으로 삼을 것을 주장한다.[32] 이것은 한국회화의 올바른 정립은 호랑이 그림에서 출발해야 한다는 이론의 핵심이다.『한호의 미술』(1974)에서 밝힌 〈산신도〉에 대한 해설은 다음과 같다.

_____ 『삼국유사』의 기록에 따르면 국조 단군께서는 구월산에서 돌아가시고 그 산의 산신이 되셨다고 한다. 이것이 우리나라 산신에 관한 최고(最古)의 기록이다. 여기에서 국조와 산신의 일체를 본다. 이 관념은 후일 한문화 표면을 차지한 외래 종교의 저변에서 산신 숭배의 형태로 국조 숭배를 이어나가게 하는 원동력이 되었다. 이 꾸준한 원동력의 발동은 결국 오늘에 이르도록 산신 숭배를 절실한 자세로 받아들이게 하였던 것이며 움직일 수 없는 한인(韓人)들의 신앙의 중추가 되었던 것이다.

보통 우리가 불화처럼 취급하려던 〈산신도(山神圖)〉는 불교와는 연관 없는 우리 국조의 〈신상도(神像圖)〉이다. 〈산신도〉를 〈국조신상〉으로 그대로 받아들여 숭신(崇信)하여 온 사람들도 있었다. 무인(巫人)들이나 샤머니즘의 신자들이 그 사람들이다.

국조 단군의 〈신상도〉는 신라시대의 화가 솔거가 꿈에 현몽한 모습대로 그렸다고 하는 것이 이제까지의 최고(最古)의 기록이다. 단군 초상을 천벌이나 그렸다는 기록을 따른다면 솔거가 황룡사벽에 〈노송도〉를 그릴 수 있을 만큼 불가와의 인연을 맺었던 것이니 그의 작품이 그쪽 계통에서 전래되어 올 가능성이 짙다. 또 당대의 사제였던 무인들에 의하여 보존되었을 가능성도 짙다. 지금 전래하는 단군의 진영이라는 그림과 〈산신도〉와는 여러 면으로 공통점을 지니고 유사성이 강하다. 이 두 가지 그림은 어떤 관계가 있는 것이라고 하여도 좋다. 그것이 국조, 산신의 일체론에 입각하게 되면 더욱더 그 점은 뚜렷해진다. 여기 소개

---

32) 조자용, 앞의 책, pp. 350~351.

하는 〈산신도〉는 그 할아버지 모습이 가장 단군 국조를 닮은 예라고 보인다.[33]

호랑이는 산신의 사자(使者)로 표현되기도 하고 또 호랑이 자체가 산신으로 여겨지기도 한다. 조자용은 산신도를 통해 호랑이가 산신에게서 영약(靈藥)을 받아 마시는 일정한 절차를 거쳐야 신성화되거나 사자의 자격을 부여받는다는 사실을 발견했다. 몇가지 산신도 그림에서 호랑이가 동자로부터 영험한 약을 받아 마시는 장면을 보여주고 있다.

영약을 마시고 산신의 사자가 된 호랑이는 산신의 뜻에 따라 좋은 사람은 도와주고 못된 사람에게는 벌을 주는 역할을 했다. 단군신화에서 사람이 되지 못한 호랑이가 단군을 닮은 산신과 함께 산신도에 등장하고 있다는 조자용의 이야기가 흥미롭다. 단군이 구월산에서 산신이 되었다고 하는 것은 우리의 시조인 단군과 산신의 일체를 말하고 있다. 그래서 조자용은 당시 불화로 취급되던 산신도가 불교와는 상관없는 우리 시조의 초상화가 여러 형태로 전해지는 증거라면서 무속인에 의해 시조의 신상도로 모셔져 왔다고 주장한다. 삼신의 종교화인 〈산신도〉에 그려진 산신의 모습에서 단군의 모습이 겹치고 산신도의 호랑이가 까치호랑이로 전해지고 있다는 견해는 수많은 실물을 보면서 밝힌 생생한 연구 결과이다.[34]

(9) 〈세조 일월오봉도〉, 1869년 복개당 중수 때 월파, 삼여, 행활 등 화승이 그림

한국 기층문화에 대한 조자용의 업적을 보여주는 좋은 예가 있다. 지금은 국립민속박물관에 소장 중인 서울 마포구 신수동에 있었던 복개당의 유물인 〈세조도〉와 〈일월오봉도〉이다. 1978년 신수동에서 도로공사

---

33) 조자용, 『韓虎의 美術』(에밀레미술관, 1974), p. 142.

34) 이호재의 증언에 의하면 한창때 조자용은 100여점의 까치호랑이를 소장하고 있었다.

를 하면서 마을을 지키는 신으로 세조를 모셔오던 복개당을 철거했다. 당시 무속에 관련된 모든 것을 미신이라며 천시하던 분위기 탓에 복개당이 없어진다는 사실이나 그곳에 있던 유물에 대해 어느 누구도 관심을 갖지 않았다. 이때 조자용은 복개당 건물자재를 현장에서 수습했고, 복개당 현판과 현판 형식의 중수기 2점, 그리고 〈세조 일월오봉도〉·〈제석천도〉·〈삼존불도〉·〈일월칠성도〉 각 1점씩, 〈신선도〉, 〈선동도〉 등 여러 벽화를 수습했다. 이 유물은 속리산 에밀레박물관에 보관되다가 1998년 국립민속박물관으로 일괄 옮겨졌다.[35]

　복개당은 세조를 모신 사당으로 일 년에 세 차례, 즉 봄·여름·가을에 마을 전체가 참여해 동제를 지낸 곳이다. 이곳 동제의 특징은 유교식 제사로 진행했다는 점인데 유교를 국시로 삼은 조선시대의 분위기 탓일 것이다. 복개당이 없어진 1970년대 말까지 제사를 지냈는지에 관해서는 조사가 없어 현재로서는 정확하게 알 수가 없다. 그러나 복개당이 없어질 당시 복개당의 회화류 유물을 수습할 때 참여했던 사람들의 말에 의하면, 복개당의 내부가 청결하게 유지되고 인적이 있었다 하니, 마을주민들이 단체로 또는 개인적으로 이 당집을 드나들며 기도를 드렸으리라는 추측은 가능하다.

　국립민속박물관에 전시된 〈세조 일월오봉도〉는 〈세조도〉와 〈일월오봉도〉로 이루어져 있다. 〈세조도〉는 중앙에 붉은 곤룡포를 입은 세조가 강한 눈빛으로 위엄을 보이고 있고, 왕을 보좌하는 녹포와 청포를 입은 신하가 세조보다는 작은 모습으로 배치되었다. 전체적으로 오방색을 고루 사용했고 신하의 흐트러진 모습에서 민화적 요소가 보인다. 그러나 〈세조도〉는 양쪽 옆을 장식하고 있는 〈일월오봉도〉 때문에 왕의 권위를 갖추고 있다.[36]

───

35)　양종성, 「복개당의 내력과 서울무속」, 『생활문물연구』 26 (국립민속박물관, 2010)

36)　정병모, 『민화 가장 대중적인 가장 한국적인』 (돌베개, 2012), pp. 316~317.

복개당 세조 일월오봉도(1978 조자용 보존, 국립민속박물관 소장)

　　조자용은 〈세조도〉를 소장하면서 세조와 인연이 있는 선조에 대해 다음과 같은 이야기를 남겼다. 밀양 출신인 조홍기(趙洪紀)는 금성대군(錦城大君)의 거사에 가담하기 위해 두 아들과 함께 순흥으로 갔다. 당시금성대군은 1456년(세조 2) 성삼문·박팽년 등 사육신의 단종 복위운동이 실패하자, 이에 연루되어 경상도 순흥으로 유배되었다. 이곳에서 금성대군은 부사 이보흠(李甫欽)과 함께 고을 군사와 향리를 모으고 도내의 사족(士族)들에게 격문을 돌려 의병을 일으켜 단종 복위를 계획했으나 실패해 반역죄로 참형 당했다. 이때 조홍기는 화를 피하기 위해 황해도 황주군 도재면이란 산골에 정착하게 되었고 본향을 바꾸어 조의숭(趙義崇)이라는 이름으로 살았다. 그 후손이 바로 조자용이다. 조자용은만일 금성대군이 뜻을 이루었다면 자신은 태어나지 못했을 것이라며 정

이품송 옆에서 〈세조도〉를 모시고 있는 묘한 인연을 밝혔다.[37]

　　이상으로 조자용이 여러 곳에서 밝힌 에밀레박물관의 대표 소장품을 살펴보았다. 이것은 조자용이 어떤 점에 중점을 두고 민화를 수집하고 연구했는지 그 의미를 어느 정도 짐작할 수 있게 한다. 〈금강전도〉를 중심으로 하는 금강산 그림에서 한국회화에서만 볼 수 있는 독창적인 화풍을 확인했고 그림의 표현감각이 시대를 뛰어넘는 현대적이라는 사실도 밝혀졌다. 이처럼 한국미술의 원형은 결코 중국문화나 불교문화의 영향에 의해서만 형성된 것이 아니라 외래문화의 영향을 받기 전 한국미술의 원형이 분명히 존재하고 있는 것이다. 봉우리 하나하나를 생물체로 표현한 금강산 그림은 무생물체에도 영혼이 있다고 믿는 애니미즘과 샤머니즘이 바탕이 되어 민족 고유의 신앙세계가 확실히 전해지고 있다.

　　또한 그가 소중히 여긴 호랑이 그림에는 산신도를 통해 전해져 오는 토속신앙과 회화양식의 흐름을 담고 있다. 구월산에서 산신이 된 단군을 산신도의 산신과 동일한 것으로 본다는 것이다. 조자용은 〈산신도〉에 신라의 솔거가 그렸다는 단군초상화의 양식이 전해지고 있는 것은 아닐까라는 가설과 호랑이는 까치호랑이의 모습으로 이어진다고 말하는 점은 특히 주목해 봐야 할 부분이다. 산신 숭배는 호랑이가 산신 그 자체이거나 전령으로 여겼다. 그래서 조자용은 호랑이가 등장하는 그림은 모두 신앙적 의미를 지니고 있다고 본 것이다. 호렵도에서도 담배피우는 호랑이를 등장시키기도 하고 가죽무늬만으로도 신령한 힘을 가진다고 생각해 호피도를 그리기도 했다. 이처럼 호랑이는 한국인의 삶속에서 경외와 두려움으로 함께 했다.

　　지금까지 조자용의 대표적 소장품을 분석해 거기에 담긴 성격을 분석

---

37)　조자용, 『삼신사의 밤』(삼신학회프레스, 1996), pp. 83~84.

해 보았다. 다음으로 그의 소장품은 아니지만 민화연구에서 중요한 의미를 갖는 〈담배 피는 호랑이〉 벽화와 〈호렵도〉를 추가해 살펴보고자 한다. 왜냐하면 이 그림에는 그가 주장하는 우리민족의 해학성과 민중들의 배짱과 기개가 풍자적으로 잘 표현되어 있기 때문이다.

(10) 〈담배 피우는 호랑이〉 벽화

조자용은 호랑이가 담배를 피우고 있는 모습이 민화의 표현 중에서 가장 대중적이고 설화적이면서도 한국인의 멋과 생명력을 잘 표현하고 있다고 보았다.[38] 그는 수원 용주사에서 이 벽화를 발견하고 만세를 불렀다. 토끼가 긴 담뱃대를 호랑이에게 바치고 있는 민화야 말로 우리 민족의 해학성을 가장 잘 보여주고 있다는 것이다. 그는 수많은 호랑이 그림 중에서도 특히 파격적이고 한국적인 것이 담배 피우는 호랑이라고 생각했다. 비슷한 시기에 발견된 담배 피우는 호랑이는 다음과 같다.

당시 호랑이가 담배 피우는 벽화가 발견되자 이것을 보려는 사람들이 몰려들었다. 그러자 용주사에서는 이 벽화를 지워버리고 말았다. 사찰에 민화가 그려진 것이 자랑스럽지 못하다는 이유 때문이었다. 그러나 이런 그림들은 불교 속에 살아남아 있는 민간신앙의 중요한 증거임이 틀림없다. 민간신앙이란 우리 민족의 바탕에 깔린 민족의 고유문화, 즉 민문화가 아닌가. 불교와는 전혀 상관없는 벽사사상으로 호랑이가 사찰에 그려진 것은 불교와 토속신앙의 관계를 잘 보여주는 것이고 민화가 실생활 가까운 곳에서 사용되었다는 뜻이다.

담배 피우는 호랑이 벽화에 등장하는 호랑이는 백호다. 남양주 봉선사 산신각 외벽에도 백호가 그려져 있는데 이때 배경으로 구름을 그려넣어 신의 모습으로 표현되었다. 이는 사찰 내 호랑이 그림이 단순한 맹수로서가 아니라 벽사의 의미와 함께 불법을 지키는 수호신을 의미하

---

38) 조자용, 『비나이다비나이다』, (삼신학회프레스, 1996), pp. 244~246.

수원 용주사 담배 피우는 호랑이 벽화(사진, 1970)

고 있다.[39]

　사찰의 벽화에 그려지는 호랑이는 황호랑이, 까치호랑이, 담배 피우는 호랑이, 나무에 매달려 벌 받는 호랑이 등 여러 모습으로 나타나는데 담배 피우는 호랑이의 모습은 매우 특이하다. 백호는 민간신앙에서 청룡, 주작, 현무와 함께 사신으로 신격화되어 서쪽을 지킨다. 그리고 호랑이 그림은 출입문이나 벽장문, 중문 위에 삼재소멸을 뜻하는 부적으로 붙이기도 했다.[40] 할머니가 손자에게 "옛날 옛적에 호랑이가 담배 피우던 시절에……."라고 시작하면서 들려준 재미있는 옛날이야기가 그림으로 남아 후손들에게 즐거움을 준다면 그림의 가치로서 이보다 더 좋은 것은 없을 것이다. 거기다 담배 피우는 호랑이 그림을 보면서, 한국 사람이라면 누구나 한국 고유의 유머와 해학을 자연스럽게 느낄 수 있다는 점이 이 그림이 가진 최고의 매력이 아닐까.

(11) 〈호렵도〉, 8폭 병풍 중 일부, 종이에 채색, 40×62㎝

　1974년, 수원 용주사에서 호랑이 담배 피우는 그림을 발견하고 6년

---

39)　윤열수, 『신화속 상상동물 열전』(한국문화재보호재단, 2010), p. 133.

40)　윤열수, 「사찰벽화 속 민화」, 『영월국제박물관 포럼』(2013), pp. 169~170.

수원 용주사(龍珠寺) 벽화, 조자용 발견, 60cm×270cm

수원 세마대(洗馬臺) 벽화, 조자용 발견

수원 석벽(石壁) 벽화, 손도심 발견

서울 화계사(華溪寺) 벽화, 신동욱 발견

서울 경국사(慶國寺) 벽화, 조자용 발견

화장사 벽화, 김두식 발견

의정부(議政府) 벽화, 앤더슨 발견

박종한(朴鐘漢) 소장 호렵도(胡獵圖)

조자용(趙子龍) 소장 호렵도(胡獵圖)

조자용(趙子龍) 소장 민화

이 지난 어느 날 조자용은 호랑이 담배 피우는 〈호렵도(胡獵圖)〉를 만났다.[41] 당시 그는 〈호렵도〉를 오랑캐들이 사냥하는 그림으로 해석했지만 최근에 이것은 청나라 사람들이 수렵을 하는 그림으로 밝혀졌고,[42] 민화의 전형적인 화제로 그려져 생각보다 많은 자료들이 남아 있다. 사실 호렵도는 청나라에서 기록화로 제작되었다. 우리나라에서는 궁중에서 감계용으로 청나라에 대한 경계심을 늦추지 않으려는 의도와 그들의 전술을 파악하기 위한 군사적 방편으로 그려지기 시작했다. 이후 민간에서는 장식용과 벽사용으로 사용되었다.[43]

민화 호렵도 중에서 큰 작품은 병풍으로 남아있다. 이 〈호렵도〉도 병

---

41) 조자용, 『The Humour of Korean Tiger』(에밀레박물관, 1970), p. 3.

42) 이상국, 「한국 민화 호렵도에 나타난 서수에 대한 연구」(한국민화학회, 2011) p. 88.

43) 이상국, 『조선 후기 호렵도 연구』(경주대학교 문화재학과 박사학위논문, 2012), pp. 28~56.

〈호렵도〉 8폭 병풍(부분), 종이에 채색,40×62㎝, 진주대아박물관

풍으로 꾸며져 있고 앞 부분에 토끼가 호랑이에게 담배를 바치는 그림이 그려져 있는데 현재 독일의 개인이 소장하고 있다. 사진은 그 작품의 일부분이다. 〈호렵도〉는 청나라 군사와 일행들의 사냥장면이 중심으로 구성되어 있다.[44] 그런데 여기서 특이하게도 사냥을 나온 사람들 앞에 담배 피우는 호랑이와 토끼가 한가롭게 놀고 있는 장면이 나온다. 이것은 마치 호랑이와 토끼가 사냥을 두려워하는 것이 아니라 사냥을 나온 청나라 군사들이 이들의 평화로운 모습을 바라보고 있는 것처럼 보인다.

조자용은 이 〈호렵도〉에서 일제강점기와 한국전쟁으로 인한 폐허를 극복하고 정신적으로나 경제적인 어려움에서 벗어나면서 자신감을 되찾은 우리 민족의 해학과 기개를 이야기하고 싶었다. 오랑캐들을 조롱할 수 있는 우리 민중들의 대담한 용기의 표현으로 해석하면서 말이다.

존 카터 코벨도 이 담배피우는 〈호렵도〉에 대해 다음과 같이 이야기하고 있다.

──── 좀 더 넓고 세계적인 의미에서는 아마도 호랑이는 한반도를 끊임없이 침략했던 거대한 이웃나라를 나타내고 호랑이를 만족시키려고 연신 담뱃대를 채우는 작은 토끼들은 사나운 몽골인을 만족시키기 위해 비단, 금, 혹은 처녀를 바친 한국인을 묘사했을지도 모른다. 여기서의 교훈은 토끼가 작은 덩치에도 불구하고 살아남았다는 것이다.[45]

---

44) 조자용, 「한국민화의 화제와 해설」, 『민화』(예경출판사, 1989), p. 290.

45) "On a wider, more global scale the tiger can represent the giant neighbor which kept invading the Korean peninsula, and the smaller bunnies who keep filling the tiger's pipe to keep him content, the Koreans who offered tribute of silks and gold, or maidens, to satiate the ferocious Mongols. The moral of the story is that the rabbits survived, in spite of their small size." Jon carter covell, 「Korea's Tiger Looks Youthful, Cheerful, Not Harmful at all」(Morning calm, 1985), p. 11.

코벨은 이 그림을 보면서 한국인들이 시대적 어려움을 특유의 해학과 풍자로 풀어내면서 많은 외침에도 불구하고 역사를 이어가는 끈질긴 생명력을 표현하고 있다고 해석했다. 역사적으로 많은 어려움을 겪은 탓인지 우리 민족의 삶을 한(恨)과의 끝없는 동행이라는 의견이 자주 언급되었다.[46] 한은 마음속에 억압된 정서이고 우리의 콤플렉스이긴 하지만 변화를 가능하게 하는 삭임의 기능이란 표현을 한다.[47]

그러나 조자용은 호랑이 민화를 통해 우리의 민족성이 결코 한에만 얽매인 것이 아니라 '해학과 풍자를 통해 흥이 넘치는 신명'에 있다는 주장을 한다. 그림을 그린 작가의 마음속에는 결코 한의 얽매임은 보이지 않는다. 그래서 조자용은 〈호렵도〉를 그린 민화작가에게서 참된 삶의 멋이 느껴진다고 말한다. 그림 그리는 일을 천하게 여기고 '쟁이'라고 불러도 그림 속에서 웃음을 창조한 사람들이라는 것이다. 가장 한국적인 정서로 그려진 민화가 우리에게 기쁨을 준다. 이런 사실들로 미루어볼 때 민화야말로 가장 한국적인 그림이다. 무서운 오랑캐 앞에서 여유롭게 담배 피우는 호랑이 모습은 어려움 속에서도 결코 꺾이지 않는 우리 민족의 기개를 말하고 있는 것이다. 조자용은 이런 사실들로 인해 우리 민족의 참된 멋이 높은 대궐이나 법당 속에 있는 것이 아니라 서민들의 짚신 밑에 있는 것이 아닐까 생각하게 되었다.

그는 담배피우는 〈호렵도〉의 의미를 권력자와 민중을 비유해 해석하기도 했다. 1970년대의 시대상을 돌아보면 서슬이 퍼렇던 군사정권시절에 호랑이와 토끼를 권력자와 민중으로 비교했으니 그가 민화를 통해 말하고 싶었던 것이 그저 그림이 주는 미학 때문만은 아니었을 것이다. 민화에는 민중들이 말하고 싶었던 그 시대의 풍자스토리가 담겨져 있다. 우리가 평화를 사랑하고 풍자를 즐기며 해학과 흥이 넘치는 민족

46) 정현기, 『恨과 삶』(솔 출판사, 1994), p. 272.

47) 천이두, 『한의 구조 연구』(문학과 지성), pp. 99~100.v

임이 나타나 있고, 또한 동심과 신심이 가득해 성실한 삶의 자세와 여유로운 심성을 지닌 민종임이 표현되었을 것이다. 어려움 속에서 슬픔에 빠져 한이나 이야기하는 민족이 아니라, 어떠한 상황에서도 웃음을 잃지 않고 어린아이 같은 마음으로 진심을 다해 가족의 행복과 나라의 안녕을 기원하는 신명나는 국민이라는 것을 주장하고 있다.

민화의 대중화 : 조자용이 기획한 국내 민화 전시

_____ 한국 민화는 한국 문화에 접근할 수 있는 쉽고 매력적인 수단이 될 수 있다. 왜냐하면 민화는 생활화로서의 목적으로 전통적인 취향으로 모든 사람들이 참여해 일상의 생활을 그려낸 예술 작품들이기 때문이다.[48]

위의 인용문은 조자용이 1982년에 쓴 『행복의 수호자 Guardians of Happines』의 일부이다. 그는 민화라는 문을 통해 우리민족 문화의 우수함을 알리기 위한 초석을 마련하고자 민화라는 초등학교를 지나 결국은 한국미술이라는 대학으로 들어갈 수 있다는 표현을 함으로써 민화를 통해 우리 문화 전체를 이해할 수 있다고 믿었던 것이다.

민화와 관련한 강연과 글을 정리해 보면 다음과 같다. 1970년 여름에 동아 방송의 '0시에 만난사람' 프로에 출연한 것을 계기로 18회에 걸쳐 라디오 방송에 출연하여 우리 문화에 대해 강연했다. 9월에는 『소년 서울』에 연재를 맡아 「빛나는 조상의 얼」이라는 제목으로 일주일에 한 번

---

48) "Korean folk paintings may serve as easy and charming avenues through which to approach Korean culture, since they are popular works of art for practical use, produced for everyday life and by nation-wide participation with traditional taste." zozayong, 『GUARDIANS of HAPPINESS』(Emileh Museum, 1982), p. 5.

씩 전통문화에 관한 글을 썼다. 『샘터』에 「한국의 멋을 찾아서」, 『공간』에
는 「민화에 담긴 사상」을 실었다. 1971년에는 『시사 그래프』에 「이것이
한국의 민화다」를 12회 연재했다. 또한 유네스코에서는 「한국의 멋」에
대해 강연하는 등 에밀레박물관을 개관한 이후 우리 전통문화와 민화
를 알리기 위한 활발한 활동을 펼쳤다.[49]

조자용의 또 다른 주요활동은 민화의 대중화를 위한 전시회 개최였
다. 그가 기획한 전시들을 정리해 보면 그의 활동이 현재의 우리에게
어떤 영향을 주었는지 알 수 있을 것이다. 그의 민화 전시는 한국 민화
가 걸어 온 역사를 그대로 보여준다.

국내전시를 정리해보면 다음과 같다. 1968년 에밀레하우스(에밀레박
물관) 창립기념전에 처음으로 민화 12점이 등장했다. 도깨비기와를 위
주로 한 전시였지만 이때 전시된 민화의 종류를 살펴보면 다음과 같다.

산신도山神圖 2점	까치호랑이 2점
종규도鐘馗圖 3점	운룡도雲龍圖 2점
호피도虎皮圖 1점	맹호도猛虎圖 2점

에밀레박물관 창립전에 등장한 민화를 보면 그저 호랑이가 좋아 구
입했던 〈맹호도〉와 골동품상의 권유로 사게 된 〈운룡도〉, 그리고 그의
운명을 바꾸어놓은 〈까치호랑이〉가 포함되어 있는 것을 볼 수 있다. 이
것은 그가 민화를 수집하고 연구하게 된 출발점의 성격을 잘 보여준다.
이때 전시된 호랑이 민화가 조자용의 민화연구의 기초가 되었음은 두
말 할 나위가 없다. 까치호랑이와 산신도 호랑이의 연관성을 보게 되었
고, 그 산신도에서 우리 고유의 신앙을 깨닫게 된 시점이 되었다. 이것
은 그가 찾고자 했던 한국인의 정체성, 즉 뿌리를 말하고 있는 것이다.

---

49) 조자용, 『비나이다비나이다』, (삼신학회프레스, 1996), pp. 224~225.

김만희 민화전시회에서 왼쪽부터 허동화 맹인재 김만희 조자용 이강철(1978)

가나아트에서 열린 《산신전》에서 Dr. Frank Tedesco와 함께 (1998)

삼신사의 삼신도를 그린 송규태와 함께(1998)

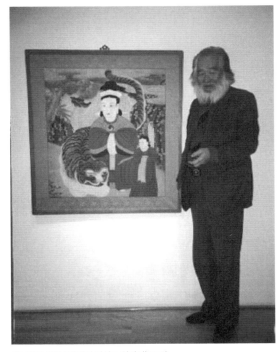

가나아트 《산신전》에서 산신도 앞에서(1998)

이후 1969년 미도파 화랑에서의《호랑이전》에 〈까치호랑이〉가 등장했는데, 이 전시의 제목으로 '민화'라는 말이 등장하지는 않았지만 당시 김기창의 전시평으로 보아 민화가 중심이 된 첫 전시였던 것으로 보인다.

1971년 8월에는《이조민화전시회》가 신세계 화랑에서 열려 최순우, 조자용, 김기창, 이경성, 이대원, 김철순 등 10여 명의 소장품 50점이 전시되었다. 이때 조자용은 병풍을 출품했고, 최순우, 김기창 등도 참여한 것을 미루어 보면 당시 문화계에서 민화에 대한 관심이 어느 정도였는지 짐작된다.[50]

1972년 4월에는 브리태니커사의 벤턴 홀에서 본격적인 민화전이 개최되었다. 이 전시로 인해 민화에 대한 관심이 새로운 국면을 맞이했다.[51] 인사동에서 그저 옛날 그림인 '양키무끼'로 불리며 외국인에게나 팔던 민화가 일반인에게도 관심 받는 한국전통 회화가 된 것이다. 한국경제가 어느 정도 회복되면서 우리 문화에 대해 뒤돌아볼 여유가 생긴 시점이기도 했지만 그림에 대한 조자용의 앞선 안목이 큰 역할을 했다고 본다. 1973년에 에밀레미술관을 확장하면서《한화 호랑전》이란 제목으로 평소 그가 미술사적으로 중요하게 생각했던 호랑이 민화전을 개최했다. 1974년에는《100마리 호랑전》을 열었는데 이때는 확실히 까치호랑이 민화가 주인공이었다. 1975년에는 토속신앙의 터전으로 여긴 금강산을 그린《금강산도전》을 미도파 화랑에서 개최했다. 금강산도는 종교화면서도 가장 한국적인 회화적 특성이 표현된 것으로 평가하면서

---

50) 동아일보 1971. 8. 13. 미술 전시회 기사 중에서.

51) 한창기(1936~1997)는 민화전시를 한 당시 한국브리태니커 회사의 대표이사였다. 그는 후에 월간 문화종합잡지 『뿌리깊은나무』, 월간 여성문화잡지 『샘이 깊은물』의 발행·편집인이 되었다. 그는 광주고등학교를 거쳐 1957년에 서울대학교 법과대학에 진학했다. 법조계로 가지 않은 그는 한국에서 영문판 『브리태니커 백과사전 Encyclopaedia Britannica』의 보급에 큰 성공을 거둠으로써 1968년에 한국브리태니커사가 탄생하는 데 결정적인 역할을 하였고, 1970년에 사장이 되었다. 당시 조자용과 한창기는 친분이 깊었고 뜻이 맞았다. 순천시에 한창기를 기념하는 시립 '뿌리깊은나무박물관'이 있다. 이것은 조자용기면 사업회에서 깊이 고려해 보아야 할 조자용을 위한 숙원사업의 본보기라는 생각이 든다.

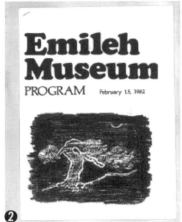

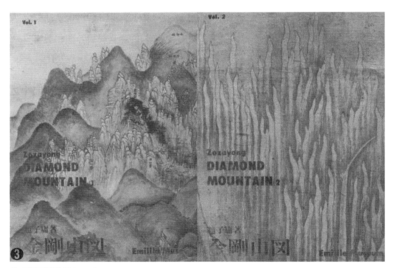

❶ 한국민화의 멋 (1972)
❷ 소나무의 멋 전시 팜플렛 (1982)
❸ 금강산도 1. 2집 (1975)

한국미술의 흐름을 볼 수 있다는 점을 강조한 전시였다. 같은 해에 국립중앙박물관에서《한국민예미술대전》이 개최되었는데 무명작가에 의한 민중예술의 의미로 '민예'라는 용어가 한국에서 처음 사용되어 한국 민예사에서 중요한 시점이 되었다. 그리고 제도권에서 열린 민예와 관련된 최초의 기획전이라는 점에서도 큰 의미가 있다 [52]

1977년에는 에밀레박물관 등 20여 곳의 소장품전이 여의도 KBS 중앙홀에서 열렸는데 지금도 마찬가지지만 방송국에서 전시가 열린 상황을 보면 당시 국내에서 민화의 회화적 위상이 그만큼 높아졌음을 짐작할 수 있다. 조자용 스스로 에밀레박물관이 1970년대가 전성기였다고 밝힌 적이 있는데 더불어 이 시기는 활발한 민화 연구와 전시, 그리고 민학회 활동과 한국민중박물관협회 활동 등으로 한국 문화계에 큰 발자취를 남긴 시절이기도 하다.

1982년부터는《한국 소나무의 멋》전시를 시작으로 속리산 분관에서 전시가 열리기 시작했다. 1983년에는 에밀레박물관이 속리산 정이품송 옆으로 완전히 옮겨져 문을 열었다. 이 해에 호암미술관 개관 1주년 기념으로《민화걸작전》이 개최되기도 했다. 『한국민화』 도록에 실린 이석영의 소장품이 대부분 호암미술관으로 옮겨 갔는데 이 작품들이《민화걸작전》전시의 주를 이루었고 더불어 운향미술관과 에밀레박물관 소장품들이 함께 전시되었다. [53] 조자용의 소장품 중에는 '호덕이'라고 이름 붙여진 까치호랑이등 걸작들이 포함되었다. 이때 조자용은 전

---

52) 이원복, 「우리 옛 채색화의 참모습―광채, 길고도 오랜 도도한 흐름」, 『吉祥』(가나아트, 2013), p. 27.

53) 『한국민화』 도록은 이석영의 작품을 김호연이 연구해 경미화랑에서 발간한 도록이다.

▲호랑이 민화전 (1984)
▶까치호랑이 명품전 도록 표지 (1986)

시도록에 논고 「세계 속의 한민화」를 남겼다.[54] 1984년 9월에는 KBS
가 기획한 《호랑이 민화전》이 잠실올림픽경기장 전시실에서 개최되
었다. 이 전시는 88 서울 올림픽의 마스코트인 호랑이를 주제로 하는
전시였는데, 국내전시 사상 처음으로 작품을 보험에 가입시킨 사례
로 유명하다.

---

54) 1980년대 말에 에밀레박물관에서 소장했던 민화도 호암미술관 등으로 옮겨졌다. 어떤 의
미로든지 아쉬움이 남는 부분이다. 그러나 조자용이 수집했던 민화가 비록 에밀레박물관이 아닌
다른 곳으로 옮겨졌다고 해도 민화가 가지는 가치는 변함이 없고, 외국이 아닌 국내 미술관에 소
장될 수 있었던 것이 그나마 다행이라는 생각이 든다.

이 전시는 까치호랑이의 주인공 '호덕이'가 88 서울 올림픽 마스코트가 된 것을 기념하는 전시였다. 이때 출품작은 고려대학교박물관 7점, 호암미술관 5점, 에밀레박물관 19점, 안백순 소장 3점, 진주대아고교박물관 1점이었는데 전시 작품들은 우리나라에서 최초로 공인 감정기관의 감정을 거쳤다. 이런 상황들은 조자용이 1972년《한국 민화의 멋》전시를 기획해 한국민화에 대한 한국인들의 인식을 바꾸어 놓은지 12년 만의 일이다. 1986년에는 신세계화랑에서 《까치호랑이 명품전》이 열렸다.

조자용은 1999년 대전 엑스포 전시장에서 마지막을 맞이할 때까지 민화전시를 멈추지 않았다. 그가 마지막으로 기획했던 엑스포 전시는 '왕 도깨비와 용, 그리고 호랑이'이라는 제목으로 특별히 어린이를 위한 것이었다. 그는 1999년 12월 대전엑스포 전시장이 크게 울리도록 "꿈에 그리던 1000평의 큰 전시장에서 전시를 완성시켰다."라고 소리치면서 기뻐했다. 넓은 전시장을 도깨비, 용, 호랑이, 거북, 봉황 등을 소재로 한 민화로 꾸며《어린이를 위한 왕도깨비, 용, 호랑이전》이라는 대규모 전시를 45일 동안 진행했다. 그는 이 전시를 거의 혼자 힘으로 준비하고 성사시켰다. 민화에 대한 편견과 그에 따른 오해 때문에 고독한 길을 걸어야 했던 그에게 자신의 민화 인생에 대한 보상으로 여겨졌는지 추운 겨울에도 전시장을 떠나지 않았다. 결국 무리한 탓인지 평생 열정을 기울인 전시장에서 쓰러졌다.[55] 행사 마무리를 10여 일 남긴 2000년 1월 29일 조자용은 그렇게 세상을 떠났다. 이렇듯 조자용은 인생의 마지막 순간까지도 민화와 함께 했다.

조자용이 기획한 국내 전시는 다음과 같다.

---

55) 윤열수, 「한국민화의 중시조, 조자용의 생애와 발자취」,『한국민화』 2호 (한국민화학회, 2012), p. 158.

표 1. 조자용의 국내 민화전시

연도	내용
1968.10.26.	창립기념전 《벽사의 미술》, 에밀레하우스(에밀레박물관) 개관함. 대지 1천 평에 건평 210평 규모였고 처음 개관 시에는 1·3층은 세주고 2층의 반은 살림집(숙직실)으로 씀. 2층의 반인 35평을 전시실로 개관함. 이때 기와와 함께 민화를 전시. 기와 100여 점과 민화 12점이 전시됨. 이때 민화자료 처음 등장함.
1971.8.10~15	《이조민화전시회》 신세계화랑 (동아일보 71.8.13) 최순우, 조자용, 김기창, 이경성, 이대원, 김철순씨 등 십여 명이 50점을 출품. 조자용 8폭병풍 출품.
1972.4.26~5.5	《한국민화의 멋》 『한국 민화의 멋』발간과 동시에 전시. 한국브리태니커사의 벤턴홀에서 본격적 민화전 열려 이때부터 민화에 대한 일반의 인식이 달라짐.
1973.4.	《한화 호랑전》 에밀레박물관 개관기념전 에밀레박물관 210평으로 늘어남.
1974.	《갑인년(호랑이띠) 호화전》, 에밀레박물관. 《100마리의 호랑이전》—까치호랑이가 대표. (1962년 신세계백화점 화랑에서 10여 점으로 호랑이전 때는 개인 소장의 정통화 중심이었음. 〈송하군호도〉 8폭 병풍이 대표적. 1969년 미도파에서 개최한 《호랑이그림》 전시 때는 민화라는 말을 쓰지는 않았지만 조자용이 보기에는 민화의 첫 전시였다고 함. (〈까치호랑이〉 등장함)
1974.2.9~2.15	광주상공회의소 브리태니커 주최, 《조자용 소장전》27점 (경향신문 1974.02.08)
1975.5.1.~5.6	《금강산도전(金剛山圖展)》, 미도파 화랑, 에밀레박물관 주최
1977.	《한국민화전》 여의도 KBS중앙홀, 에밀레박물관 등 20여 곳의 소장품 46점이 전시됨.
1980.2.18.~2.26	《민화리프린트전》 롯데쇼핑센터 5층 화랑.

1981.12.7~	《한국 소나무의 멋》, 충북 속리산 에밀레박물관 분관에서 소나무를 주제로 전통 민화전 열림. 〈노송도〉, 〈십장생병〉, 〈송호도〉, 〈송학도〉, 〈산신도〉 등 전시.
1982.5.1~	《행복의 수호신/한국 민화의 무교적 전통》 미국 순회전시 예정 기념전. 속리산 에밀레박물관 소장 민화전 개최와 아울러 박물관 뒤뜰에서는 민속놀이와 전통기능 보유자들의 기능시범. 냉면·지짐·떡·막걸리 무료 제공.
1984.9.29~10.14	KBS 기획 《호랑이 민화전》 — 호돌이 탄생 기념전. 잠실 올림픽경기장 전시실에서 88서울 올림픽의 마스코트로 선정된 호랑이를 주제로 전시 국내 미술품 전시사상 최초로 보험에도 가입. (고려대학교박물관 7점, 호암박물관 5점, 에밀레박물관 19점, 안백순 소장 3점, 진주대아고등학교박물관 소장1점 공인 감정기관의 감정을 거침.)
1986.1.21.~2.7	《까치호랑이 名品展》, 신세계화랑
1988.1.7.~1.15	가나아트스페이스, 《제1회 산신 호랑이전》
1999.2.4.~2.15	서울가나아트스페이스, 제2회 《신교(神敎)미술전—장수 도깨비전》
1999.	분당 AK프라자 백화점 갤러리, 《도깨비 전시》
2000.	대전 엑스포 전시장, 《왕도깨비, 용, 호랑이전》

　〈표 1〉에서 보는바와 같이 조자용의 민화 전시는 어려운 현실이었지만 우리 문화의 우수성과 정체성을 지키고자 한 노력이었다. 우리 민족의 생활 가까이에 있었던 민화에 한국인의 삶의 자취가 배어있는 것은 당연하다. 우리의 정신세계와 민족성이 담겨져 있다는 사실 또한 분명하다. 조자용은 그런 민화의 가치와 아름다움을 알리기 위해 책을 발간했고 강연을 했으며, 수많은 국내·외 전시를 기획하고 전개하는데 자신의 온힘을 바쳤다.

조자용이 민화전시를 한 동서문화센터의 제퍼슨홀 (사진, 2014)

하와이대학교에서 강의하는 조자용 (1976)

민화의 세계화 : 조자용이 기획한 국외 민화 전시

　한국 민화의 회화적 독창성과 우수함을 세계에 알리기 위한 조자용의 활동 중에 눈에 띄는 것은 미국과 일본 등 국외에서의 전시와 도록 발간이다. 한국민화가 처음으로 외국에 전시된 것은 1972년 일본 동경 화랑의 《이조기의 영정과 민중화》였다. 에밀레박물관의 소장품인 민화 9점과 일본인들이 소장하고 있던 초상화 12점이 전시되었다. 조자용은 이 전시 때문에 일본에게 한국민화 자료를 제공했다고 미술계로부터 불만의 소리를 듣기도 했다. 그런 까닭인지 그 후에는 단독으로 일본 전시를 기획하거나 진행한 적이 없다. 그때까지만 해도 한일관계가 감정의 골이 깊은 시절이라 문화관련 행사진행에서도 어려움이 있었던 것으로 보인다. 미국에서의 민화 전시는 1975년 11월 에밀레박물관의 민화 32점으로 하와이에서 시작되었다. 하와이 전시에는 그가 명품으로 인정한 〈청룡백호도〉와 〈십장생도〉는 해외전시 허가를 받지 못해 포함되지 않았다.[56]

　1976년 하와이 동서문화센터 소식지에 실린 개막식 사진을 보면 〈호피장막도〉와 〈문자도〉 병풍이 보인다. 그는 수송비가 없어 족자나 병풍에서 분리한 그림을 말아서 양철깡통에 넣어 갔다. 밤에는 그림을 잃어버릴까봐 침대 매트리스 밑에 깔고 잤다. 그림은 현장에서 직접 배접해 액자와 병풍 등으로 꾸며 전시했다.

　하와이대학 동서문화센터 제퍼슨홀에서 진행한 전시의 제목은《금강산에서 온 보물들 (Treasures from Diamond Mountain)》이다. 전시

---

56) "그 대작들은 까다롭게 따지자면 도화사들이 그린 궁화(宮畵)들이다. 정통화단에서 배척당하고 갈데없는 그 궁화들을 광의의 민화 개념을 가지고 안아주는 데까지는 좋았으나 구미 각국의 Folk painting이나 Peasant painting의 개념을 가지고는 도저히 납득할 수 없는 일이다. 결국 비교적 순수한 민화자료로 전시 품목이 선정되었지만 그것도 기존의 민화개념을 깨뜨렸다는 평을 받을 정도로 탁월한 작품이라는 점이 해외전시가 판정했다." 조자용 『비나이다 비나이다』(삼신학회프레스, 1996), p. 367.

장에 산신각을 마련해 〈산신도〉를 걸고 그 앞에 시루떡을 놓고 산신제를 지냈다. 이때 전시된 작품으로는 지금은 호암미술관에 있는 〈호피장막도〉, 〈문자도〉를 비롯해 〈금강산도〉·〈운룡도〉·〈산신도〉·〈연화도〉·〈까치호랑이〉 등 그가 아끼던 작품들로 구성되어 있다. 조자용은 한국민화를 국제적으로 널리 알리기 위한 자신을 스스로 '호랑이사절단'이라 칭하면서 남다른 열정과 추진력을 보였다.

하와이에서의 민화전시는 당시 많은 주목을 받았다. 한글의 로마자 표기법인 매큔―라이샤워 체계(McCune-Reischauer System)를 고안한 매큔. G. M의 부인도 전시회에 참석했다.[57] 그러나 전체적인 분위기는 하와이대학 학생들을 위주로 마련된 것이라 대중적이기보다는 학술적인 행사로 진행되었다. 이때 동양미술이 전공인 미술사학자 존 카터 코벨이 조자용을 적극적으로 도와주었다. 이것이 두 사람의 인연이다. 조자용은 미술대학 학생들에게 10회에 걸쳐 특강을 했다. 민화에 대한 학생들의 솔직한 화평은 그 동안 한국에서의 민화에 대한 편견을 극복하고자 고독하게 싸웠던 그에게 큰 힘과 용기를 주었다.[58] 그러나 예상치 못한 심장병이 발병해 갑작스럽게 한국으로 돌아와야만 했다. 어느 정도 회복한 조자용은 1977년에 미국 본토에서의 민화전시를 위해 한국을 떠났다.

---

57) 박찬석 전 경북대 총장 증언, 2014. 8. 13. 오후 6시~9시 대구 수박물관에서, 이경숙 관장 동석.

58) 조자용, 앞의 책, pp. 368~373.

캘리포니아 파사디나 민화전 개막식 때 기우제를 지내는 모습 (1977)

시애틀 민화전 개막식 때 산신제를 올리는 장면(1979)

캘리포니아 파사디나 (Pasadena) 아시아 박물관(Asia Museum)[59] 전시가 미국 본토에서 가진 최초의 한국민화 전시였다. 포스터에는 까치호랑이가 등장하고 있다. 이 호랑이는 1988년 서울 올림픽을 통해 세계 속에 가장 한국적인 이미지인 '호돌이'가 등장하게 된 배경이 되었다. 그는 전시 초대장에 자신을 'MR. HORAY ZOZAYONG'이라고 적었다. 1977년 5월 6일, 금요일 저녁 8시에 시작된 파사디나 전시의 개막식에서 '호래이 조자용'은 〈운룡도〉를 걸고 기우제를 지내면서 포도주를 바치며 용신에게 절을 올렸다. 가뭄이 들면 우리 조상들이 산을 찾아 기우제를 지냈던 모습을 재현했다. 당시 기우제를 준비하면서 얼마나 간절히 비를 원했는지 전시 전날 밤에는 잠을 이루지 못해 한밤중에 일어나 기도를 드리며 큰 부적을 만들었다.[60]

그렇게 기우제를 지내자 놀랍게도 예보에 없던 비가 쏟아져 미국 신문에 '한국 기우제(Korean Rainmakers)'에 대한 기사와 사진이 실렸고 국내 신문에도 났다.[61] LA타임지의 저명한 미술평론가 윌리암 윌슨(William Wilson, 1934~2013)은 전시장을 다녀간 후 다음과 같은 논

---

59) USC Pacific Asia Museum ; 1971년에 설립된 퍼시픽 아시아 박물관은 태평양과 동양의 미술만을 전문으로 다루는 미국 내 4대 박물관 중의 한 곳이며 캘리포니아주의 유일한 동양미술 박물관이다. 2007년 2월 비록 크지는 않지만 한국미술관이 문을 열어 민화, 도자기, 갓 등 모두 23점의 한국적인 특색이 잘 드러나는 미술품이 전시돼 있다. 이 전시물들은 모두 박물관 측이 직접 구입하거나 작가나 소장자로부터 기증받은 것들이다. 창립전시회에서는 한국의 예술을 한국의 역사와 연결하여 회화, 섬유, 도자기 및 기타 예술 형태의 기술을 소개하고 있다. 갤러리의 한 부분에는 불교, 유교와 샤머니즘에 따라 전시하고 있다. 또한 한국관에는 전통에서 얻은 영감을 그리는 한국 현대 작가들을 함께 보여주고 있어 한국 예술문화의 연결고리를 보여준다.
한국관 개관 배경에 대해서는 한국 미술에 대한 사람들의 인식이 달라지고 있기 때문이라며, 한국 문화재 소장자와 작가들의 기증이 큰 도움이 됐다고 한다. 아시아 박물관에서의 계속되는 민화의 전시는 1977년 이곳에서 민화전시를 성공적으로 개최하였던 조자용의 영향으로 보인다. 정대용, 「아시아태평양박물관에 한국관이 생겼다」, 한국일보, 2007. 3. 2.

60) 조자용, 앞의 책, p. 258.

61) 당시의 〈운룡도〉는 현재 가나아트의 이호재가 소장하고 있다. 왜냐하면 조자용이 이 〈운룡도〉를 다른 곳에 보내지 말고 꼭 이호재가 소유하기를 부탁했다고 한다. 이호재 가나아트 회장 증언, 2014. 10. 18. 오전 11시~오후1시, 평창동 가나아트 카페에서, 윤범모 동석.

▲파사디나 아시아박물관 민화전시 포스터(1977)
▶일본 동경에서 열린 "이조민화" 전시 도록(1979)

평을 했다.

_____ 민화라는 개념으로 본다면 너무나 뛰어난 그림들이다. 이것은
다른 나라의 명작들과 꼭 맞먹는 걸작들이다. 한국 사람들은 이런 명작
을 귀신 쫓기 위하여 대문짝에다 걸고 살았다[62]

이 논평으로 조자용은 10년 넘도록 갈망해 온 민화에 대한 정당한 평
가에 대한 기쁨을 잊을 수 없었다. 귀국 후 『경향신문』에 실린 글을 보
면 그의 마음이 잘 나타나 있다. 파사디나에서의 전시는 두 달 동안 진

---

62) 조자용, 「캘리포니아 기우제」, 『춤』 6월호, (1977).

행되었고 5천 명의 관람객이 성황을 이루었다. 그를 민화의 길로 인도했던 호덕이(호암미술관 소장, 피카소 호랑이)의 커다란 포스터는 3개월 이상의 기간 동안 파사디나 전시관 앞을 장식했다.

_____ 전시에 따른 뒷바라지가 힘들 때마다 '무엇 때문에 미국에서 한국민화 전시를 해야 하는가 더구나 일개 호사가에 불과한 한 시민인 내가……' 하는 반문이 되새겨지곤 했지만, 모든 승부는 중앙무대에서 결판이 나는 법이다.[63]

파사디나에서의 전시를 마치고 1977년 11월 말에는 뉴욕 브루클린박물관(Brooklyn Museum, New york)[64]에서 전시를 했다.[65]

1979년에 조자용은 다시 미국전시 길에 올랐다. 같은 시기에 일본에서도 민화 전시가 열렸는데 동경신문에서 주최하고 동경을 비롯한 일본 6개 도시를 순회했던 《이조민화전》이 바로 그 전시이다. 이때 그는 동경 오타큐(小田急, ODAKYU) 백화점 갤러리의 개막식에만 참여한 후 바로 미국으로 건너갔다. 일본 6개 도시를 순회한 이 전시에는 에밀레박물관의 소장품이 전체 전시작품의 30% 이상을 차지했다.

---

63) 조자용, 「로스앤젤레스 전시회 끝내고」

64) 브루클린뮤지엄(The Brooklyn Museum). 뉴욕에서 메트로폴리탄뮤지엄 다음으로 규모가 큰 박물관이다. 소장품의 수는 150만여 점을 보유하고 있다. 또한 이집트 유물 컬렉션에서는 세계 5대 박물관으로 꼽히고 미국 최초로 아프리카 유물을 박물관에 소장하기 시작했다. 1903년 아시안 갤러리를 처음 열었고, 한국미술품이 들어간 것은 동아시아부 큐레이터 스튜어트 큘린에 의해서다. 큘린은 1914년 한국을 방문, 미술품을 수집해 갔다. 한국 미술품은 이후 계속 늘어났고, 1974년 자그마한 한국실이 설치됐다. 4년 후엔 최초의 한국미술전 '조용한 아침의 나라: 브루클린뮤지엄의 한국미술품'이 열렸다. 2006년 뮤지엄은 '미 브루클린박물관 소장 한국문화재' 카탈로그를 발간했다. 소장 한국미술품은 14세기 아미타삼존도, 12세기 말 청자연꽃모양주전자, 장승업의 그림 '거위와 갈대', 임금이 착용한 것으로 추정되는 용봉문두정투구(龍鳳紋豆釘甲) 2점과 용봉문두정갑옷(龍鳳紋豆釘冑)이 눈에 띄고 이외에도 도자, 회화, .목공예, 금속공예 등 660여 점을 소장하고 있다.

65) 조자용, 「로스앤젤레스 전시회 끝내고」(경향신문, 1977. 8. 5.)

한국민화의 진면목을 보여 준 《이조민화전》은 지금도 여러 사람들에게 가장 사랑받고 있는 강담사의 『李朝の民畵』라는 도록이 나오게 된 계기를 만들었다. 전시가 열린 오타큐 백화점은 동경의 신주쿠(新宿, Shinjuku) 지하철역과 연결되어 있다. 지금도 최첨단 유행의 거리로 불리는 신주쿠의 갤러리에서 민화전시가 이루어진 것은 그만큼 당시 민화에 대한 관심이 높았다는 것을 말해 준다.[66]

1979년에 진행된 시애틀 민화전은 12월부터 다음해 3월까지 워싱턴대학교(University of Washington) 안에 있는 워싱턴주립박물관에서 《호랑이 정신 Spirit of the Tiger'》이란 제목의 전시였다. 파사디나의 개막을 기우제로 열었다면 시애틀 전시는 산신제로 진행되었다. 조자용은 박물관 지하에서 돼지머리를 직접 삶아 700여 명이 참석한 개막식을 준비했다.[67] 이처럼 그는 민화전시와 더불어 우리 전통문화를 보여주는 일에 주저하지 않았다. 우리 스스로가 자신감을 가질 때 우리 문화가 더욱 인정받을 수 있다는 사실을 그는 누구보다 잘 알고 있었다.

시애틀의 워싱턴 주립박물관에서 민화전시가 진행되고 있을 때 시애틀미술관(Seattle Art Museum, Washington)에서는 《한국미술 5000년전》이 열리고 있었다.[68] 마치 기획이나 한 것처럼 대조적인 전시가

---

66) 1979년 전시 때에는 백화점 11층에 그랜드미술관이 있었는데 2014년 8월 현재는 10층에 작은 화랑(美術畵廊)이 남아있을 뿐이었다.

67) 조자용, 『비나이다비나이다』(삼신학회프레스, 1996) pp. 386~387.

68) 1979년 5월 1일, 샌프란시스코 동양박물관에서 미국의 첫 "한국미술 5000년전"이 열렸다. 이 전시로 인하여 본격적인 한국문화를 서구에 알리는 시점이 되었다. 이때 국립박물관장은 최순우였다. 당시 선사시대 고분 출토 유물과 조선시대 회화를 중심으로 시대별로 한국문화를 대표할 수 있는 354점의 유물이 전시되었다. 샌프란시스코에서 5개월 동안 54만 7000여 관람객이 본 '한국미술 5000년전'은 이후 시애틀―시카고―클리블랜드―보스턴을 돌며 순회전시를 하였다. 특히 뉴욕 메트로폴리탄박물관 전시는 한국미술 특유의 독자성을 알리는 계기가 되었다. 천호선, 『내 생의 한 획 백남준』(눈빛, 2014), pp. 26~27.

진행된 것이다. 이런 이유 때문에 그는 4개월 동안 시애틀에 머물면서 매일 오후 한 시간씩 일반 시민들을 대상으로 우리 문화와 민화의 이해를 돕는 강의를 했다. 황해도 억양의 유창한 영어로 우리 문화를 미국인들에게 직접 알렸다.

1970년대 말까지만 해도 한국 문화는 중국이나 일본의 변방에 있는 보잘 것 없는 것으로 여겨지던 시절이었으니, 그가 세계의 중심인 미국에서 한국미술의 우수성을 알리기 위한 행사에 얼마나 심혈을 기울였을지는 충분히 짐작이 간다. 1980년 LA 라호야(La Jolla) 민예관의 《호랑이의 눈》 전시에서는 미국 민간 박물관의 운영에 관해 많은 것을 배웠다. 이 민예관은 가난한 시골 박물관의 표본이었다. 그러나 놀라운 기획력으로 지역민들의 모금과 소장품으로 순식간에 사상 최대의 행사를 치르는 것을 보고 놀라움을 금치 못했다.

_____ 이 민예관은 가난한 시골 박물관의 표본이었다. 이름만 민예관이지 소장품 한 점 없는 100평짜리 전시장에 지나지 않았다. 직원도 없었다. 이 지역 주민 중 자원 봉사하는 할머니들이 힘을 합해 움직이는 박물관이었다.[69]

라호야 민예관 전시는 그에게 여성회원을 중심으로 하는 여성박물관 운동이라는 박물관 운영 방식을 계획하는 계기가 되었다.

한편 조자용은 LA전시 기간 중에 3개월 동안 그곳에 머물면서 『이조의 민화(李朝の民畵)』에 실린 논고인 「이조민화개론」을 썼다. 이후 『이조의 민화』는 1982년 발간되었다.

1981년에는 오클랜드 시립박물관 전시가 갑자기 계획되어 70점의 민화를 전시하게 되었는데, 당시 에밀레박물관 학예연구원이었던 윤열수

69) 조자용, 『우리 문화의 모태를 찾아서』(안그라픽스, 2001) p. 266.

가 전시 준비에 합류했다. 전시장 안에 한옥을 짓기로 계획하고 조자용이 직접 설계한 도면을 박물관 학예사에게 넘기자 그들은 한국의 박물관장은 건축설계까지 할 수 있느냐며 놀랐다고 한다.[70] 오클랜드 전시에서 조자용은 학술행사를 병행했다. 전시기간 중 일주일에 한 번씩 교수들의 강의를 스케줄에 포함시켰다.[71] 당시 조자용의 지인인 유명대학 교수들로 이루어진 강사진들을 보면서 민화강의의 수준이 대단했다는 사실을 알 수 있다. 그가 기획한 민화의 해외 전시를 정리한 표는 다음과 같다.

조자용의 해외민화전시

연도	내용
1972.	《이조기의 영정과 민중화》, 일본 동경화랑에서 민화전. 에밀레 소장 민화 9점 일본소장 초상화 12점 합해 전시됨.
1976.2.	《금강산에서 온 보물들》, 하와이 제퍼슨 홀 전시, '호덕이'를 단장으로 한 민화 32점. 하와이대학교 교수인 존 카터 코벨 만남.
1977.	《한국민화전》, 미국 캘리포니아 파사디나 태평양아시아박물관.
1977.11.	뉴욕 브루클린 박물관 전시.
1979.11.23. ~1980.6.10.	《이조민화》, 이조민화 100여 점의 일본순회전 동경신문 주최. 일본 6개 도시(도쿄, 오사카, 나고야, 후쿠오카, 삿포로, 고베) 순회전시. 동경 신주쿠 오다큐데파트 그랜드화랑에서 시작하여 6개월간 전시. 국제문화협회와 하우스오브하우스저팬 주최.
1979.12.5. ~80.3.28.	《호랑이 정신 Spirit of the Tiger》, 워싱턴주 시애틀 민화전. 워싱턴 대학 안 주립박물관
1980. 4.11. ~5.9	LA 한국문화원 개원 기념 전시회.

---

70) 조자용, 앞의 책, pp. 398~403

71) 오클랜드 민화전시 중의 학술발표 내용. Barbara young, 「한국의 무당과 민예」, 버클리대학 Lewis Lancaster, 「한국사찰의 그림」, Michel Strickmann, 「유교풍속과 한국회화」, 부링검 영대학 Spencer Palmer, 「한국의 민간도공」, 조자용, 「민화와 민사상」, 학술발표의 결론은 청룡백호의 민간사상이 한국의 모든 종교 속에 공통적으로 담겨있다는 것이었다.

1980.6.28 ~10.25	《호랑이의 눈 The Eye of Tiger-Folk Arts of Korea》, LA 라호야 민예관. 강담사 청탁으로 3개월간 『이조의 민화』에 실린 「이조민화개론」 집필. 이때 조자용의 민화관이 집대성되었다.
1981.2.15. ~3.15.	《청룡백호 Blue Dragon White Tiger》, 오클랜드 시립박물관, 윤열수 합류하여 전시 준비. 전시장 안에 한옥 지음. 한인단체가 총동원되어 행사 진행. 전시와 학술강연회 동시 개최.
1982.	《행복의 수호신 Guardians of Happiness》, 한미수교 100주년 기념 문화행사로 미국순회 민화 전시를 정부에서 요청. 정부에서 비용 최초 지원. 5. 15 LA 행콕 공원 김금화 무당의 작두타기. 5. 18~7. 18 LA 민예관에서 한미수교 100주년기념사업추진위원회(위원장 김용식)과 미국 스미소니언 박물관 공동 주최.
1982.9.	라모나 민속 박물관 (Ramona Folk Art Museum), 《리프린트전》
1982.10.	워싱턴 메리디안 하우스(Meridian House) 전시.

〈표 2〉를 보면 조자용은 미국 전역의 박물관이나 미술관에서 민화를 전시하기 위해 얼마나 많은 노력을 기울였는지 알 수 있다. 한국이 중국이나 일본과 비교해 문화적으로 별다른 특징을 내세우지 못하고 있던 상황에서 세계인의 인식 속에 민화라는 독창적인 한국회화를 통해 한국문화를 알린 것이다. 민화에 표현된 한국적인 정서뿐만이 아니라 세계 어느 곳에서도 통할 수 있는 풍자, 해학, 추상성, 단순성 등이 표현된 그림임을 당당히 알렸다. 그것은 한국 전통회화의 아름다움을 통해 한국문화의 우수성을 밝힌 것이고 정체성 확립을 위한 노력이었다.

조자용의 해외 전시 활동에서 특히 주목되는 점은 단순히 전시회를 개최하는 것에만 그치지 않고, 기회 있을 때마다 강연을 진행해 한국문화에 대한 이해를 돕고 그 우수성을 널리 알리고자 한 것이다. 또한 전시와 강연은 물론이고 산신과 용신에게 제를 올리고 김금화 등의 무당으로 하여금 굿을 하고 작두를 타는 등의 퍼포먼스를 진행해 인정받지 못하고 있던 우리 민문화에 대한 세계인의 관심을 불러일으키는데 중요한 역할을 했다. 결과적으로 해외에서의 민화전시는 우리 문화를 세

❶ 오클랜드 시립박물관 전시장에 한옥을 짓고 있는 모습

❷ 한미수교 100주년 기념행사(1982)

❸ 한미수교 100주년 기념 행사 때 LA 행콕 공원
에서 김금화가 작두에 오른 모습 (1982)

계무대에 알릴 수 있는 계기가 되었고 우리 문화에 대한 자긍심을 회복하도록 도와주었다. 그는 무엇보다도 세계무대에 민화를 앞세워 우리 문화에 대한 인식전환을 기대했던 것이다. 그의 강한 신념은 그 꿈에 다가설 수 있도록 만들었다.

6

조자용의
'민화란 무엇인가?'

민예의 개념이 협의와 광의로 갈라지는 것처
럼 민화의 개념도 좁은 뜻의 민화와 넓은 뜻
의 민화로 나눌 수 있다는 것이 그의 생각이
다. 좁은 뜻의 민화관에서는 서민층을 민으로
생각하고 공예적인 치화, 즉 못난이 그림을
민화라고 인식하고 있는데, 이런 개념으로는
한국민화의 전체적인 모습을 결코 해석할 수
없다고 말하는 것이다. 넓은 의미의 민화관을
지향하면서 회화를 수수회화와 민수회화 두
갈래로 나누고 민수회화의 약칭으로 민화라는
용어를 사용할 것을 제안했다.

민화, 한국미술의 원형

조자용이 정의한 '민', '민예', '민화'의 개념과 범주

생활화로서 민화

6장

조자용의
'민화란 무엇인가?'

민화, 한국미술의 원형

민화는 한국인의 정신세계를 표현하고 있다. 이런 사실은 조자용이 민화의 사상적 배경에 관심을 갖게 된 배경이고 그 해석은 그의 깊은 통찰력에 의한 것이다. 이것은 민화가 가지고 있는 가장 한국적인 정서와 보편적 미의식을 깨달은 그의 심미안을 보여주는 것이고 한국인의 신앙세계와 추상성과 단순성, 그리고 해학과 풍자 등을 포함하는, 시대를 뛰어넘는 현대적 감각의 화풍에 대한 그의 앞선 한국미의 인식에 관한 이야기이다.

조자용은 넓은 의미의 민화관을 전개하면서 이것이 야나기 무네요시의 민예운동에 비해 혁신적 진일보한 문화관임을 주장했다. 그는 회화관 혁명에 의해 민주적 문화 창조의 시금석이 될 수 있다는 신념을 가지고 있

The humour of Korean Tiger 표지 (1970)

었다.[1] 그의 민화연구는 한국회화의 원형을 탐구하는 과정이었고 한국 회화의 고유성을 지키는 일이었다.

_____ 한국 고유의 멋의 그림을 우리들은 어떤 곳에서 찾을 것인가? 두말할 것 없이 그것은 중국 화보를 앞에 놓고 본뜨기 하는 한자의 세계에서가 아니라, 한자도 모르고 중국을 숭배할 줄도 모르는 한국 말 세계에서 찾아야 한다.[2]

연구가 진행됨에 따라 민화는 점차 학문적으로 정립되었고 현장에

1) 趙子庸,「李朝民畵槪論」『李朝の 民畵』(講談社, 1982), p. 243.

2) 조자용,『한국민화의 멋』(브리태니커, 1972), p. 2.

서 몸으로 직접 경험한 생생한 결과를 보여주었다. 그의 연구는 한국미술의 원류를 연구하는 바탕이 되었고 기층문화를 통해 흐르고 있는 우리 정신세계의 본질을 찾는 기초를 마련했다. 최초의 민화관련 책은 영문판 『한국 호랑이의 해학』이다. 그리고 자신의 민화관을 처음 밝힌 저서는 『한국 민화의 멋』이며, 그 외에도 많은 저술활동을 통해 민화관을 전개해 나갔다. 조자용은 1970년 국제 PEN 대회 때 *The Humour of Korean Tiger*(한국 호랑이의 해학)에서 'Korean folk painting(한국 민화)'이라는 용어를 언급했다. 사실 민화(民畵)라는 용어는 1929년 야나기 무네요시(柳宗悅, 1889~1961)가 처음 사용했다. 그는 1957년 일본의 『민예』지에서 한국민화에 대해 격찬했지만 당시 한국 내에서는 민화 이야기를 들어볼 수가 없었다.[3] 그 후 시간이 지나 인사동 골동품가게에서는 외국인들이 좋아한다고 Yangki Muki(양키무끼)[4]라고 불렀다.

1969년 조자용은 에밀레하우스의 개관전을 마치고 월남 출장길에 동경에 들러 일본민예관에서 『민예』지 두 권을 가지고 돌아왔다. 이 책 내용 중 야나기가 쓴 「조선의 민화」에 "한국인은 스스로 한국 민화에 대한 연구를 하지 않는다."라는 글을 읽고 부끄러움을 느끼고 민화에 대한 글을 쓰기로 결심했다.[5]

_____ 유감스럽게도 조선 사람 중에서 이 분야에 대한 연구를 한 사람이 없고, 따라서 문헌도 없으며 정리된 한 권의 책조차 발행되지 않았

---

3) 조자용, 「한민화 서론」, 『민화』상권(예경출판사, 1989), p. 246.

4) Zozayong, 『The Humor of the Korean Tiger』(Emillle Museum, 1970) p. 11.
In the antique street of Seoul these paintings have been called YANGKI MUKI, meaning Yankee taste. It is Yankees, not Koreans, who discovered the value of Korean Magpie tiger."

5) 조자용, 앞의 책, p. 246.

다는 것이 현실정이다. 게다가 수집가는 전무하다는 생각이 든다.[6]

  월남 출장에서 돌아와 그는 까치호랑이를 중심으로 호랑이 민화에 관한 책을 쓰기 시작했다. 그것이 *The Humour of Korean Tiger*(1970, 44세)이다. 이 책에서 조자용은 까치호랑이를 설명하면서 Korean folk painting(한국민화)라는 용어를 사용했다.

_____ 지금 한국에서 볼 수 있는 대부분의 호랑이 그림들은, 1945년 이후 그림을 가지고 귀국했던 미군들에 의해 붙여진 매력적인 이름인, 흔히 까치호랑이로 불리는 한국민화의 범주에 속한다.[7]

  「한국 민화의 주제와 정신」에서 김철순은 "조자용은 한국민화에 관해 제일 먼저, 가장 많은 글을 썼고 여러 가지 책을 펴냈다."라고 썼다. 조자용이 누구보다 앞서 민화를 본격적으로 수집했고, 국내외 전시, 세미나, 강연 등을 통해 민화를 끊임없이 알렸음을 밝히고 있는 것이다. 김철순은 오늘날 한국 민화가 국내외에 널리 소개되고 수많은 사람의 사랑을 받게 된 가장 큰 힘은 조자용의 전 생애를 바친 헌신적인 노력의 결과라고 말한다.[8]
  민화와 함께 한 조자용의 업적을 살펴볼 수 있는 자료는 당연히 연

---

6) 야나기 무네요시, 『조선과 그 예술』(신구, 2006), p. 321. "只殘念なことに、朝鮮の 國民 自身にも、このを研究した人がなく、從つて文獻がなく、況んやまとまつた 一冊の書物も 刊行されてゐないのが實狀であゐ。 まして蒐集 家は 皆無だと思へゐ。" 柳宗悅, 「朝鮮 の民畫」, 『柳宗悅 全集』第6卷(筑摩書房, 1981), pp. 514~515.

7) "Most of the tiger paintings we find in Korea today fall under the Korean folk painting of so-called magpie tiger, the charming name given by the American soldiers who have been taken them home since 1945." Zozayong, 『The Humour of Korean Tiger』 (Emille Museum, 1970), p. 11.

8) 김철순, 「한국민화의 주제와 정신」,『민화』하권(예경산업사, 1989), p. 244.

구결과물인 저술들일 것이다. 약 40여 종의 책을 출판했는데 단행본을 비롯한 전시도록과 전시안내 리플릿, 그리고 영어와 일본어 번역본 등으로 여러 면에서 앞선 행보를 보였다. 6장에서는 조자용의 민화 관련 저술을 중심으로 분석해 보고 그가 추구한 민화론이 무엇이었는지 알아볼 것이다.

조자용은 1960년대, 그의 나이 사십 무렵부터 민화 수집과 연구에 전념해 여러 권의 저서를 출판했다. 또한 다수의 잡지에도 민화에 관한 글을 연재해 일반 대중의 관심을 끌기도 했다.
조자용의 민화연구 및 활동의 초기 모습을 아래 표와 같이 정리해 보았다.

표 3. 조자용의 한국민화 연구와 활동의 자취 비교[9]

연도	내용
1960.	우리나라에서 민화(옛그림) 수집 열기가 일기 시작.
1961.	권옥연, 김기창 민화(옛그림)의 미에 주목.
1965.	조자용 용, 호도 한 쌍의 민화 수집.
1967.	조자용 인사동에서 까치호랑이 수집.
1968.	에밀레하우스 개관전에 민화 12점 전시 산신도 2점, 까치호랑이 2점, 종규도 3점, 운룡도 2점, 호피도 1점, 맹호도 2점.
1969.	조자용 일본 민예관에 들러 『민예』지에 썼던 야나기의 한국 민화에 관한 글을 읽고 부끄러움 느끼고 민화에 관한 책을 써야겠다고 결심함.
1969. 4.	신세계화랑의 "호랑이전"에서 민화라는 말은 나오지 않았지만, 까치호랑이가 중심이었고 화평으로 미루어 조자용은 최초의 민화전이라고 보았음. 조자용, 최순우 등이 소장품을 출품함.
1970. 6.	조자용 Humor of the Korean Tiger 영문판 발행. 이 책에서 까치호랑이 민화를 설명하면서 공식적으로 Korean folk painting(한국 민화)라는 용어 최초 사용.
1971.	조자용 『한얼의 미술』에서 까치호랑이 등 민화 소개.

---

9) 김호연의 「한국민화탐색의 자취」 표를 참고함. 김호연, 『한국의 민화』(열화당, 1976), p. 18.

1971. 7.	조자용 월간지 시사에 「이것이 한국의 민화다」 연재 시작. 1년 동안 12회 연재함.
1971. 8. 10 ~8. 15.	"이조민화전시회" 신세계화랑(동아일보 71.8.13. 전시 소식). 최순우, 조자용, 김기창, 김철순 등 십여 명이 50점 출품.
1972. 4. 26 ~5. 5.	조자용 4월에 『한국 민화의 멋』 발간. 한국브리태니커회사의 벤턴홀에서 본격적 민화전시 개최. 이 때부터 민화에 대한 일반인 인식이 달라짐.
1972.	4월 김호연 신수회 세미나에서 민화를 해설. 5월 김호연 한국일보 「이조의 민화」 연재. 8월 김호연 「속·이것이 한국의 민화다」 연재 시작.
1972.	일본 동경 화랑 "이조기의 영정과 민중화" 전시회

〈표 3〉을 보면 조자용의 민화연구와 활동은 누구보다 앞서 있다. 그가 민화에 본격적으로 관심을 가진 시기는 1960년대 중반, 즉 그의 나이 40대 중반이다. 아래의 〈표 4〉에서 나타나는 바와 같이 조자용이 40대 중반기부터 집필한 책은 까치호랑이 민화를 비롯한 금강산도, 팔상도 등에 관한 것이다.

조자용의 저술 가운데 『한얼의 미술』과 『한국 민화의 멋』은 그가 40대 중반에 쓴 책으로, 20대 후반부터 가졌던 전통문화에 대한 생각을 정리한 것이다. 이 책들은 모두 1970년대 초에 출판되었지만 그 내용은 조자용이 민문화에 관심을 기울였던 1960~70년대의 열정적인 연구와 답사의 결과가 담겨 있다. 당시 학계에서 민문화와 민화를 대상으로 한 연구가 전혀 이루어지지 않았음은 물론이고 거의 관심이 없었던 상황에서 연구된 최초의 저술이었다는 점에서 특히 주목할 만하다.

다음으로 눈여겨 볼 책은 조자용이 민화의 세계에 들어갈 수 있는 계기가 되었고 민화가 무엇이고 민문화가 무엇인가를 일깨워 준 위대한 스승인 까치호랑이에 대한 저술, *The Humour of Korean tiger*, 『한화호랑도』, 『한호의 미술』등이 있다. 그리고 금강산도와 석가팔상도를 다룬 책으로 『금강산도』와 『석가팔상도』가 있다.

석가팔상도 에밀레 박물관 (1975)

Introduction to

KOREAN FOLK PAINTING

Zozayong

Emillle Museum

▲Introduction To Korean Folk Painting
에밀레박물관(1976)

GUARDIANS OF HAPPINESS
Shamanistic Tradition in Korean Folk Painting

Zozayong

Emileh Museum

▶행복의 수호신 에밀레 박물관 (1982)

조자용이 1970년에서 1975년까지 출판한 저서들을 살펴보면, 주로 까치호랑이, 금강산, 도깨비, 산신령, 거북 등 민화에 등장하는 소재를 중심으로 연구한 것을 볼 수 있다. 그러나 1976년에서 1989년 사이에 쓴 저서 및 논문에서는 이전에 비해 민화에 대한 종합적인 고찰이 이루어지고 있다. 〈표 4〉에서 보는 바와 같이, 1976년에서 1989년 사이의 저술은 모두 5편이며, 이들은 조자용의 민화론을 살필 수 있는 중요한 자료라고 할 수 있다. 따라서 이 글을 중심으로 살펴보면 조자용이 생각하는 민화의 개념, 민화의 분류, 민화의 범주 등 그의 민화에 대한 입장을 총체적으로 알 수 있을 것이다.

표 4. 조자용의 민화 관련 저서 및 논고

책이름	출판사	발행연도	내용
The Humour of Korean tiger	Emille Museum	1970	호랑이 그림과 함께 관련된 민담과 설화를 정리하고 우리 민족의 풍자와 해학성을 강조.
Spirit of the Korean Tiger	Emille Museum	1970	조자용은 17년간의 유적답사를 통해 조사한 자료로 우리 민족의 정신이 깃든 미술을 정리하여 거북·호랑이·도깨비·장수의 미술을 설명.
한얼의 미술	에밀레미술관	1971	한민족의 독창적인 문화를 호랑이문화, 도깨비문화, 거북이문화, 수탉문화 등으로 특성을 정리.
한국 민화의 멋	브리태니커	1972	조자용의 민화에 대한 개념이 정리. 특히 '민'의 개념을 정립하고, 민화를 상징성으로 분류.
한화 호랑도	에밀레미술관	1973	호랑이 그림을 유형별로 분류하여 소개. 호랑이그림이 한국화 개념정리의 바탕이 되어야 함을 강조.
한호의 미술	에밀레미술관	1974	호랑이 미술은 우리 민족의 문화와 토속신앙의 원형이 잘 나타나고 있음을 밝힘.

韓虎の美術	에밀레미술관	1974	한호의 미술의 일본판으로 일본에서 판매.
석가팔상도	에밀레미술관	1975	석가의 일생을 8폭으로 그린 그림을 통해 우리 민족의 독창적인 회화인 한국화의 맥을 발견. 민중의 믿음은 반드시 조형 미술로 표현되었기 때문에 그 맥은 반드시 이어진다고 봄.
The Life of Buddha	Emille Museum	1975	석가팔상도의 영문판.
금강산도(上, 下) Diamond Moutain(1,2)	에밀레미술관 Emille Museum	1975	금강산 그림에는 신교의 신맥과 미술의 예맥이 일치하고 있음을 증명함. 금강산도를 통해 동양의 다른 나라와 비교하여 한국화라고 부를 그림이라고 확신함. 금강산도는 종교의식을 담은 그림으로 추상적이고 환상적인 화풍으로 표현되었음을 밝힘.
Introduction to Korean Folk painting	에밀레미술관	1976	국내외에 소장된 대표적인 민화를 소개하면서 민화에 대한 전체적인 개념을 정리하여 국내외에 알림. 민화론을 종합적으로 해설한 영문판.
「민화란 무엇인가」 『민화』	온양민속박물관	1981	민화의 개념과 생활화로서의 민화를 설명.
「이조민화개론」, 『李朝の 民畫』	강담사	1982	민화론을 총괄적으로 정리. 민화의 개념과 특징, 한국화 속의 민화, 생활화로서 민화 등을 폭넓은 내용으로 정리.
「세계 속의 한민화」, 『한국민화 걸작선』	호암미술관	1983	해외 전시를 통하여 확신한 민화에 관한 생각을 명쾌하게 종합적으로 정리.
「한민화 서론」, 『민화』(上, 下)	예경출판사	1989	『민화』라는 도록을 내면서 20여 년 간의 민화연구와 활동을 총괄적으로 정리.

조자용이 정의한 '민', '민예', '민화'의 개념과 범주

조자용이 본격적으로 민화를 수집하고 연구에 집중한 1970–1980년
대는 서서히 민화에 대한 학계의 관심이 시작되었고 민화 관련 자료도

새롭게 등장한 시기다. 그래서인지 민화의 개념에 대한 논쟁이 학계와 미술 현장에서 활발하게 이루어졌다. 이러한 상황에서 조자용은 민화의 개념을 정리하기 위해 먼저 '민예'란 무엇인지 그 전반적인 개념을 다루어야 하고, '민예'의 개념을 다루기 위해서는 또 한 걸음 앞서서 '민(民)' 자체의 개념과 범주를 확실히 해야 한다고 주장한다. 왜냐하면 '민화' 또는 '민예'에 대한 해석의 차이는 근본적으로 '민'에 대한 개념의 차이에서 생기기 때문이다.[10]

조자용은 좁은 의미의 민화관과 넓은 의미의 민화관에 따라 '민'과 '민예'의 개념이나 범주가 다르다고 보았다. 즉, 좁은 의미의 민화관에서는 '민'을 정치 · 사회적 구조에서의 '민'을 뜻하며, 서민, 평민, 상민, 천민 또는 민중, 민간 등의 용어로 표현하는데, 주로 피지배층으로 해석한다. 따라서 좁은 의미의 민예관으로 보면 '민예'는 비귀족적이고 서민적인 '예(藝)'를 뜻한다는 것이다. 이런 좁은 의미의 민예관은 주로 일본의 민예운동에서 찾아볼 수 있는데, 이 경우 '민'은 사회제도상의 민중, 민간, 서민의 '민'이며, 민예는 민간 공예를 뜻하는 것으로 실용의 공예, 무명의 공예 등 하급 장인들의 작물이다. 이에 대해 조자용은 '이렇게 공예성을 기준으로 민예의 성격을 정할 경우, 그 자료 선택은 자연적으로 저열하고 저급한 공예품에 쏠리게 된다.'고 하면서 협의의 민예관의 한계를 지적했다.[11]

조자용은 '민'의 개념과 범주를 협의의 민화관에서 벗어나 광의의 민화관으로 분석해야한다고 주장한다. 그의 넓은 의미의 민화관으로 보는 '민'은 좁은 의미의 민화관의 개념과는 근본적으로 다르다. 여기서 '민'은 사회적 · 정치적으로 해석하는 것이 아니라 민성(民性), 속성(俗性), 또는 인간 본연의 자세를 말한다. 조자용은 넓은 관점에서 본 '민'

---

10)   조자용, 「민화란 무엇인가」, 『민화』, (온양민속박물관출판부, 1981), pp.125~127

11)   조자용, 앞의 글, p 126.

의 해석에 의해 민예를 순수예술(純粹藝術)에 상반된 개념인 '민수예술 (民粹藝術)'이라는 용어를 내세워 폭넓게 다루었다. 여기서 '민수예술'의 개념은 그가 '민화'를 어떻게 바라보고 해석했는지 알 수 있는 핵심 중의 핵심이다. 그는 '민수(民粹)'에는 궁중과 종교가 포함되며, '민수'의 '민'은 좁은 의미로 보는 사회구조상의 서민이나 평민이 아니라 넓은 의미로 보는 인간 본연의 민성과 속성으로 설명한다. 사회구조상의 특정 계층을 말하는 것이 아니라 사회구조를 넘어 인간 누구나에게 부여된 '민'을 뜻한다는 것이다. 따라서 예술도 그 대상물이 예술성을 강조하는지 실용성을 앞세웠는지를 따져서 그것이 순수예술인가 민수예술인가를 정의할 수 있다고 했다.

이와 같이 민예의 개념이 협의와 광의로 갈라지는 것처럼, 민화의 개념도 좁은 뜻의 민화와 넓은 뜻의 민화로 나눌 수 있다는 것이 그의 생각이다. 좁은 뜻의 민화관에서는 서민층을 '민'으로 생각하고 공예적인 치화(稚畫), 즉 '못난이 그림'을 민화라고 인식하고 있기 때문에 이런 개념으로는 한국민화의 전체 모습을 결코 해석할 수 없다고 말하는 것이다. 넓은 의미의 민화관을 지향하면서 회화를 '순수회화'와 '민수회화' 두 갈래로 나누고, '민수회화'의 약칭으로 '민화'라는 용어를 사용할 것을 제안했다. 순수회화(순화)가 감상을 주목적으로 그린 그림이라면, 민수회화(민화)는 실용성을 강조한 그림으로서, 세속적인 화제(畫題)로 민수사상을 표현하고, 민체(民體)화풍으로 그린 그림을 '민화'라고 부른 것이다.

생활화로서 민화

조자용은 「이조민화개론」(1982년)에서 한국회화를 순수회화(이론화)와 민수회화(실용화)로 분류했다. 또한 순수회화는 화풍에 따라 남화·북화·문인화·선화(禪畵)·원체화(院體畵) 등으로 나누고, 민수회화는 그림의 사용 목적에 따라 나누었다. 민수회화 중에서 생활화는 일상생활에 사용되는 그림이고, 기록화에는 지도·산도(山圖)·초상화·의식화(儀式畵)·역사화(歷史畵) 등이 포함된다. 종교의식에 사용되는 그림을 종교화로 규정하면서 그 안에는 불화·도화(道畵)·유화(儒畵)·무화(巫畵)가 있다고 했다. 여기서 그는 무신도를 무화로 분류해 회화로서의 격을 높였다. 그리고 명화(冥畵)는 분묘화·의식화·장구화로 나누었다. 조자용은 여기서 특히 생활화와 종교화에 큰 관심을 가졌다. 왜냐하면 생활화와 종교화에는 우리의 정신세계와 회화양식이 전해진다고 믿었기 때문이다. 조자용의 한화(韓畵) 분류는 사용 목적을 기준으로 했다. 그는 '생활화'가 특히 '민화'를 대표하고 있다고 생각해 생활화, 즉 민화를 '삶, 얼, 멋'의 그림으로 나누었다.[12] 그의 민화 분류에 대해 자세히 분석해 보기로 하겠다.

첫째, 생활화인 민화는 삶을 위한 그림으로 '쓰여 지는' 그림이다. 이것은 용(用)의 그림이라 불리기도 하고 실용화 또는 실화라고 하며, 민수 회화에 속한다. '삶의 그림' 민화의 예로는 호랑이 그림과 같이 새해 대문에 붙이는 세화를 들 수 있다. 또 다른 것은 장생축복의 수성노인도, 선녀도, 십장생도 등이 있고 귀신을 쫓는 의미로 호랑이, 해태, 개, 닭 그림 등 '초복벽사'의 민화가 있다. 이러한 연중행사 외에 가정의 크고 작은 행사에도 민화가 많이 쓰였는데 그 중에서 돌 잔치, 환갑잔치,

---

12) 조자용, 앞의 글, pp 128~132.

표 5. 조자용의 한국회화 분류표[13]

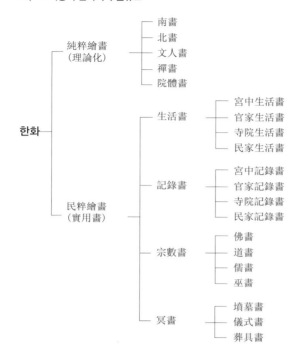

혼례식 같은 경사 때 부귀다남, 수복강녕 등을 기원하는 화조도, 장생도, 백자도, 노송도, 모란도가 성행했다.

　둘째, 민화는 '얼의 그림'으로 신앙적 상징을 나타내며 다른 말로는 '상징화(象徵畵)'이다. 이때 상징은 매우 세속적이라 순수회화의 문학적 또는 철학적인 상징과는 성격이 다르다. 여기서 '상징'은 범종교적인 '초복벽사'의 속제(俗題)로 꾸며진 것이다. 십장생도가 열 가지 장생물을 상징하고, 백록도가 흰 사슴이나 백 마리의 사슴을 뜻하고, 괴석모란도가 장생과 부귀를 상징하고, 약리도는 잉어가 승천하는 그림으로

13)　조자용,「韓民畵 序論」(예경산업사, 1989) p.271 표 인용; 조자용은 명화(冥畵)를 죽은 사람의 명복을 비는 그림으로, 고분의 벽화나 장례용품에 장식적인 그림을 가리킨다고 하였다. 분묘화(墳墓畵)의 분묘의 벽화는 고구려의 벽화가 대표적이다

어변성룡의 고사로서 출세와 득남을 나타내고, 석류도가 자손을 많이 낳는 것을 상징하는 등 속계의 소원을 가득 담았다. 결국 이것이 진화해 종교화로 진행되었을 것이다. 마지막으로 민화는 '멋의 그림'으로 이것은 민화가 지닌 화풍과 관련 있다. 즉, 생활화로서의 민화는 속된 화풍, 즉 '민체(民體)'로 그려진 것으로 정의했는데, 이때 '민체'는 단순한 공예미를 가진 치화가 아니라 순수회화 계통의 문인화나 원체화에 대응할 수 있는 높은 격조의 미술적 특색을 지닌 화체(畫體)라고 조자용은 평가했다.

조자용은 앞서 언급한 민체와 더불어 궁체(宮體)도 넓은 뜻으로 민화에 포함시켰다. 궁체는 도화서(圖畵署) 화원 양식의 그림이지만 이러한 궁체도 민수예술에 포함된다고 주장한다. 그의 해석에 따르면 십장생도, 해학반도도, 행락도 등 궁중장식화 계열의 그림들도 민수회화 중에서 궁체에 해당한다고 보았다. 이것 때문에 현대에 와서 궁중화와 민화에 대한 연구가 세분화되면서 작가들이 용어를 사용하는데 어려움을 겪고 있다.

조자용은 '멋의 그림' 민화를 매우 중요하게 여겼는데, 이것은 '멋'이 어떻게 표현되고 있느냐에 따라 회화의 예술성이 결정된다고 보았기 때문이다. 다음은 조자용이 정의 내린 '멋스런 그림'으로서의 민화다.

_____ 세속적인 '씀'과 상징의 그림이라 해서 과연 민화는 미술적인 가치가 없는 '촌 그림'인가? 어떤 형태의 예술도 우리나라에서는 '멋'의 드러남이 어떠한가에 따라서 그 예술성을 측정한다. '멋'을 내려면 독창성이 있고, 해학이 있고, 꾸밈새가 없는 자연성을 지녀야 하고, 여유가 있고, 부드러워야 하며, 솔직하고 소박하면서도 세련됨을 갖추어야 한다. 멋이라는 우리말은 외국어로는 적합하게 번역할 수가 없다. 멋을 구성하는 여러 가지의 요소를 우리말로 말해 볼 수 밖에 없다. 한민화 작품

이 한화다운 멋을 내려면 우선 그림이 '시원'해야 하고, '털털'해야 하고, 잘 '어울려야' 하고, '부드러워야' 하고 '장난기'가 깃들어 웃겨야 한다. 쓸모 있고 뜻이 있고 멋이 있는 그림이 한국 민화의 이상이요 쓸모 없고 얼빠지고 멋대가리 없는 그림은 우리 민화가 아니다.[14]

　민화의 아름다운 멋과 매력을 '시원', '털털', '어울림', '부드러움', '장난기' 등 다소 직관적이고 감성적인 용어로 표현했지만, 조자용이 민화를 어떤 시각으로 접근하고 있는지 단적으로 보여준다. '조자용다운 민화'가 무엇인지 분명히 보여주는 말이다. 민화야 말로 우리 민족의 참된 멋이 살아 있고 우리만의 독창적인 예술성이 담겨 있다.

---

14)　조자용, 앞의 글, p 132.

7

삼신사상과
'삼신사 민족문화수련장'

조자용은 삼신신앙을 연구하기 위해 민속삼신
의 유물인 장수바위나 할미돌을 찾았고 무속
삼신에서는 삼신제석의 탱화나 삼신할머니 그
림을 보면서 그 해답을 찾아나갔다. 이를 바
탕으로 환인, 환웅, 단군 삼신연구를 꾸준히
진행하면서 1986년에 민족문화수련장의 핵심
시설인 삼신사 기공식을 가졌다. 1990년 수련
장 전체를 개관했지만 삼신사 내부공사는 끝
내지 못했다. 삼신사 탱화로 봉안할 삼신사
상에 대한 문제를 아직 풀지 못했기 때문이었
다. 그러나 결국 시간이 지나면서 삼신의 이
미지를 구체화시킬 수 있었다.

7장

삼신사상과
'삼신사 민족문화수련장'

조자용의 '두 번째 점지 인생'

민문화에 존재하는 삼신의 존재를 발견한 조자용은 점차적으로 삼신
사상을 정립해 나갔다. 속리산 에밀레박물관에서 그는 마지막까지 우
리 문화의 본질로서 삼신사상(三神思想)에 몰두했다.

_____ 도깨비를 찾고, 호랑이를 찾고, 산신령을 찾고, 거북이를 찾으
면서 헤매는 과정에서 희미하게나마 내 생부모문화가 드러나기 시작했
다. 바로 별명으로 불러야 할 민문화(民文化) 속에서 내 민족문화의 모
태를 찾게 된 것이다. 이 책에는 내 젊은 가슴에, 그렇게 민문화관(民文
化觀)이 싹트고 굳어지기까지의 이야기가 담겨 있다. 민족문화의 모태
를 찾노라 쉼 없이 고적을 찾아다니고, 자료를 수집하고, 박물관을 세

속리산 에밀레박물관에서 어린이들과 함께

속리산 에밀레박물관

우고, 해외문화홍보에 나서고, 마침내는 삼신사(三神祠)를 세우고, 잃어버린 마을문화 보호운동을 일으키는 과정에서 일어난 해프닝을 한데 모았다. 양부모문화권을 탈출, 생부모문화를 찾아 헤맨 문화적 고아의 뼈저린 일기장이다.[1]

지금부터 이야기하는 내용은 조자용의 '두 번째 점지 인생'에 해당한다. 첫 번째 인생이 우리 민족문화의 모태를 찾기 위해 에밀레박물관, 민학회, 한국민중박물관협회 등의 활동으로 여러 가지 방안을 모색한 시기라면 두 번째 인생은 드디어 찾아 낸 해답을 젊은 지식인들에게 체험으로 깨닫게 만드는 일이었다. 그래서 우리 민족문화의 정체성을 지속적으로 이어가도록 노력한 실천의 시기였다고 할 수 있다. 특히 그는 앞으로 우리나라를 이끌어 나갈 어린이와 청년들에게 큰 관심을 기울였다.

_____ 『비나이다 비나이다 — 내 민족문화의 모태를 찾아서』는 (중략) 시간적으로 1947년(21세) 미국 유학길에 오르면서 1977년(51세) 병으로 쓰러질 때까지의 이야기가 주축이니 나로서는 이것이 첫 점지 인생이고, 이어서 출판한 『삼신사의 밤』은 다시 살아나서 삼신사를 세우고 내 민족문화의 모태를 알려주는 구체적인 움직임을 그린 후편이니 두 번째 점지 인생이다.[2]

조자용의 면모를 자세히 보기 위해서는 그의 인생 전반부만큼이나 후반부를 살펴보는 것이 중요하다. 왜냐하면 전통을 현대에 전승하기 위한 그의 노력이 구체적으로 나타난 시기이고, 한국문화 원류로서 삼

---

1) 조자용, 『우리 문화의 모태를 찾아서』(안그라픽스, 2001), pp.22-23.

2) 조자용, 위의 책, p.23.

신사상을 정립해 '삼신사 민족문화수련장'과 '복마을 운동'과 같은 활동을 했기 때문이다. 이번 장에서는 조자용의 『삼신민고』와 자신의 인생 후반부를 정리한 저서인 『삼신사의 밤』을 중심으로[3] 삼신사상을 바탕으로 하는 삼신사 민족문화수련장 운영과 복마을 운동 등을 살펴 조자용의 진정한 모습을 찾아보고자 한다.

에밀레박물관의 낙향과 민문화운동의 새로운 전개

조자용은 50대 때까지 1세대 미국유학파 건축가로 에밀레박물관을 개관하고 민학회와 한국민중박물관협회를 설립하는 등 민문화운동가로서 열정적으로 살았다. 그러나 하와이 민화전시 중에 몸을 아끼지 않은 탓인지 갑작스럽게 심장병이 발병해 병든 몸으로 한국으로 돌아와야만 했다. 건강을 위해 술과 담배를 끊고 에밀레박물관도 잠시 문을 닫아야 했다. 당시 상황에 대해 '박물관은 은행에 담보로 잡혀 있었고 그것을 되찾는 일이란 까마득한 일이다'라고 회고한 내용을 보면 건강상의 문제뿐만 아니라 경제적으로도 매우 어려웠음을 짐작할 수 있다. 1978년 겨울, 요양을 위해 전라남도 담양군으로 내려가게 되었다. 담양 소쇄원 근처의 초가집을 수리해 '대갈초당'이라 이름 짓고 일년 여 동안 지내면서 차츰 건강이 회복되었다. 이후 1980년부터 1981년에는 일본전시와 시애틀전시 때문에 미국에 잠시 다녀오기도 했지만 그때까지도 그의 건강 상태가 완전히 회복된 것은 아니었다.

---

3) 조자용의 '두 번째 점지 인생'에 해당하는 시기에 출판된 책으로는 『삼신민고』(1995), 『삼신사의 밤』(1996), 『장수바위』(1996) 등이 있다. 이중 『삼신사의 밤』은 조자용이 자신의 '두 번째 점지 인생'이라고 표현한 인생 후반기의 이야기를 에세이 형식으로 서술하고 있어, 조자용의 민문화운동가로서의 후반기 활동을 살펴보는 데 많은 도움이 된다.

진돗개와 함께(1983)　　　　　　　　　　속리산 에밀레박물관 장독대에서

_____ 서울을 떠나자. 모든 욕심을 버리고 산으로 가자. 아직 내 나이
가 5자가 달락달락 하고 있는데 어찌 모든 욕심이야 버리겠는가. 그것
은 거짓말이다. 서울에서나 가져야 할 욕심만을 냉정하게 잘라 버리고
더 높고 귀한 욕심을 가지고 산으로 들어가자. 그런 건방진 욕심을 못
가지더라도 그저 살아나기 위해서 산으로 가자. 산신령만은 나를 다시
살려주실 것이다.[4]

　해외전시를 성공적으로 마치고 돌아 왔지만 그의 건강은 여전히 좋
지 않고 경제적으로도 힘든 시간의 연속이었다. 해외전시의 재정을
혼자서 부담해 왔기 때문에 건축 일을 그만 둔 그로서는 별다른 방법이
없었다. 우선 모든 것을 정리해 서울을 떠나기로 결심했지만 오히려 민
문화 운동을 계속할 수 있는 새로운 박물관을 마련해야 한다는 '더 높
고 귀한 욕심'은 결코 잊지 않았다. 1981년 11월 말, 정 2품 소나무 옆
속리중학교의 빈 교실을 임대해 먼저 에밀레박물관 분관을 개관했고,
《한국 소나무의 멋》이라는 개관전도 열었다. 12월 6일부터 강추위가

4)　조자용, 『삼신사의 밤』, (삼신학회 프레스, 1996), p 36.

몰려와 일단 전시를 끝내고 작품을 정리해 다시 서울로 올라와야 했지만 이것이 속리산 에밀레박물관의 첫 걸음이었다.

1982년 5월 1일 속리산 분관이 정식으로 문을 열게 되면서 본격적으로 에밀레박물관의 낙향이 이루어지기 시작했다. 조자용은 분관을 개관하자 곧 《한미수교 100주년 기념전시회》기획을 맡게 되었고 미국 전시를 마치고 돌아와 분관 뒤쪽의 농지 1,000평과 농가 한 채를 구입했다. 속리산의 맑은 공기와 천왕봉에 반해 박물관을 완전히 이곳으로 옮기기로 결심한 것이다. 결국 1983년 이른 봄 서울 에밀레박물관 210평 건물과 1,000평의 대지를 건설 회사에 넘겼다. 조자용의 피와 땀과 열정으로 세워진 서울의 에밀레박물관은 그렇게 정리되고 말았지만 박물관 사업을 완전히 접은 것은 아니었다.

_____ 무엇보다도 은행의 빚을 깨끗하게 청산해 버렸으니 우선 마음이 홀가분해졌다. 다음에는 엄청난 세금을 바치고 나머지 돈으로 새로이 박물관을 세워야 한다는 또 하나의 과제가 눈앞에 와 닿았다. (중략) 이제는 남겨둔 미련 없이 완전한 낙향생활의 막을 열었다. 새로운 인생의 출발이다. 20평짜리 농가에서 그대로 살기 시작했다.[5]

건강과 경제적인 이유로 속리산에 마련한 에밀레박물관이었지만 이곳은 그의 인생 후반기 즉 '두 번째 점지 인생'이 펼쳐지는 특별한 공간이 되었다. 속리산 에밀레박물관 시대는 조자용이 꾸민 초가집 '민학정사'에서 본격적으로 열렸다. 새마을운동 때 지어진 전형적인 집을 초가집으로 다시 복원시키고 내부는 현대식으로 고쳐 생활하기에 편리하도록 만들어 가족들과 함께 생활한 것이다. 그렇게 만든 초가집에 '민학정사'라는 당호를 붙였다. 당호는 그 집의 주인이 궁극적으로 지향하는

5) 조자용, 앞의 책, p 161.

헌마을 운동 초가집 복원 (홍신자, 1983)

조자용과 석장승 (전북 정읍 칠보면 백암리, 1993)

바가 담겨있다는 점을 감안해 본다면 '민학정사'에서 조자용 자신이 추구한 이념의 방향을 분명히 읽을 수 있다.

_____ 옛날 에밀레박물관에서 민학운동을 발동시켰던 일이 그리워져서 새 초가집에 민학정사라는 이름을 지어주고 제2차 민학운동을 확대시키기로 결심했다.[6]

조자용은 속리산 박물관의 민학정사에서 1968년 서울 에밀레박물관을 처음 세울 때부터 시작해 1971년에 설립한 민학회 그리고 1976년 이후의 민중박물관운동으로 맥을 잇는 민문화운동을 계속 해나가는 것은 물론이고 나아가 이전보다 더욱 확대시킬 포부와 목표를 세우고 있었다.

'문화의 산 수련장'으로서의 박물관 캠프의 구상

_____ 불교문화니 유교문화니 하는 관념 위주의 생각을 떠나서 그런 외래문화를 받아드리고 발전시킬 수 있었던 예로부터의 우리 문화 바탕을 찾는 데 협동적인 노력을 하여 우리 밑뿌리에 깔린 바탕을 후손에게 물려주자.[7]

비록 서울에서 멀리 떨어진 속리산으로 낙향했지만 젊은 시절부터 추구했던 민문화 운동을 이곳에서 새롭게 펼칠 수 있다는 강한 확신을 느낄 수 있는 대목이다. 그렇게 탄생한 것이 '박물관 캠프'다. 이 캠프의 목

---

6) 조자용, 앞의 책, p 65.
7) 민학회편집부, 「醉決時代의 열마디 소리」, (『민학회보』10호, 1985), p.3.

속리산 에밀레 박물관의 장승앞에서 조자용

속리산 에밀레박물관 캠프에 참여한 사람들과 함께

속리산 에밀레박물관 장독대(사진, 2013)

조자용이 직접 그린 칠성, 삼신, 산신(속리산 대목리)

삼신석상 공사를 마치고(1995. 오른쪽 노승대)

적은 체험을 통해 우리의 전통문화를 후손들에게 계승하는 것이다

_____ 삶, 얼, 멋 3위의 융합으로 민문화가 태어난다고 역설해 왔으니 그렇게 되면 민문화의 산 수련장으로 탈바꿈할 수 있다고 직감하였으니 민문화가 민족문화로 직결되는 핵심적인 지점을 소유하게 된 셈이다. 며칠 동안 뚝딱뚝딱 겨우 사람이 잠잘 수 있을 정도로 손질해 보았다. 이러한 천연의 환경 덕분에 오랫동안 꿈꾸어 오던 박물관 캠프가 헌집 한 채로서 출범하게 된 것이다.[8]

조자용이 박물관 캠프를 구상한 1980년대 초까지만 해도 캠프란 의미가 텐트 치고, 낚시질하고, 매운탕 끓여 술이나 마시는 정도였기 때문에 대중들에게 에밀레박물관의 캠프를 인식시키는 일이 그렇게 쉬운 일은 아니었다. 이런 상황에서도 조자용은 '박물관에서 옛 것을 눈으로 구경할 수 있지만 몸으로 체험하고 가슴으로 느낄 수 있는 문화교육을 위해서는 문화현장에서의 전통문화 실천 캠프가 필요하다'는 생각을

8) 조자용, 앞의 책, p 86.

변함없이 추구해 나갔다.

박물관 캠프에 대한 계획은 그가 미국에서 유학하던 20대부터 구상했던 것이다. 밴더빌트 대학시절 '인디언 무사도의 수련'에 참가한 후 그는 언젠가 고국으로 돌아가 꼭 이런 캠프를 만들어보리라 다짐했다. '인디언 무사도 캠프'는 넓은 뜻에서 기독교적인 교육이념으로 운영되었지만, 캠핑 자체의 스타일은 미국 인디언의 무사도 정신을 본 따 진행되었다.

캠프의 지도자들은 모두 퇴직한 저명학자들이었고 캠프 참여자들은 주로 젊은 지식인들이었다. 이들이 민족의 전통을 잊지 않으려고 노력하는 점이 조자용에게는 특히 인상적이었다. 이 캠프의 수련방식은 '선수주의'가 아니라 '참여주의'에 우선을 두고 있었는데 이때의 참여정신은 조자용이 캠프를 실제 만들어 운영할 때 가장 먼저 내세운 슬로건이 되었다. 이처럼 젊은 시절 먼 이국땅에서 적극적으로 참여했던 인디언 무사도 수련장에서의 경험은 오랫동안 민문화운동가로서의 그의 삶에 강한 영향을 주었다.

_____ 산신각(언덕 위에 mountain shrine이라고 이름한 작은 사당이 있으니 이렇게 번역할 수밖에 없다.) 속에서 촛불을 켜놓고 마지막 기도를 드렸다. 졸업 연설에서 장차 집에 돌아가면 꼭 이러한 정신의 캠프를 세우겠다고 공공연하게 맹세했다. 40년이 지나서야 그 약속은 실현되었다.[9]

40년이 지난 후 그는 드디어 약속을 지켰다. 그러나 혼자서 쓸쓸히 춤추게 된 자신이 가엾다며 외로운 심경을 표현하기도 했다.[10] 쓸쓸함

9) 조자용, 『비나이다 비나이다』, (삼신학회 프레스, 1996), p 39.

10) 조자용, 『우리 문화의 모태를 찾아서』 (안그라픽스, 2001), p. 218.

이란 새로운 시대를 여는 선구자 본연의 모습일 것이다. 조자용은 스스로 기초만 닦고 간다고 했지만 그는 시대를 앞서 간 사람이다. 새 시대를 연다는 것은 큰 행운이고, 쓸쓸함이란 시대적 불운일 것이다. 1983년 시작된 에밀레박물관의 박물관 캠프는 민족의 전통문화나 혹은 정신을 강조하면서 누구나 참여할 수 있는 캠프라는 점을 중요하게 생각했다. 이런 점은 1990년 완성된 삼신사 민족문화수련장의 캠프에서도 마찬가지다.

지금부터는 그점에 대해 좀 더 자세히 들여다 보기로 하겠다. 조자용은 에밀레박물관을 속리산으로 옮겨 문화사업 기관으로서 박물관 캠프를 운영했다. 그는 시골 박물관에는 '도시의 박물관이 상상도 못할 일, 상식이 감히 짐작도 못할 일, 그런 어마어마한 문화사업이 도처에 깔려 있다.'는 점을 누구보다 잘 알고 있었다.[11]

속리산 에밀레박물관 첫 캠프는 1983년 5월 28일 덕성여대 학생들이 문을 열었다. 그때 캠프에 참여했던 학생이 쓴 답사 후기를 보면 에밀레박물관 캠프가 어떻게 진행되었는지 초기의 모습을 볼 수 있다.

_____ 더군다나 이곳 조자용 관장은 자연과 민화를 사랑하고, 천왕봉 여신을 사랑하는, 한국적 매력에 심취되어 있는 분으로, 그의 민화에 관한 뜻 깊은 철학을 통해 다시금 새로운 관점으로 민화를 인식하게 되는 좋은 기회가 되기도 하였다. (중략) 특히 '흥풀이'에 관한 이야기였다. 흥풀이는 중국 역사책 속에서 표현된 한국인의 특성(어려운 일이나 슬픈 일이 있어도 노래와 춤으로 달램) 중 신들리는 행동 양식으로 흥풀이에 관한 일반적인 지식이 없는 사람들이 자연히 흥이 터져 나오는 것이 흥풀이의 참맛이라고 설명하였다. 이런 대화가 오고가는 사이 마당 한편으로는 떡을 만들기 위해 불을 지펴 밥을 짓고, 또 한쪽에서는

---

11) 조자용, 앞의 책, p 87.

어린이들에게 석장승을 설명하는 모습

전통문화를 체험하는 어린이들과 함께

도깨비 춤을 추고 있는 조자용(1993)

도깨비탈을 쓴 어린이들과 함께

속리산 대목리 주민들과 함께(1995)

춤과 노래가 어우러지고, 막걸리판이 벌어지는가 하면 꽹가리, 북까지 등장하여 드디어 흥풀이가 벌어지고 있었다. 마을의 많은 사람들이 모여들어 떡치기를 도와 떡을 만들었고…[12]

답사 후기에 나타난 바와 같이 속리산 에밀레박물관의 캠프에서는 민족문화의 체험을 통해 우리민족의 정신과 문화를 기억하고 '어디에 있든지 뿌리를 잊지 말자'는 내용이 주요 핵심임을 알 수 있다. 이러한 '우리 문화의 산 수련장'으로서의 박물관 캠프는 해가 거듭할수록 프로그램도 다듬어지고 안정적으로 체계화되기 시작했는데 그 결과물로 '삼신사 민족문화수련장'이 완성되었다.

자기 장단에 춤추는 캠프, 삼신사 민족문화수련장

_____ 삼신사 수련장의 캠핑은 한마디로 말해서 '자기 장단에 춤추는' 전통적이면서도 현대적인 캠핑이다. 멋이 있고, 흥이 풀리고, 신바람에 휘말리고, 도깨비에게 홀리고, 삼신할머니 품속으로 돌아가는 화끈하고도 엄숙한 분위기 속에서 앞날의 지도자로서의 참된 길을 찾고, 민족문화의 주체성을 눈으로 보고, 귀로 듣고, 몸으로 체험하고, 가슴으로 느끼는 캠핑이다.[13]

위의 글은 조자용이 운영한 캠프 참여자들에게 전하는 「삼신사 수련장을 찾는 젊은 친구들에게」 중의 일부이다. 삼신사 민족문화수련장 캠프를 '자기 장단에 춤추는 전통적이면서도 현대적인 캠프'라고 소개하

---

12) 조자용, 앞의 책, p 89. 현귀숙, 「민화 속의 고장」, 「덕성여대신문」 1983년 6월 27일

13) 조자용, 「삼신사의 밤」 (삼신학회프레스, 1996), p 318.

고 있다. 또한 우리 전통 삶, 얼, 멋 등 민족문화의 주체성을 눈으로 보고, 귀로 듣고, 몸으로 체험하고, 가슴으로 느끼는 캠프로서 이런 경험을 통해 앞날의 지도자가 될 젊은 친구들이 참된 길을 찾을 수 있기 바란다고 밝히고 있다. 사회가 현대화되고 세계화될수록 우리 문화의 정체성이나 자긍심을 잃어버리기 쉽다. 그런 점에서 캠프를 통해 우리 고유의 민족문화를 직접 느끼고 체험하면서 우리 문화를 지키고 그와 함께 우리 민족문화의 장점을 우리 안에서만 그치는 것이 아니라 세계에 널리 알리고 세계 속에서 당당하게 '자기 장단'에 춤추자는 것이 그의 신념인 것이다. 조자용이 운영한 삼신사 민족문화수련장의 캠프 주요 프로그램은 다음과 같다. 캠프 프로그램 항목을 들여다보면 '삶의 수련장', '얼의 수련장', '멋의 수련장' 등 크게 3가지 목표에 중점을 두고 운영되었음을 알 수 있다.[14] 이것은 우리 문화가 삶, 얼, 멋으로 융합되어 있다는 그의 이론에 따른 것이다.

· 예비답사와 계획

· 살림살이 오리엔테이션

· 자립 캠핑을 위한 도깨비 내각

· 선비사상 실천의 본영

· 캠프 식사

· 그릇 닦기의 노악

· 수련장 렉처 투어

---

14) 평소 조자용은 '삶, 얼, 멋 3위의 융합으로 민문화가 태어난다'고 역설해왔다. 그렇게 되면 삼신사 수련장은 '민문화의 산 수련장'으로 기능하는 것이라 할 수 있는데, 이러한 캠프는 '민문화가 민족문화로 직결되는 핵심적인 지점' 같은 것이라고도 할 수 있다. 조자용, 앞의 책, p 86.

· 장승감상

· 잃어버린 *신교신단* — 신목, 신간, 신탑, 신장주의 네 가지 기본 신체로서 신교 본연의 신단이 구성된다.

· 신교문화 강좌

· 초정의 멋

· 원두막놀이

· 새벽 등산

· 환상의 흥풀이 — 분장놀이

· 막걸리

· 만신산 흥풀이

· 모닥불 맞이

· 신들린 한국인의 모습

· 마을돌이 —캠프장 구석구석을 돌면서 두드린다. 귀신을 물리치고 복을 받으라는 동제 전통에서 배운 놀이다. 몰래 숨어서 자는 놈, 혼을 내준다.

· 젊은 늙은이들

· 어린이들

· 이제, 세계가 우리 장단에 춤을 춘다.[15]

1. 삶의 수련장

먼저 '삶의 수련장'에 대해 살펴보자. 이것은 우리 문화 중에서 의 · 식 · 주와 같은 삶의 측면이 강조된 것이다. 이에 해당하는 구체적인 캠프 프로그램은 고깔집 놀이, 원시인 놀이, 떡치기, 국수 누르기, 순두부 만들기, 솥뚜껑 구이와 설거지 볶음 등을 들 수 있다.

---

15) 조자용, 앞의 책, pp 320~423

삼신사 민족문화
수련장에서 전통악기를
두드리는 어린이

속리산 대목리 주민들과
캠프 참여자들의 흥풀이기념

고깔집 재현(1984)

‘고깔집 놀이’는 초등학생들을 위한 프로그램인 ‘원시인 놀이’에서 시작되었다. ‘원시인 놀이’란 원시인들이 살았던 주거 공간을 실제로 만들어 보는 체험으로 낙엽송 원목과 칡넝쿨 그리고 옛 기와 등의 건축 재료로 학생들이 스스로 조립해 만드는 프로그램이다. 이 과정에 참여한 초등학생들이 ‘원시인이 살았던 집’을 ‘고깔집’이라고 재미있게 부르는 것을 보고 ‘고깔집 놀이’라는 이름이 탄생했다. 고깔집은 삼신사민족수련장에 현대식으로 만들어져 시설의 일부로 사용되기도 했다. 1987년 수련장을 건축할 때 10동의 고깔집 막사가 함께 지어졌던 것이다. 고깔집은 한옥으로 구성된 박물관 구조물에 포함되었는데 조자용은 고깔 구조의 구조물을 조립방식으로 혁신했다. 이때 고깔집 구조는 지붕과 벽체가 하나로 모이는 묘미가 있다. 고깔집 안의 구조가 둥근 형태로 되어 수련생들이 한 방에 모이기에 적절했다. 캠프 막사의 모양으로는 고깔집이 제격이었다.

‘삶의 수련장’에서 주목되는 또 다른 프로그램은 떡치기, 국수 누르기, 순두부 만들기, 솥뚜껑 구이와 설거지 볶음 등 ‘식문화(食文化)’와 관련된 것이다. 명절날이면 들리던 떡치는 소리가 이제 더 이상 들리지 않는다. 이런 멋진 우리 전통문화가 맥을 잇지 못하는 것이 안타까워 구상한 것이 바로 ‘떡치기’이다. 나무떡판을 만들고 마을 주민을 강사진으로 모셔 떡치기를 진행해 점차적으로 프로그램으로 잘 다듬었다. 떡치기 외에도 국수 누르기가 있었는데 이것 역시 조자용 자신이 어린 시절에 가장 흥겨웠던 고향에서의 잔치를 떠올려 착안한 것이다.

그리고 속리산 입구의 동네에서 명절이 되면 순두부를 만들어 나눠 먹는 것을 보고 시대가 변해도 서로 나누어 먹는 아름다운 풍습이 지켜지고 있다는 사실에 깊은 감명을 받았다. 그래서 순두부 만들기가 추가되어 동네 주민과 수련생들이 함께 하는 프로그램으로 정착되었다.

먹거리 프로그램 중에서 가장 눈에 띄는 것은 소박한 사람들의 ‘함께 모여 먹는 민문화'의 흔적을 새롭게 발전시킨 '솥뚜껑 구이와 설거지 볶음'이다.

_____ 이날 가르쳐 준 식사법도 그 노무자 일당에게 베풀어 주던 공동식사 방법이다. 막걸리 술상으로 시작하였다가 취기가 돌면 적당히 타이밍을 맞추어 밥상으로 전환시킨다. 이때는 솥뚜껑을 뒤집어 놓고 기름이 가운데 모이게 한다. 삼겹살 남은 것, 밥, 김치, 두부, 콩나물, 파, 상치, 마늘, 참기름 등 상 위에 남은 반찬을 몽땅 솥뚜껑 안에 설거지한 듯이 쏟아 놓고 볶는 식사법인데 이것이 천하일미의 설거지 볶음이라는 것이다. 이 식사 프로그램은 지금 가장 흥겨운 먹는 프로그램으로 수련회에서 절대적인 위치를 확보하고 있다. 50명이 식사를 끝냈을 때 한 줌 이상의 찌꺼기가 나오지 않을 정도로 찌꺼기 없애는 사회운동으로까지 발전하고 있다.[16)]

'솥뚜껑 구이와 설거지 볶음'이라는 재미난 음식메뉴는 공동식사라는 단순한 프로그램을 넘어 음식물 찌꺼기를 남기지 말자는 사회운동으로까지 전개될 수 있다는 점이 흥미롭다.

2. 얼의 수련장

삼신사 민족문화수련장 체험의 궁극적 목표는 '멋이 있고, 흥이 풀리고, 신바람에 휘말리고, 도깨비에게 홀리고, 삼신할머니 품속으로 돌아가는 화끈하고도 엄숙한 분위기 속에서 앞날의 지도자로서의 참된 길을 찾고, 민족문화의 주체성을 몸으로 체험하고, 가슴으로 느끼는 캠핑' 바로 그것이다. 이것은 우리 문화의 모태가 어디에 있는지, 우리 문

---

16) 조자용, 『삼신사의 밤』(삼신학회프레스, 1996), p 176.

화의 바탕에 깔린 정신과 얼이 무엇인지, 그리고 어떻게 하면 우수한 전통문화를 몸으로 체험하고 느낄 수 있는지에 대한 문화운동의 중심적인 내용이다. 그 중에 '얼의 수련장'은 정신적인 측면이 강조되어 수련장에서 가장 핵심적인 비중을 차지한다고 볼 수 있다.

속리산에 낙향한 지 4년 정도 지났을 때 그는 민족문화 모태로서 신교문화에 대한 공부를 정리해야 한다는 생각에 이르렀다.[17] 그러나 과연 어떤 구체적 자료로 이 작업을 시작할 것인가에 대해 처음에는 뚜렷한 계획을 세우지 못하고 방황했다. 그러나 그는 삼신에 대한 문제부터 해결해야겠다는 결론에 도달하고 또다시 공부를 위해 장기적인 계획에 돌입했다. 그 결과 이 문제를 보다 광범위한 문화적 범위 안에서 다루기 위해서는 '생명을 줄 수 있는 신이라면 마땅히 우주 만물을 창조하신 큰 신이 아닐까' 라는 생각에 이르게 되면서 여러 관점으로 검토해 '큰 신'을 찾아내는 것이 민족문화의 모태를 찾는 길임을 확실히 믿게 되었다.[18]

조자용은 삼신신앙을 연구하기 위해 민속삼신의 유물인 장수바위나 할미돌을 찾았고 무속삼신에서는 삼신제석의 탱화나 삼신할머니 그림을 보면서 그 해답을 찾아나갔다. 이를 바탕으로 '환인, 환웅, 단군' 삼신연구를 꾸준히 진행하면서 1986년에 민족문화수련장의 핵심 시설인 '삼신사' 기공식을 가졌다. 1990년 수련장 전체를 개관했지만 삼신사 내부공사는 끝내지 못했다. 왜냐하면 삼신사 탱화로 봉안할 삼신신상에 대한 문제를 아직까지 풀지 못했기 때문이었다. 그러나 결국 시간이 지나면서 삼신의 이미지를 구체화시킬 수 있게 되었다.

조자용은 민족문화의 모태를 삼신에서 찾아야겠다는 결론에 어느 정

---

17) 조자용은 '신교(神敎)'는 한민족의 조상신 숭배사상을 중심으로 한 민족 고유의 종교로 발전해 왔다고 보았다. 그래서 우리 민족문화의 모태는 이러한 신교에서 찾을 수 있다고 주장하였다. 조자용, 『삼신민고』, (가나아트, 1995), pp 304~503.

18) 조자용, 앞의 책, p 210.

부석사 조사당에서 젊은 스님과 함께(1962)

속리산 에밀레박물관 안의 삼신사(조자용, 부석사의 조사당을 그대로 본떠 건축, 1988)

속리산에밀레박물관, 삼신사 건축용 춘양목을 구할 때 , 신대구목재(1987)

수복장에서 삼신사를 설계하는 모습(1987)

삼신사 상량식을 드리는 장면(1988)

도 도달했지만 연구 당시에 삼신을 모신 삼신사가 흔적조차 남지 않았을 뿐만 아니라 기록도 없는 상황이었다.

다만 구월산에 '환인, 환웅, 환검' 삼신을 모신 삼성사가 있었다는 사실을 확인할 수 있는 정도였다. 이때 조자용은 민족 삼신을 모셨던 삼신사가 어느 순간 삼성사로 이름이 바뀌게 된 것은 아닐까하는 생각에 이르렀다. 그리고 삼신사는 국교가 불교로 바뀌면서 차츰 그 자취를 감추게 되었지만 불교 사찰 내에 자리 잡은 삼신각에서 삼신사의 흔적을 발견할 수 있을 것으로 믿었다. 삼신각이 사찰 안에 존재하면서 삼신과 칠성신앙을 끝까지 지켜 온 덕분에 우리 불교가 신불교[19]로서의 성격을 확립할 수 있었다는 것이다.

조자용은 민문화 속의 삼신을 칠성천신(七星天神), 산신지신(山神地神), 그리고 용왕인신(龍王人神)으로 결론 내리고 삼신의 성격과 모습을 아래와 같이 정리했다.[20]

———— 여기서 인신이라 함은 영신(靈神)을 뜻하는 신이며 물과 관계를 맺는 작은 뜻으로서의 용왕이 아니다. 이 삼신은 동방의 궁극 철학인 공간, 물질, 그리고 영이 신학으로 전화되어 공간신, 물질신, 영신의 삼신을 구성하는 것이다. 봉황새를 탄 칠성님, 호랑이를 탄 산신령님, 거북을 탄 용왕님으로 표현한다면 매우 민속적인 동시에 고차원의 철학이 뒷받침될 것이다. 삼신학회의 장수바위 탐구는 차차 이 삼신으로 굳어져가고 있다.[21]

———

19) 신교(神敎)를 흡수한 불교

20) 조자용은 우리 민족문화의 모태를 삼신사상이라 생각하고 이를 연구하기 위해 1987년에 삼신학회를 조직하고 연구성과를 정리해 1995년 『삼신민고』라는 저서를 발간했다. 조자용, 『삼신민고』, (가나아트, 1995), pp 11~15.

21) 조자용, 앞의 책, p 213.

충북 보은군의 조자용 묘소와 삼신상

삼신	천신	지신	인신
	칠성님	산신령님	용왕님
	공간신	물질신	영신
	봉황새를 타고 있음	호랑이를 타고 있음	거북을 타고 있음

　이렇듯 조자용은 우리 문화의 모태를 삼신사상에 두었고 삼신을 모신 삼신사를 세워 한국의 민족문화 정신을 체험할 수 있는 수련장 중심에 위치하도록 했다. 그가 젊은 시절 체험한 인디언 무사도 캠프에서 장차 미국을 이끌어갈 지식인들이 각자 다른 종교를 가졌다 하더라도 'Mountain Shrine(산신각)'이라는 민족 고유의 신을 모신 공간에서 다 함께 경건한 기도를 올린 것처럼 조자용 역시 우리 민족문화의 정신을 엄숙하게 체험할 수 있는 삼신사 민족문화수련장을 마련한 것이다.

　또한 삼신사에 신교문화를 복원하기 위한 '신교신단'을 구축하기로 했다. 왜냐하면 '신교는 한민족의 조상신 숭배사상을 중심으로 한민족 고유종교로 발전해 왔다'고 보았기 때문이다.

　여기서 신교문화를 부활을 위해 필요한 '신교신단'은 '신목', '신간', '신탑', '신장주' 등 4가지 기본 신체로 구성되어 있는데 구체적으로 장승, 동제당, 신탑, 솟대 등이 여기에 해당된다.[22]

---

22) 조자용, 『삼신민고』, (가나아트, 1995), pp 305~422

속리산 에밀레 박물관에서 유재봉의 장승제작

그런 이유 때문에 박물관 곳곳에 장승을 세우고 '잃어버린 신교신단 복구', '신교문화 강좌' 등 정신적인 활동이 강조된 캠프 프로그램을 중점적으로 운영한 것이다.

3. 멋의 수련장

'멋의 수련장'에서 또 하나 주목할 내용은 '흥풀이'이다. 흥풀이는 우리 문화의 바탕에 내재한 멋의 문화로 놀이문화에서 가장 기본이다. 중요한 놀이문화인 '흥풀이'는 오랜 세월을 거치면서 캠프의 주요 프로그램으로 발전되었다. 1978년 어느 날 『춤』이라는 잡지의 발행인인 조동화의 초청으로 「우리 다 같이 출 마당춤은 없을까」라는 주제의 좌담회에 참여했는데 이것이 계기가 되어 우리 전통노래와 춤에 관심을 갖게되었다. 옛 기록에 10월 상달 천제를 올리고 나서 밤새도록 술을 마시고 노래를 부르고 춤을 추었다고 나오는데 그런 전통이 끊어진 지 오래

되어 그 노래나 춤이 어떤 것이었는지 도저히 알아낼 도리가 없어 앞으로의 연구과제로 남기고 모임은 흩어지고 말았다. 그런데 1979년, 조자용이 전남 담양군의 대갈초당으로 내려가 그곳에서 우리 민문화, 즉 멋의 놀이문화에 깔려 있는 '흥풀이'에 대한 실마리를 잡게 되었다. 대갈초당을 마련하고 집들이를 하던 날 마당에서 동네사람들과 함께 한바탕 잔치를 치루었다. 이때 꽹과리를 두드리며 남녀노소 할 것 없이 다 함께 춤을 추며 새 집터의 구석구석을 밟아주었다. 따로 직업 놀이꾼을 부르지 않았는데도 제각각 악기를 두드리고 노래를 부르며 흥겹게 춤을 추는 것이었다. 구경꾼이 따로 있는 것이 아니고 오로지 무대뿐인 놀이판이 형성된 것이다. 마을어른 중에서 칡넝쿨을 캐러 다니는 할머니가 구경만 하고 있는 조자용에게 같이 춤을 추자고 권하자 그는 춤을 출 줄 모른다며 머뭇거리자 할머니가 "춤도 배워서 추나?" 하고 따끔한 일침을 가했다.

_____ 바로 민예의 극치는 춤 못 추는 사람이 자기도 모르게 신바람이 나서 도깨비춤을 출 수 있는 황홀한 경지에 있음을 깊이깊이 깨달았다. 그후 15년간 마을축제 부흥운동을 이끌어 오는 과정에서 칡넝쿨 할머니의 '춤을 배워서 추나'는 절대적 지침이 되었다.[23]
"영감님, 옛날에 1년에 한 번쯤 온 동네 사람들이 모여 밤새 술 마시고 춤추는 잔치 같은 것은 없었는지요?"
"있었지요. '흥풀이'란 것이 있었지요."
뭐 '흥풀이'? 살풀이도 아니고 화풀이도 아니고 '흥풀이'라, 바로 이거다. 흥을 풀어야 한다. 몸속에 꽉 막힌 흥을 화끈하게 풀어야 한다. 흔히들 스트레스가 쌓인다고 하는데, 그것이 아니라 흥이 막힌 것이다. 수 천 년 동안 내려오던 '흥풀이'가 끊어지면서 한국적 전통의 흥이 막

23) 조자용, 『삼신사의 밤』(삼신학회프레스, 1996), p. 223.

혀 버린 것이다. 깨달았으면 당장 실천에 옮기자.[24]

전남 담양의 시골마을에서 조자용은 '두 번째 점지 인생'이 전개되는 시점에 놀이적 측면에서 가장 중요한 요소인 '흥풀이'를 발견한 것이다. 우리 민문화의 전통적인 멋이 가득한 흥풀이는 박물관 및 삼신사 민족문화수련장 캠프에서는 물론이고 마을축제 부흥운동 및 복마을 운동, 나라 굿 재현 등에서 중요한 프로그램으로 자리잡아 나갔다.

——— 흥풀이는 민학의 길을 따르는 사람들에게 새로운 길을 환하게 비춰 주었다. 눈으로만 보던 박물관 환경을 몸으로 체험하고 가슴으로 느끼는 활기찬 흥풀이 마당으로 탈바꿈시켜야겠다는 엉뚱한 야망을 품고 실천해 나가도록 무서운 힘을 실어 주었다.[25]

흥풀이는 조자용에게 중대한 발견이었다. 제대로 된 전통문화 체험으로 이루어진 박물관 사업에 대한 실마리를 찾은 것이다. 1979년 9월 조자용은 지인들을 대갈초당으로 불러 '첫 번째 흥풀이'를 가졌고 1981년 8월 14일 서울 평창동의 산신각에서 '나라굿'을 올리면서 두 번째 흥풀이를 진행했다. 이후 1982년 5월 1일 세 번째 흥풀이가 속리산 에밀레박물관 분관에서 시도되어 회가 거듭될수록 제 모습을 갖춰나갔다.

——— 흥풀이가 제대로 성취된 것은 1990년 7월부터 시작된 삼신사 수련회부터이니까 대갈초당 흥풀이로부터 10년이 걸린 것이다. 시설 자체가 흥풀이 마당으로 꾸며지고 가면, 복장, 두드리 악기, 모닥불, 솥뚜껑 등이 충분하게 마련되고 보니 전문적인 놀이패의 도움이 필요 없

24) 조자용, 앞의 책, pp. 223~224.

25) 조자용, 『삼신사의 밤』 (삼신학회프레스, 1996), p. 226.

게 된 셈이다. 환경 자체가 자연히 흥을 풀게끔 되어 있다고 보아야 할 것이다. 10년이 걸려서 찾아낸 흥풀이 가락은 과연 무엇이냐. 다름 아닌 '덩더쿵' 가락이다. 한국 사람이라면 누구나 흥이 나는 가장 평범한 '덩더쿵'이 정답이었던 것이다. 이제 '덩더쿵'이 세계화될 것이 분명해졌다.[26]

조자용은 '흥풀이' 같은 전통적인 놀이와 덩더쿵 가락이 사라지는 현실에서 의상이나 가면을 깨끗이 갖추고, 두드리 악기도 준비하는 등 제대로 된 놀이마당을 펼친다면 '덩더쿵 흥풀이'가 현대사회는 물론 세계에서도 통용될 수 있는 놀이문화가 될 수 있다고 믿었다.

_____ 수련장에서 경험한 흥풀이 수련회는 쉽게 말해서 전통 난장판을 보살펴 준 것에 지나지 않는다. 난장이 신나게 이루어지도록 우선 긍정적인 자세를 취하고, 놀이마당 환경을 꾸며주고, 분장재료나 탈바가지를 마련해주고, 충분한 풍물을 공급해줄 뿐이다. 모닥불을 피워주고 막걸리를 부어주면서 분위기만 조성해주고 지켜볼 뿐이다.[27]

다음은 실제로 삼신사 민족문화수련장 흥풀이 프로그램에 참여한 후기이다. 이것을 보면 어떤 식으로 흥풀이가 진행되었는지 알 수 있다.

_____ 우리 병원 전 직원을 데리고 다시 찾았다. 나 혼자 즐기기엔 너무 아깝다는 생각에서였다. 조자용 선생님께 청해 들은 강연은 내게도, 그리고 젊은 직원들에게 깊은 감명을 주었다. 외래문화에 겉멋만 든 젊은 세대에게 우리의 얼, 우리의 뿌리 찾기에 대한 선생의 집념은 커다

---

26) 조자용, 앞의 책, pp 236~237.

27) 조자용, 앞의 책, p. 314.

❶ 삼신수련장에서 꽹과리를 두드리는 이시형 박사
❷ 캠프에 참여한 구활
❸ 조자용과 외국인들의 흥풀이(1992)

란 충격이었다. 인절미, 두부를 우리 손으로 만들어 먹는 것도 처음 해
보는 체험들이었다. 그리고 저녁 후 벌어지는 농악 마당, 직원들은 저
마다 악대 의상을 갖춰 입고 여러 가지 악기들을 들고 나타났다. 그런
데 소리가 난장판이었다. 도대체 무슨 장단인지 제멋대로였다. 보기가
민망스러웠다. 안타깝기도 하고 그러나 옆에서 함께 지켜보던 선생은
언제나처럼 여유만만. "조금만 지켜보십시오. 저러다 언젠가는 멋진 화
음이 됩니다." 저 난장판이? 난 믿기지 않았다. 한데 이게 웬일인가. 차
츰 화음이 되기 시작한 것이다. "핏줄은 못 속인다니까." 선생의 이 말

은 지금도 내 귓전을 울리고 있다. 차츰 화음이 되어 가는 게 신기한지 직원들은 신이 났다. 하긴 나도 덩달아 흥이 났다. 꽹가리를 얻어 악대를 선도했다.[28]

시간이 걸리더라도 우리 문화의 멋이 담긴 전통놀이와 덩더쿵 가락을 직접 몸으로 체험하면 우리에게 전해지는 문화적 유전이 가슴으로 느껴진다는 조자용의 확신이 '흥풀이'를 통해 제대로 구현되고 있음을 볼 수 있다. 조자용이 소명을 가지고 운영한 삼신사 민족문화수련장 이름 앞에는 '자기 장단에 춤추는 캠프'라는 소제목을 붙였는데,[29] 여기서 '자기 장단'이란 바로 '덩더쿵 흥풀이' 가락을 가리키는 것으로 삼신사 민족문화수련장의 핵심 프로그램이었다.

복마을 운동과 마을축제 부활

'복마을 운동'이란 마을축제를 복원시키고 삼신사상을 보존하고 계승하기 위한 활동이다.[30] 속리산 에밀레박물관에서 캠프를 운영하는 등 박물관사업을 하는 동시에 '전통마을 문화보존 계획'을 세워 박물관과 관청이 힘을 모아 '새로운 형태의 새마을 운동'을 벌이고자 계획했다. 조자용은 1985년 4월 18일에 '대목리 산간 촌락 새마을 사업 – 대목리 – 에밀레박물관 자매결연 – 새마을 사업계획서'를 관청에 제출했지만 통과시키지는 못했다. 신청서는 받아들여지지 않았지만 계획서에 포함된 사업 중에서 에밀레박물관의 주도로 진행할 수 있었던 것이 '복마을

28) 이시형, 「우리 문화 지킴이, 조자용 선생」, 『우리 문화의 모태를 찾아서』, 안그라픽스, 2001, pp.4~5.

29) 조자용, 앞의 책, p. 318

30) 노승대 증언, 2014. 7. 19. 10시 –3시, 불광사 서점에서, 천희영 동석.

에밀레박물관 입구에서 본 도깨비 상 (2007)

운동'이다.[31]

　속리산으로 낙향해 제일 먼저 벌인 사업은 새마을운동으로 사라진 전통문화를 되찾고 지키기 위한 헌마을 운동이다. 1970년대의 대대적인 새마을운동이 전개되어 초가지붕이 슬레이트지붕으로 바뀌고 길이 넓어지는 등 짧은 기간 안에 눈에 띄는 성과가 이루어진 것은 사실이나, 그 과정에서 우리 문화의 근간이었던 민간신앙의 유적과 유물이 상당 부분 훼손되거나 사라지는 부작용이 초래되었다. 이에 대해 조자용은 개념적으로 새마을운동에 반대되는 사업으로 농가를 구입해 초가집으로 복구하고, 허물어지는 한옥을 옮겨와 재건축하면서 에밀레박물관을 만들어나갔다. 1971년 12월 15일 경향신문의 칼럼 「온고지신(溫故知新)」을 보면 현대화만을 외치는 당시의 상황에 대한 마음이 잘 나타나 있다.

---

31)　조자용, 앞의 책, pp. 243~317.

_____ 이대로 현대화 이념을 이끌고 나아간다면 궁극적으로 우리들은 어디로 갈 것인가. 작품으로서는 서구 모방이 남을 것이고, 인생으로서는 경제 동물원의 부엉이가 될 것만 같아서 지난 날의 활동에 대해서 범죄 의식이 싹트기 시작한다.

현대화만을 외치던 시절에 그는 속리산 대목리 산골짜기에서 조용히 농가를 초가집으로 복원하는 '초가집 살리기 운동'을 벌였다.[32] 이와 함께 산제당, 동제당의 신목을 보호하고 장승이나 신탑 등을 신축하고 민간신앙을 보호하는 사업을 펼쳐 나가는 복마을 운동을 본격적으로 진행했다.

지금도 속리산 에밀레박물관 입구에 들어서면 제일 먼저 전신 도깨비 형상의 조각을 볼 수 있다. 도깨비에게 남다른 애착을 가졌던 조자용은 스스로 도깨비할아버지로 불리는 것을 마다하지 않았고 누가 보아도 도깨비처럼 살았다. 도깨비를 잡으러 다닌 무훈담을 재미있게 들려 준 아버지 덕에 도깨비가 무섭지 않고 신통력이 있으면서도 미련하거나 바보 같기도 한 유머를 지니고 있으니 어려움 속에서도 웃음을 잃지 않는 우리 민족의 모습과 닮았다고 느껴졌다.

_____ 가끔 나는 한국 사람으로 태어난 것을 정말 행복하게 여긴다고 속을 털어놓는다. 간단한 말 같지만 이런 실토를 하기까지는 상당한 세월, 노력과 월사금을 바쳐야만 했다. 내가 자신감을 가질 수 있도록 일깨워주신 분은 유치원 보모와도 같은 도깨비다. 도깨비가 나를 호랑이에게로 끌고 갔고, 호랑이는 나를 산신령님 앞에 데려다주었고 산신령님께서 나에게 모든 비밀을 가르쳐주었다.[33]

---

32) 조자용, 『삼신사의 밤』, (삼신학회, 1996), p. 98.

33) 조자용, 『비나이다 비나이다』(삼신학회프레스, 1996) p. 144.

내요리 당산제를 복원하기 위해 사전 답사
한 조자용(1991)

당산제에서 짐대할머니옷 입히기(1992)

　누구나 고향에서 즐거웠던 어린 시절의 추억은 잊을 수 없는 법이다.
그런 조자용에게 자신과 가족이 직접 경험하며 살았던 우리 전통문화
가 미신이거나 부끄러운 것으로 치부되는 것은 정말 받아들이기 힘든
일이었을 것이다. 이것은 스스로 우리 문화에 대한 자부심 없이는 우리
자신의 정체성마저 흔들릴 수 있다는 의미에서 중요한 부분이다.

　복마을 운동과 함께 그가 힘쓴 것은 마을축제를 부활시키는 것이었
다. 대표적인 예로 부안읍 내요리 당산제 부활을 들 수 있다. 1990년
이후 당산제가 중단되고 있었는데 조자용의 주도로 복구를 지원하게
된 것이다. 1992년 대보름날, 그는 내요리 마을축제를 위해 흥풀이 악
기와 분장 재료를 준비하고 당산제의 주인공인 짐대할머니를 모신 신
단을 정돈했다. 그 결과 부안군과 마을사람들과 함께 사라져 가던 우
리 문화의 보고인 당산축제가 부활될 수 있었다. 이처럼 그는 사라져
가는 마을문화의 보호를 위해 누구보다 앞장섰다. 1993년 인사동 관훈
동 거리 축제에서는 민학회가 주도하는 가운데 통일퍼레이드를 벌였
다. 1993년 10월 23일 오후 3시부터 밤 10시까지 통일퍼레이드와 흥풀

풍어제 준비하면서 그림을 그리는 모습(1993)

깃발을 만드는 조자용(1993)

내요리 당산제(2013)

내요리 당산제의 줄다리기(2013)

김포리 풍어제의 김금화 만신

이를 성황리에 완수했던 것이다. 또한 조자용은 1993년에 김포 대명리의 정월 대보름맞이 풍어제를 되살렸다. 전통적 포구마을인 대명리에서 풍어제를 지내왔는데 그 맥이 끊어진 것을 어촌민은 물론이고 도시민까지 함께 어울리는 마을축제로 성공적으로 복원했다.

이러한 마을축제 부흥운동은 삼신사 민족문화수련장에서 시행된 흥풀이 수련의 경험이 무수히 쌓여져 가능할 수 있었다고 본다. 처음 박물관 캠프에서 놀이의 하나로 시작된 흥풀이는 점차 우리 민문화의 바탕을 이루고 있는 정신을 체험하는 삼신사 민족문화수련장의 프로그램으로 발전했으며, 이것이 사라져 가는 마을축제를 복원하고 계승할 수 있도록 한 강력한 지원군 역할을 했다. 조자용은 흥풀이가 계속 유지될 수 있도록 전통적인 환경과 놀이마당 시설을 갖추는 일에 앞장섰으며 누구라도 마을 축제에 참여할 수 있도록 타악기와 분장 재료 그리고 탈 등을 확보해 기증하는데 많은 노력을 기우렸다.

우리 문화를 지키고 계승하고자 노력했던 조자용의 자취는 오늘날에도 곳곳에서 그 모습을 보이고 있다.

조자용의 삼신사상 특징

이제 마지막으로 조자용이 연구한 삼신사상의 특징을 고찰해 보고, 그것이 가지는 의미를 살펴보아야 할 것이다. 범어사 일주문에서 한국 민족문화의 모태에 대한 의문을 가진 후 그 해답의 실마리를 민화에서 시작해 민문화로 진입하여 결국은 삼신사상으로 귀결하게 된 과정을 살펴보고자 한다.

_____ 한문화(韓文化)의 모태에는 일관성 있는 무교사상(巫教思想)이

흐르고 있고 일상생활을 통한 한어(韓語) 표현이 끊이지 않고 있으며, 무교예술의 신기가 살아있다. 한문화의 정체는 이 무교문화를 모태로 삼고 그 속에 귀화한 외래문화 요소의 성장 상태를 관찰함으로써 정당하게 노출될 것으로 믿어진다.[34]

영화 '명량'에서 이순신이 전장에 나가기 전 선상에서 어머니의 위패를 두고 절을 올린다.[35] 이때 위패 위에 걸린 액자가 전쟁의 신 '치우천황'의 그림이다.[36] 이순신이 출정에 앞서 치우에게 제를 지내는 것이다. 이 장면을 보면서 필자는 우리민족의 바탕에 깔려 있던 역사와 신화들은 언제 어떻게 사라지게 되었을까 이대로 모두 잃어버려도 괜찮은 것일까 하는 의문이 생겼다. 그러나 민족의 기층에 깔린 정신세계라는것이 한꺼번에 사라진다는 것은 불가능하다. 그런 의미에서 30년이란 긴 시간의 생생한 경험을 학문적으로 연구하고 정리한 조자용의 삼신사상을 오늘날 다시 새겨볼 필요가 있을 것이다. 왜냐하면 그가 주장하는 전통적 문화관이 다소 학계의 방향과 다른 점이 있다 할지라도 한국문화에 대한 해설에는 다양성이 필요하고 거기다 그는 우리에게 잊혀져 가고 있는 고대사를 이야기하고 있기 때문이다. 그 예로 1985년 10월 3일 개천절에 조자용은 제천행사인 국중대회(國中大會)를 열었다. 제천행사는 단군이 백성들과 함께 삼신에게 제를 올리던 행사로 조선시대

34) 조자용, 『한호의 미술』(에밀레미술관, 1974), p. 9.

35) 제작 2014년, 감독 김한민, 주연 최민식

36) 2014년 8월 보성 대원사 현장스님 글에서.명량 영화에서 재현한 둑제는 이순신이 해전에 앞서 바다를 향해 지내는 제사의식으로 전쟁의 승리를 기원하며 둑에서 제사를 지내는 것에서 유래되었고, 난중일기를 바탕으로 문광부 지원을 받아 재현했다고 한다. 서울에 둑신사가 있다. 이때 '둑' 자는 '독' 자로도 읽는데 바로 동대문 밖 뚝섬에 이 둑신사가 있었으며 우리가 뚝섬이라고 부르는 지명이 바로 둑신사의 둑에서 온 것이라고 보았다. 이 둑신사에 벽화가 있었는데 치우와 황제의 탁록대전에 관한 것이었다고 한다. 일제 말기까지는 이 그림이 있었는데 어디로 갔는지 알 수 없다고 하며, 치우기의 깃발이 태극기의 원형이라는 것을 조자용이 처음 밝혔다고 한다.

속리산에밀레박물관. 삼신사(1993)

초까지 이어져오다가 사라진 것을 복원한 것이다. 많은 사람들이 참여
한 국중대회에서 김덕수 사물놀이팀은 흥풀이를 이끌었고 당시 한국을
방문 중이던 영국 왕립 아세아학회의 회원들도 참여했다.

──── 어렸을 적에 깊이 받은 부모님 교훈, 매 맞으면서 할 수 없이 받
은 일본 제국주의 교육, 눈치 봐 가면서 슬쩍슬쩍 훔쳐 가진 크리스챤
사상, 멋도 모르고 듬뿍 빠져 버렸던 불교 미술 탐구 등. 어린 몸으로서
는 겪어내기 어려운 정신세계를 방황하면서 그래도 내 민족 문화의 모
태를 찾는다는 뼈대만은 지키겠노라 애써 살다보니 어느새 백발의 늙
은이가 되어버렸다 [37]

1983년 속리산 입구로 에밀레박물관을 옮긴 이유가 속리산 천왕봉
에 홀렸기 때문이라는 고백을 한 적이 있다. 마을노인에게 속리산 천
왕봉은 대천왕봉의 천신과 소천왕봉의 지신 그리고 인자바위의 인신을
한 봉우리에 합친 '천지인 삼신'의 영봉이라는 설명을 들은 후 까치호랑
이 민화를 통해 호랑이를 사랑하게 되고 산신을 믿으며 살아왔지만 스

────
37) 조자용, 『비나이다 비나이다』(삼신학회프레스, 1996), p. 445.

스로 천지인 삼신을 모셔야 함은 모르고 있었다는 사실을 깨닫게 되었다.[38] 속리산 에밀레박물관 안에는 조자용이 부석사의 조사당을 그대로 본 떠 지은 삼신사가 있다. 이 삼신사는 그가 속리산으로 내려온 지 8년이 지난 후에야 완공되었다.[39] 속리산으로 낙향한 그는 삼신학회를 만들고 삼신사를 지어 삼신을 봉안했다. 삼신사의 민속적 삼신은 민족종교의 삼신이 민중으로 내려와 삼신의 원형을 간직하고 있다는 이유 때문에 중요하다. 여기서 민족종교란 환인, 환웅, 단군 삼신이다. 민속삼신이란 민간에서 삼신할머니 등으로 무교에서 전해지는 삼신이다. 이것은 조자용이 무속에 관심을 가진 이유이기도 하다. 그는 기층문화 연구를 통해 무속이 비교적 순수하게 삼신을 비롯한 한국의 모태 사상과 신앙을 지켜왔다는 사실을 밝혔다. 이 모든 것은 한국고유 신앙의 본질에 대한 탐색의 결과로 삼신사상에 이르게 된 점을 보여주고 있다.[40] 그리고 조자용은 무속이란 무교에 의한 생활풍속으로 노래와 춤과 미술이 있는 종합예술임도 알게 되었다.

_____ 나는 어렸을 때 할아버지에게서 중국의 공자가 세계에서 제일 훌륭한 사람이라고 배웠다. 초등학교와 중학교 때는 일본의 천조대신을 믿어야 한다고 매일 끌려 다니면서 신궁 참배를 하였다. 미국 선생들은 예수가 제일 훌륭한 분이라고 해서 7년 동안 예배당에도 다녔다. 내 땅에 돌아와서는 절간에 10년 동안 찾아다녔는데 부처님이 제일 훌륭하다고 배웠다. 다 자기네 것만 옳고 잘났다고 하는 바람에 나는 그 어느 것도 믿어지지 않게 되었고 결코 자기 것을 찾아야겠다고 깊이깊이 생각한 끝에 남의 것에 물들지 않은 한국 고유의 믿음과 예술을 찾

38) 조자용, 『장수 바위』(삼신학회, 1996) pp. 278~279.

39) 조자용, 앞의 책, pp. 39~40.

40) 조자용, 앞의 책, p. 505.

충북 보은군 조자용 추모비 앞에서(2012)

아다니게 되었다.[41]

　우리 문화의 원형이 무속에 전해지고 있다는 사실을 깨닫자 조자용은 그들이 제자리를 찾고 제도권 안으로 들어올 수 있도록 많은 노력을 했다.[42] 1982년 한미수교 100주년 기념행사 기간 중에 LA의 행콕 공원에서 김금화 만신으로 하여금 작두를 타게 하는 등 무속을 앞세운 이유도 그것 때문이다. 미신타파를 주장하면서 무속을 없애려는 국가적인 시대적 상황 속에서 어려운 일이었지만 그는 자신의 주장을 굽히지 않았다. 조자용은 1987년에 만든 삼신학회의 궁극적 목적이 잃어버린 신

41)　조자용, 『한얼의 미술』, (에밀레미술관, 1971), p. 110.

42)　조자용, 앞의 책, p. 505.

교(神教)문화의 부활에 있다고 밝히고 있다.[43]

　이것은 민족 고유의 정신세계를 계승하고 보전하자는 의미일 것이다. 그는 한국고대사에 집중하면서 우리 민족의 정신적 모태가 삼신사상임을 밝히고 민간신앙에서 출발해 민족종교 삼신을 학문적으로 정립한 것이다. 민간신앙이란 우리의 어머니들이 자식을 얻기 위해 삼신할머니에게 올린 기도이다. 이때 기도의 대상은 삼신이자 삼신할머니이고 기도처는 장수바위이다.[44] 에밀레박물관에서 초창기부터 조자용과 함께 일한 칼 스트롬 부부[45]의 안내로 익산의 장수바위를 답사한 것이 민학회 활동의 시작이 되기도 했다.[46]

　조자용은 삼신사상의 연구가 종교학·신학·동양철학·단군학·민속학·민예학·도상학·미술사학·고대사학·고고학 등 여러 각도로 검토하는 어려움 속에서 탄생한 공부의 결과였다고 말한다. 그리고 삼신사상에 대한 연구의 결과로 『삼신민고』를 출판했다. '삼신민고'란 이름은 삼신에 관한 민학적 논고라는 뜻으로 사상적으로는 민사상을 기초로 했고, 종교적으로는 민족신앙을, 예술적으로는 민예를 바탕으로 민문화관을 가지고 쓴 것이라고 스스로 밝혔다. 삼신민고는 도서관에

---

43)　최치원(崔致遠, 857~?)이 난랑비서문(鸞郎碑序文)에서 신교에 대한 언급을 하였다.
國有玄妙之道 日風流
設敎之源 備詳仙史
實內包含三敎 接化群生
우리나라에 현묘한 도가 있으니, 이를 '풍류'라 한다.
가르침의 근원은 선사에 상세히 기록되어 있거니와,
실로 삼교(유·불·선)를 포함하여 접하는 모든 생명을 감화시키는 것이 있다.

44)　조자용, 앞의 책, pp. 6~7.

45)　제니퍼 스트롬 증언, 2013. 6. 6. 오후 1시~5시, 가회민화박물관에서, 윤열수 동석.스트롬 부부는 조자용과 함께 익산의 장수바위를 답사하러 갔을 때 제니퍼를 남근석 옆에 세우고 사진을 찍어 그 사진을 민학회보에 실었다고 한다.

46)　노승대 증언, 2014. 8. 22. 오후 7시~오후 10시, 인사동의 음식점 섬진강에서, 이만주 동석.조자용은 노승대에게 동국여지승람에 나오는 조선시대 기우제 장소를 답사해 볼 것을 권해 노승대는 『신화를 삼킨 바위(2004)』를 남겼다.

앉아서 쓴 책이 아니며 30년에 걸친 현지답사, 자료수집, 박물관건립, 해외전시, 민학운동, 민중박물관운동, 삼신사 수련장건설, 민족문화수련회, 복마을운동, 마을축제부흥운동 등의 실천과 실험을 통해서 얻은 결과를 토대로 정리한 것이다.[47] 이후 학계에서 연구된 삼신사상은 동부 시베리아와 중국, 만주 등이 포함된 민족인 퉁구스(Tungus)족의 삼신설화와 관련이 있다는 사실이 밝혀지고 있다.

중국 청나라의 시조 부쿠리용손의 탄생 설화에도 삼신이 등장한다.[48] 청나라가 여진족(만주족)의 지배를 받은 시기였으니 조자용의 연구는 삼신의 뿌리가 남아있는 한국고대사 연구에 발판을 마련한 것으로 보인다.

조자용의 훌륭함은 그의 정신에 있다고 말한다. 사대사상에 끌려 다니지 않고 우리 민족의 문화가 결코 미개하거나 부끄러운 것이 아니라는 확신에 차 있었으며 민족의 뿌리로서의 삼신신앙을 연구한 학자였다.[49]

_____ 두령님은 남들이 볼 때 속리산이 주는 맑은 공기 속에서 신선같이 사시는 분으로 생각들을 하고 있지만 더러 인사동의 두레에 오셔서는 "너희들이 자주 오지 않으니 나는 외로워서 못 살겠다."는 투정 아닌 투정을 하셨다고 한다. 그런 말씀을 돌아가시고 나서야 간접으로 듣고 보니 왜 자주 가서 뵙지 못했던가 하는 후회가 앞선다.[50]

---

47) 조자용, 앞의 책, pp. 13~14.

48) Aisin Gioro Ulhichun, 이상규외 번역, 『명나라 여진인 ― 여진역어에서 영영사기비까지』 (경진출판, 2014), p. 42.

49) 한산대사 증언, 2013.10. 20. 오후 3시~6시 청학동 삼성궁 개천대제를 지낸 후에 삼성궁 차실에서.

50) 구활, 「인사동에서」 글 중에서, 2014. 9. 18. 오후 2시~오후 4시. 동산병원 현장에서. 이중우 동석.

조자용은 속리산에서 세상과 떨어져 살면서 전통문화와 함께 하는 고집스런 삶을 계속 이어갔다. 그러나 그가 전하고자 한 정신이 무엇이었는지 충분히 느낄 수 있다. 우리의 정신적 본질과 민족문화의 모태를 밝히고자 평생을 노력했던 것이다. 조자용은 세상을 떠났으나 그의 탁월한 연구업적과 사상은 아직도 살아남아 우리의 우상이자 지표가 되고 있다.

나오며 🌸

　　조자용(趙子庸, 1926~2000)은 한국인의 문화적 정체성을 찾기 위해 평생을 바쳐 노력한 문화운동가이다. 자신이 일생동안 추구해온 분야를 '민문화(民文化)'라 칭하고 '민족문화의 모태를 찾는 일'을 평생의 업으로 삼았다. '민문화'는 '민'에서 생성된 민족문화를 묶어서 이른 말로 그 안에는 우리 문화의 원형이 그대로 남아있다. 그는 한국인의 심성과 사상에서 해학과 흥, 그리고 자유와 평등사상을 발견하고 그것을 바탕으로 문화예술운동의 근거를 마련한 것이다. 특히 민화 연구의 역사를 뒤돌아 볼 때 가장 먼저 떠오르는 사람이 바로 조자용이다. 한국민화 연구의 여명은 그로부터 열렸다고 해도 과언이 아니다. 문화는 뒷전일 수밖에 없었던 어려운 시절에 주목받지 못하는 민화를 알아주는 이 없어도 열정적으로 수집하고 연구할 수 있었던 저력은 '우리 문화'에 대한 깊은 애정일 것이다. 그는 민화라는 문을 열고 들어가 민문화에서 해답을 찾아가면서 한국문화의 주체성을 바로 세워 세계무대에 우뚝 서고자 하는 희망을 우리에게 전한다.

＿＿＿ 도깨비를 찾고, 호랑이를 찾고, 산신령을 찾고, 거북이를 찾으면서 헤매는 과정에서 희미하게나마 내 생부모문화가 드러나기 시작했다. 바로 별명으로 불러야할 '민문화' 속에서 내 민족문화의 모태를 찾게 된 것이다. 이 책은 젊었던 젊은이에게 그러한 민문화관(民文化觀)이 싹트고 굳어질 때까지 내 민족문화의 모태(母胎)를 찾노라 계속해서 고적을 찾아다니고, 자료를 수집하고, 박물관을 세우고, 해외문화 홍보에 나서고, 마침내는 삼신사를 세우고, 잃어버린 마을문화 보호운동을 이끌어 나가는 과정에서 일어난 해프닝을 한데 모아 본 것이다. 양부모문화권을

탈출하여 생부모문화를 찾아 허덕이던 문화적 고아의 뼈져린 일기장을 간추린 것에 불과하다.

이 글은 조자용이 우리 문화의 모태를 찾는 일에 집중하면서 살아온 이야기를 수필형식으로 저술한 책의 한부분이다. 전국 각지의 문화재와 고적을 답사하고, 민화를 수집·연구하고, 에밀레박물관을 세우고, 국내·외에서 민화전시를 기획했으며, 삼신사를 세우고 민족문화수련장을 운영하고, 복마을 운동으로 잃어버린 마을의 전통을 복원하고, 마을축제를 부활시키는 등의 모든 활동은 오로지 우리 문화의 정체성을 찾아 자긍심을 회복하기 위한 것이 그 목적이었다.

우리 민족문화의 뿌리는 '민'에서 찾아야 한다는 그의 생각은 민화를 비롯한 민문화의 역사를 새롭게 정리해 나갔다. 그는 해외유학파 1세대 건축가로서 활동하는 것에 머물지 않고 민화를 비롯한 민문화 연구에 큰 기여를 했다. 또한 이론 연구에만 그친 것이 아니라 민문화를 통해 우리 문화의 원형을 찾고 그것을 삼신사 민족문화수련장의 체험프로그램으로 정립해 현대에 전승하려는 구체적인 실천을 했다는 점은 매우 강조되어야 할 중요한 사실이다.

그는 1947년 미국 유학을 떠나 1954년 귀국해 건축가로서 활발한 활동을 했다. 한국전쟁으로 폐허가 된 조국으로 돌아 와 미국에서 배운 건축기술을 활용해 새 조국 건설의 일선에 앞장섰다. 그런 가운데 범어사 일주문 앞에서 '한국문화의 정체성이 무엇인가'에 대한 깊은 의문을 갖게 되었고 그 해답을 찾기 위해 많은 전통건축물과 문화재를 찾아 다녔다. 그 후 이것은 자신의 전공인 건축에서 '전통건축을 토대로 한 현대화 작업'에 큰 밑거름이 되었고 민문화 운동가 조자용을 탄생시켰다. 건축가로서의 활동 결과는 다음과 같다. 1964년 대구 동산병원 기숙사 건축 설계와 최종 선택을 받지 못해 설계안만 남게 되었지만 1966년 새문안교회,

1968년 에밀레박물관 건축 설계, 1976년 미대사관저 건축 설계, 1978년 일지암 복원 등으로 우리 전통 건축문화의 장점이 조화롭게 반영된 현대 건축물이 세상에 나와 빛을 발할 수 있게 되었다. 이렇듯 활발하게 건축 가로 활동하면서도 '내 민족문화의 모태는 무엇일까'라는 의구심을 풀기 위해 전국 각지의 문화재 및 고적을 답사하고, 도깨비기와 수집에 열을 올렸으며 마침내 까치호랑이 민화와 운명처럼 만나게 된 것이다.

조자용은 당대 유명 건축가로서의 행보를 이어가면서도 민문화 운동 가로서의 길을 꾸준히 걸어갔다. 7년간의 고적 답사, 7년간의 도깨비기 와 수집, 긴 세월에 걸친 민화 수집과 연구, 무당과 무속에 관한 관심 등 이런 과정을 거치면서 민문화에서 우리 민족문화의 근원을 발견했다. 그 는 도깨비, 호랑이, 산신, 용, 거북, 봉황 등 민문화의 흔적이 있는 곳이 라면 어디든 찾아 나섰고, 아무리 큰 값을 치르더라도 수집해 와서 다음 세대에 전하려는 노력을 계속했다.

본격적으로 민문화 운동가로서의 행보를 보인 것은 1968년 에밀레미 술관이라는 사립 박물관 관장 시절부터였다고 할 수 있다. 자신이 수집 한 도깨비기와 민화를 기반으로 개인 박물관을 설립하고자 1965년 서 울 강서구 동촌동에 1000평에 이르는 땅을 구입했다. 1966년에 착공해 상량식을 하고 1968년 10월 26일에 정식 개관을 했다. 그러나 당시 사업 실패와 큰 딸 에밀리의 갑작스런 죽음 등의 어려움이 겹쳐 젊은 건축가 가 짊어져야 할 삶의 무게는 무거웠다. 그 와중에 도깨비기와 민화 같 은 우리 민문화의 유물을 수집·연구·전시할 수 있는 공간인 박물관을 개인의 힘으로 세울 수 있었던 것은 조자용의 민문화에 대한 열정과 사 랑 그리고 그의 강한 의지가 아니라면 절대 설명할 수 없는 차원의 것이 었다. 많은 어려움 속에서 설립된 박물관은 '이제부터 에밀레미술관은 하 나씩 뜻있는 일을 시작해볼까 합니다. 잃어버린 우리네 예술을 찾고 믿 음을 찾고 얼을 찾아서 뼈대 있는 새 나라를 세우는 터 닦는 일을 말입니다.'라고 한 말에서 짐작할 수 있듯이 단순한 호사가나 수집가의 차원이 아니라 '문화 운동가'로서의 시대적인 사명감이 분명했다.

　1971년 민학회가 만들어지면서 더욱 활발한 활동을 펼쳤다. 뜻을 같이 하는 사람들과 함께 '우리 문화의 원형 보존의 중요성을 깨닫고 기층문화를 답사하고 연구하고자 민학회를 창립'했다. 민학회의 설립 운영원칙 중 '예로부터의 우리 문화 바탕을 찾는 데 협동적인 노력을 하여 우리 밑뿌리에 깔린 바탕을 후손에게 물려주자'는 내용은 조자용이 에밀레미술관을 처음 세울 때부터 추구했던 신념이었고 그것이 1970년대까지도 여전히 계속되고 있음을 보여준다. 민학회는 한 동안 공백기를 거치다가 1976년 경주에서 가진 제3차 총회를 통해 최초의 회장단을 구성하는 등 다시 활동을 시작했다. 그리고 1976년에는 한국민중박물관협회가 창립되면서 조자용이 초대회장을 맡아 본격적인 박물관운동이 전개되었다. 그에게 '박물관'은 단순히 유물을 수집·전시하는 좁은 의미의 공간이 아니라, '잃어버린 우리 문화의 모태를 찾고 새 나라의 세우는 터 닦는 일'이라는 문화운동의 주요 공간이라는 넓은 의미였다. 1978년에는 『민중박물관운동』이라는 책을 발간하는 등 본격적인 활동을 펼쳤으나 조자용의 건강이 갑자기 나빠지면서 잠시 쉬어갈 수 밖에 없었다.

　1976년 건강이 급격하게 나빠지면서 조자용은 건축가로서의 활동을 접어야 했고 그로 인해 박물관 운영도 어려워져 경제적으로도 힘든 시절을 겪어야 했다. 결국 서울 에밀레박물관을 정리하고 1983년 속리산으로 박물관을 완전히 옮기게 되었지만 결코 좌절하지 않고 민문화 운동을 지속적으로 펼쳐나갔다. 오히려 더 새로운 '제2의 민문화 운동'을 추진해 나갈 수 있다는 확신을 확고히 다졌다. 그렇게 탄생한 것이 '박물관 캠프'다.

　박물관 캠프에는 주로 젊은 대학생이나 지식인들이 참여했다. 그는 박물관 캠프를 통해 우리 젊은이들이 우수한 전통문화를 잊지 않고 빛나는 조국을 만들어 나가는 훌륭한 지도자가 되는 길에 도움이 되기를 바랐다. '문화의 산 수련장'으로서 박물관 캠프는 해가 지날수록 체계화되었고 그 결과물로서 '삼신사 민족문화수련장'이 완성되었다. '삼신사 민족문화수련장'은 조자용 삶에서 최종 결산이라고 할 수 있을 만큼 그 의미가 중요하다. 그 중심에는 '어린이'와 '젊은이'가 있다. 조자용은 '삼신사 민족수련장은 우리 전통 삶, 얼, 멋 등 민족문화의 주체성을 눈으로 보고, 귀로 듣고, 몸으로 체험하고, 가슴으로 느끼는 캠핑으로 특히 이런 경험을 통해 앞날의 지도자가 될 젊은 친구들, 즉 청년들이 참된 길을 찾을 수 있으면 한다'고 말한다. 사회가 현대화되고 세계화될수록 우리 문화의 모태 즉 정체성을 잃어버리기 쉽다. 이런 상황에서 삼신사 캠프는 앞으로 한국을 이끌어 나갈 젊은이들에게 우리 고유문화를 직접 느끼고 체험하도록 만들어 그들로 하여금 문화적 주체성을 갖도록 하는 것이 유일한 목표였다.

조자용이 단순히 자료를 수집하고 연구하는 수준에 그치지 않고, 우리 문화의 정체성을 찾아내고, 그것을 많은 사람에게 알리고자 구체적인 실천운동을 평생 펼쳤다는 것은 그 무엇보다 소중하다. 전통문화의 보고인 민문화 유산이 그저 미신 정도로만 인식되고 사라져갈 위기에 처했을 때 어느 누구보다 선두에 서서 민문화를 지키려 노력했고 어려운 민문화 운동가로서의 삶을 열정적으로 살았다. 건축가, 민화수집과 연구자, 민문화 연구가, 박물관 운영자, 전시기획자, 캠프 운영자 등 수많은 활동을 하면서도 언제나 '한국문화'라는 핵심 주제를 놓지 않았고 문화운동의 중심 대상으로 어린이와 젊은이를 귀하게 여겼다. 시대가 아무리 변한다 해도 우리고유의 전통문화 유산을 결코 잊지 말아야 하기 때문일 것이다. 아무도 알아주지 않더라도 자신이 평생을 바쳐 깨닫게 된 민족문화의 모태를 우리 젊은이들에게 몸소 체험해 알도록 이끄는 것이 자신이 해야 할 의무로 여겼다. 그의 인생을 들여다보고 있으면 너무도 '큰 사람' 조자용이라는 생각으로 필자는 가슴이 뜨겁다.

2014년 우리나라를 찾은 프란치스코 교황은 대전 월드컵 경기장에서 열린 미사 중에 "위대한 민족은 과거의 전통을 물려받아 새롭게 도전하는 그들의 젊은이를 귀하게 여긴다"는 의미 있는 메세지를 남겼다. 당시 이 말을 듣고 필자는 조자용의 삶이 떠올랐다. 단순히 나이만 어린 젊은 사람 '젊은이'가 아니라 '과거의 전통을 물려받아 새롭게 도전하는 젊은이' 이것이 조자용이 가졌던 인생의 가장 큰 숙제가 아니었을까. 영원한 젊은이 조자용의 삶은 전통과 사람의 가치를 잊어버린 현재의 우리에게 소중한 지혜와 통찰을 주고 있다는 생각이 든다. '한국 문화계의 큰 사람, 조자용'의 삶을 필자의 부족한 글로 서술했지만, 이 졸고를 통해 조자용을 이해하는데 작은 도움이 될 수 있다면 그 자체로 감사하다는 마음을 전하면서 이 글을 마치고자 한다.

부록 I

한 눈에 보는
조자용의 생애

조자용 연보

조자용의 주요 활동

조자용 연보

1926	황해도 해주 황주군 접교면 쟁수리 757번지 출생.
1943	평양사범학교 졸업/연백초등학교 발령.
1945	해방 후 서울로 월남/이때 아버지와 영원히 이별하게 되었고 미군부대에서 일함.
1947	미국유학길에 오름/테네시 웨슬리안 초급대학(wesleyan college) 입학.
1948	웨슬리안 초급대학을 일 년 만에 졸업하고 밴더빌트대학에 입학/밴더빌트대학에 재학 중 매년 여름마다 Lancaster Ohio 전기회사에서 일함.
1951	밴더빌트대학(vanderbilt) 토목공학과 졸업하고 하버드대 대학원 입학/미국청년협회에 의해 창립된 미니앙카에 참여한 후 귀국하면 같은 정신의 캠프를 세우겠다고 공개적으로 맹세함/(40년 후에 삼신수련관을 세워 맹세의 약속을 지킴)/미국에서 4살 연상의 유학생 김선희와 8월말에 결혼함.
1952	맏딸 에밀리 태어남.
1953	하버드대 대학원(Harvard Graduate School of Engineering)에서 구조공학 전공으로 석사학위를 받음/미국의 잭슨 앤 몰랜드(Jackson & Morland)의 구조부에 입사/둘째 딸 은희 태어남.
1954	유학 마치고 귀국하여 UNKRA(유엔한국재건단)가 추진하던 문경 시멘트공장 건설에 참여함/부산 운크라에서 일할 때 범어사 일주문을 보고 구조 역학상으로 충격적인 인상을 받고 우리 전통 건축물의 우수성을 깨달음.
1954~1961	일주문과 백제석탑 등을 비롯한 전국적인 고적 답사.
1955	대구 동산병원 간호사 기숙사를 한국 최초로 시멘트 블록을 사용하여 3층 건물로 지음/대구 계성고등학교 강당을 한국 최초로 쉘구조로 건축.
1956	스웨덴 건축 회사 입사.
1957	정릉에 주택단지를 개발하는 사업을 벌이다 실패함.
1957~1965	전통적인 건축 자료를 수집해 건축사무실에 자료실 만듦.
1960	사업 실패로 인한 빚에서 겨우 풀려남.

1961	박정희 국가재건최고회의 의장의 교통체신위원회 자문위원으로 임명되었으나 (7월 31일) 두 달 만에 성격에 맞지 않아 그만둠/경주에서 에밀레종을 치면서 기와 수집에 모든 것을 바칠 것을 맹세.
1961~1968	열정적으로 기와를 수집함.
1962	서울 생활 청산하고 대구로 내려가 대구YMCA건물에 사무실을 개소함/사업 실패하여 좌절감에 빠졌지만 기와를 수집할 수 있었던 절호의 기회를 가짐.
1963	맏딸 에밀리 병으로 사망.
1964	대구 동산병원 간호사기숙사를 새로 신축하면서 건물 입구를 백제탑 양식으로 응용한 것을 계기로 독창적 현대건축 진입/서울 YMCA 건물 건축/일본의 나라시를 방문하여 백제건축 자료인 도깨비기와 보고 옴.
1965	건축사 자격을 취득하여 Zo & Associates, Engineers-Architects 회사 운영/인사동에서 처음으로 호랑이 민화를 수집함/서울 YMCA 사랑방 클럽 동인 8인의 소장품전, 이때 조자용 기와 출품, 7월 29일~31일/강서구(김포가도) 등촌동 206번지 1000평의 땅을 매입 함(10월).
1966	에밀레하우스 상량식.
1967	인사동에서 운명적 까치호랑이 민화 만남.
1968	수원 용주사에서 〈이묘봉인도〉 발견/대지 일천 평 건평 210평 규모의 에밀레박물관 개관(1층과 3층은 세를 주고 2층의 반은 살림집(숙직실)으로 쓰고 35평을 전시실로 만들어 에밀레하우스 개관함)/창립기념전은 "벽사(辟邪)의 미술"이라는 제목으로 기와와 민화12점을 전시했는데 민화자료가 처음 등장함.
1969	사업차 월남을 오갈 때 동경 일본민예관에서 『民藝』지의 「조선의 민화」에서 야나기 무네요시가 한국 사람 스스로 민화를 연구하지 않는다고 쓴 글을 읽고 돌아오자마자 영문판 The Humour of Korean Tiger(한국 호랑이의 해학)을 쓰기 시작함/주식회사 한국건축센터를 등기함(대표 조자용, 김병은)/정일교 신자들의 단군전 건축 부탁을 받고 자신이 단군에 대해 잘 알지 못함을 깨닫고 단군 유적 찾기 시작함/단군학 공부를 하기 시작함/민화수집에 집중하게 됨.

1970	에밀레하우스에서 에밀레미술관으로 이름을 변경함/조선호텔에서 개최한 국제 PEN대회에 The Humour of Korean Tiger(Emillle Museum) 영어판을 선보임/호랑이 민화를 중심으로 한국민화 수집의 폭이 넓어지면서 전국에 남아 있는 민화 자료를 모두 소장하고 싶은 욕심을 가짐. 경쟁자가 거의 없어 독주하다시피 했으나 재정난에 시달림/동아 방송의 "0시에 만난사람" 프로에 출연해 18회에 걸쳐 방송함/『소년 서울』에 전통문화에 관한 글을 연재함/담배 피우는 호랑이 민화 처음 소개(수원 용주사 벽화)/Spirit of the Korean Tiger(에밀레미술관) 발간.
1971	『시사 그래프』지와 연재 계약을 맺어 「이것이 한국의 민화다」를 연재/이희승 등과 주권수호대책위원으로 서명/이조민화 전시회 신세계화랑(8월 10일~15일) (최순우, 조자용, 김기창, 이경성, 이대원, 김철순 씨 등 십여 명이 50점을 출품. 이 당시 조자용 8폭 병풍 출품)/『한얼의 미술』(에밀레미술관) 발간/고성만 거북선 탐사를 함/민학회를 창립함.
1972	『한국 민화의 멋 (Flavor of the Korean Folk Painting)』(브리태니커) 발간/전시 "한국 민화의 멋", (4월 26일~5월 5일)/한국 브리태니커 회사의 벤턴홀에서 본격적인 민화전시로 민화에 대한 일반인 인식이 달라짐/일본 동경화랑에서 민화전 "李朝期의 影幀과 民衆畵"에 에밀레 소장품 민화 9점과 일본 소장 초상화 12점으로 전시함.
1973	에밀레박물관 210평으로 늘어남(4월)/"한화 호랑전"으로 개관기념전/『한화 호랑도』(에밀레박물관) 발간/『한국 호랑이』 제2권 발행/『李朝의 美－李朝民畵의 心』(마이니치신문사) 일본에서 호화 미술도서 발간/수도여자사범대학 박물관 건축(우리나라 최초 민속박물관으로 국내에서 가장 규모가 큰 대학박물관을 우리 전통 궁의 모습으로 건축)/충무공 이순신 목판 초상화 발견(9월).
1974	호랑이 담배 피우는 호렵도 발견/광주상공회의소에서 브리태니커 주최로 조자용 소장전(27점, 2월 9일~15일)/『韓虎의 美術』(에밀레 미술관) 발간/『虎의 美術』일본어로 출간하여 수출함/"갑인년 호화전" 에밀레 박물관 소장의 100마리의

민화 호랑이 전(이때 까치호랑이가 대표작품이었음).

1975 미도파 화랑에서 에밀레박물관 주최로 "금강산도전(金剛山圖展)"이 열림(5월 1일~6일)/『한화, 金剛山圖』상·하(에밀레미술관) 발간/Life of Buddha (에밀레미술관) 발간/동서문화센터 박물관 경영과정 연수와 민화 전시를 위해 미국 하와이로 출국.

1976 Introduction to Korean Folk Painting(에밀레미술관) 발간/정동에 있는 주한 미국대사관저 건축/하와이 대학 동서문화센터(East-West Center)에서 박물관 경영학과정 수료(6개월 코스)/동서문화센터 제퍼슨홀 민화전시 "금강산에서 온 보물들"(에밀레 소장 32점)/갑작스런 심장병으로 귀국함/한국민중박물관협회 창립 총회(12월).

1977 "한국민화전" 여의도 KBS 중앙홀 에밀레박물관 등 20여곳의 소장품 46점을 전시함/미국 본토 전시를 다시 시작하여 파사디나 아시아박물관에서 "한국 민화전".

1978 『여성동아』에 「한가히 먹을 간다」시리즈 연재/「우리 다 같이 출 마당춤은 없을까」라는 좌담회 참석 후 흥풀이에 몰두하게 됨/일지암 복원.

1979~1980 동경신문(東京新聞)에서 일본 6개 도시(동경, 오사카, 나고야, 후꾸오까, 삿뽀로, 고베)에서 "李朝民畵의 일본 순회전"을 개최함. 동경 오따규데파트 그랜드화랑에서 시작하여 6개월간 100여 점을 전시함. 에밀레박물관 소장의 대호도 등 19점의 민화를 대여해 주었고 조자용이 도록에 『生活畵としての 李朝の民畵』논고를 씀/담양 소쇄원 근처에 대갈초당을 짓고 요양함/차의 성지인 일지암 복원/시애틀에 있는 워싱턴 대학 시립박물관에서 민화전(79.12.5~80.3.28), 제목 "Spirit of the Tiger".

1980 시애틀 전시기간 동안 미국에서 3달 동안 『이조민화개론』씀/"민화 리프린트전" 롯데쇼핑센터 5층 화랑(2월 18일~26일)/오클랜드 시립박물관 에서 "청룡백호 靑龍白虎 Blue Dragon White Tiger"(2월 15일~3월 15일). 갑작스런 전시일정 잡혀 윤열수 긴급 초청. 당시 전시장 안에 한옥을 짓기로 하고 조자용이 3칸 한

옥 설계도를 그려주니 오클랜드박물관 학예원이 한국에서는 박물관장이 건축설계까지 할 줄 아느냐고 놀랐다는 후일담 있음/L.A 한국문화원 개원 기념 민화 전시회(4월 11일~5월 9일)/LA 라호야 (La Jolla)민예관 전시(6년 28일~10월 25일) "호랑이의 눈(The Eye of Tiger – Folk Arts of Korea)".

1981
『민화』 도록에 조자용 「민화란 무엇인가」(온양민속박물관출판부) 논고 씀/『민중박물관운동』(한국민중박물관) 발간/베일러 대학에서 명예철학박사 받음/"한국 소나무의 멋" 소나무를 주제로 민화전(12월 7일~). 장소는 충북 속리산 에밀레박물관 분관(구 속리중학교 강당). 노송도, 십장생병, 송호도, 송학도, 산신도 등 전시함.

1982
『李朝の 民畵』(講鍨社) 초호화판 미술도서 발간/속리산 에밀레박물관 소장전 "행복의 수호신－한국 민화의 무교적 전통"(5월 1일~)/미국 순회전시 예정기념으로 민화전 개최와 함께 박물관 뒤뜰에서 민속놀이와 전통기능 보유자들의 공연이 열림. 냉면, 지짐, 떡, 막걸리 등 음식으로 잔치/한미수교 100주년 기념으로 L.A 민예관에서 민화 전시 "Guardians of Happiness(행복의 수호신)" (5월 18일~7월18일). 이때 김금화 만신이 뉴욕 행콕 공원에서 작두를 타도록 하여 한국 무속을 제도권으로 진입하게 만듦/라모나 민속 박물관에서 "민화 리프린트전"(9월)/워싱턴 메리디안 하우스 민화 전시(10월)/『한국전통무속화 (Guardians of Happiness)』(에밀레미술관) 발간.

1983
속리산으로 낙향/호암미술관 개관 1주년 기념 민화전시 도록 『민화 걸작전』에 논고 「世界 속의 韓民畵」를 씀/속리산 정이품송 옆에 에밀레미술관과 민속마을 설립.

1984
민학정사(民學精舍)라는 초가집을 짓고 생활함/삼회관(三會館) 준공/KBS 기획 "호랑이 민화전"(9월 29일~10월 14일). 잠실 올림픽경기장 전시실에서 88서울 올림픽의 마스코트 호랑이를 주제로 열림. 당시 국내 미술품 전시 사상 최초로 보험에 가입. 고대박물관 7점, 호암미술관 5점, 에밀레박물관 19점, 안백순 씨 소장 3점, 진주대아고교 소장 1점을 공인 감정기관의 감정을 거쳐 보험가입

후 전시함/10월 3일, 임진각에서 개천절 기념으로 제1회 국중대회를 개최함(제

천의식으로 하늘에 제사 지내고 흥겹게 하루를 보내는 대제전으로 진행함).

1985 박물관법 제정으로 사설 박물관으로 정식으로 법적 지위 얻어 에밀레박물관 됨.

1987 삼신사 수련장 건설, 삼신학회 창립/정부로부터 보관문화훈장(寶冠文化勳章) 받음.

1988 속리산 에밀레박물관 안에 부석사의 조사당을 본떠 삼신사를 건축함.

1989 『民畵』上・下(예경산업사) 발간. 도록에 「한민화 서론」 씀.

1992 전북 부안읍 내요리 당산제 복원/Traditional Korean Painting (UNESCO) 발간.

1993 인사동 축제 복원(인사 관훈 등 5개동 전통 마을보존회와 민학회는 통일 대퍼레

이드, 동앗줄 놀이, 한마음 홍풀이 행사 등을 벌임(10월 23일~24일)/제4대 민

학회 회장 됨.

1994 김포 양촌 포구 마을에서 풍어제 행사를 부활시키는 마을 축제 개최함/미술전문

지 가나아트가 제정한 제3회 가나미술상에서 비창작 부문 수상자로 선정됨.

1995 『삼신민고』(가나아트) 발간.

1996 민학회에서 칠순 잔치 마련함/『비나이다 비나이다 : 내 민족문화의 모태를 찾아

서』(삼신학회 프레스) 발간/『삼신사의 밤』(삼신학회 프레스) 발간/『장수바위』(삼

신학회 프레스) 발간.

1998 가나아트스페이스에서 제1회 산신 호랑이전(1월7일~15일).

1999 가나아트스페이스에서 제2회 神敎미술전 "장수 도깨비전" (2월 4일~15일)/분당

AK프라자 백화점 갤러리에서 "도깨비전"/대전 엑스포 전시장에서 "어린이를 위

한 왕도깨비, 용, 호랑이전"(12월).

2000 속리산 천왕봉이 보이는 대목리 산기슭의 삼신석 곁에 묻힘 『왕도깨비 용 호랑

이』(삼신학회프레스) 발간/『우리 문화의 모태를 찾아서』(안그라픽스) 발간.

2004 제7회 자랑스런 박물관인상 수상.

참고도표

참고도표 1. 조자용의 주요 활동의 시대적 비교

연도 (년)	조자용의 주요 활동	주요 정치사	주요 문화사
1926	조자용 출생	일제강점기	
1937			한국인이 건립한 최대 건물인 화신 백화점 건축
1938			전형필 보화각 건축하여 최초의 사립박물관
1943	평양사범학교 졸업 후 초등학교에 발령		
1945	황해도에서 서울로 옴	해방	국립박물관 설립
1947	조자용 미국 유학		
1948	밴더빌트 대학 공대	1대 이승만대통령	고유섭「조선탑파연구」 발간
1950		한국전쟁	
1954	하버드 대학에서 구조공학 학위 마치고 귀국. UNKRA에서 재건 사업. 범어사 일주문을 본 후 우리 문화의 원형에 대해 인식하게 됨. 전국적인 문화재 답사 시작됨.	유네스코 한국위원회 발족	대학박물관협회 창립 (당시 우라나라 대학박물관의 위치를 짐작할 수 있음)
1955	한국 최초의 시멘트 블록 3층 건물 동산병원 기숙사 건물 건축. 한국 최초의 셸구조 건축. 계명대 본관 건물 건축. 청구대학 강의.	신익희 민주당 창당	
1956	활발한 병원 건축 활동	4대 이승만 대통령	
1957	정릉 주택단지 조성함		김중업 명보극장 건축
1961	국가재건최고회의 교통·체신 자문위원으로 임명되었으나 두 달 만에 그만 둠. 도깨비 기와 수집 시작.	박정희 국가재건 최고의회 의장 됨	김중업 프랑스대사관 김수근 워커힐 힐탑바 건축
1962		경제개발 5개년계획 1차 시작	한국미술 2000년전

1964	일본 나라시 방문하여 도깨비 기와 보고 옴. 서울 YMCA 건물 건축. 동산병원 입구 백제탑 형식으로 지음.	월남전 참전 결정	제주민속박물관 개관. 한독약사관 (한독의약박물관) 개관.
1966	남사당놀이패 지원. 심우성, 무세중과 교류.		간송미술관 개관 김수근 「공간」 창간
1967	민화(까치호랑이) 만남 (우리 문화의 맥을 발견)	6대 박정희 대통령	부여박물관 왜색 논란
1968	에밀레박물관 개관. 평화봉사단원과 외국인학교 학생들에게 영어로 우리 문화 강의.		
1970	최초의 민화책 발간. 「The Humour of Korean tiger」 '한국민화' 용어 탄생	새마을운동 시작 전태일 사망 사건 김지하 오적 사건	전국 대학생 미술전 개최
1971	민학회 창립 - 기층문화 연구		황수영 국립박물관 관장
1972	브리태니커의 벤턴홀에서 민화전을 계기로 일반인들의 민화에 대한 인식 달라짐	유신헌법 시작 8대 박정희 대통령	
1974	호랑이 담배 피우는 호렵도 발견	대통령 긴급조치 4호 선포	최순우 국립박물관 관장 취임 한국민속촌 개관
1976	화와이동서문화센터 연수 미국에서의 최초 한국민화 전시 한국민중박물관협회 창립 미국대사관저 한옥 건축	판문점 도끼만행사건	한국민중박물관협회 창립을 계기로 박물관 대학 탄생
1977	캘리포니아 파사디나 아시아박물관 민화 전시	1인당 GNP 1000불 시대 열림	제1회 대학가요제
1978	초의선사의 일지암 복원	통일주체국민회의에서 박정희 대통령 당선	박동선, 최범술, 박종한, 김미희 차문화 복원.
1979	시애틀 워싱턴 대학 내 박물관에서 민화 전시	박정희 대통령 서거 부마항쟁	시애틀 한국미술 5000년 전 열림.

1980	LA 한국문화원 개관 기념 민화전	11대 전두환 대통령	
1982	한미수교 100주년 기념 미국 민화전시. 김금화 뉴욕에서 굿판 벌임.		호암미술관 개관
1983	속리산에밀레박물관 개관	미얀마 아웅산 참사	호암미술관 개관 1주년 기념 민화 걸작전
1984			박물관법 제정
1987	보관문화훈장 받음.		

참고도표 2. 조자용, 야나기, 김호연, 김철순, 이우환의 민화관 비교

	조자용	야나기 무네요시	김호연	김철순	이우환
민화란 무엇인가?	국민 전체가 인간 본연의 모습으로 그린 멋의 그림.	민중으로부터 태어나서 민중을 위해 그려지고, 민중에 의해 사들여지는 회화.	한민족의 미의식과 정서가 표현된 옛날 그림으로 겨레그림.	장인이 한국인의 마음을 가장 직접적으로 표현한 어떤 속박도 받지 않고 자유롭게 그린 그림.	채색 생활화로서 서양의 장식화에 해당함.
민화의 유형	수, 쌍복, 자복, 재복, 영복, 녹복, 덕복, 길상, 벽사, 민족 등으로 나누고 다시 화제별로 세분.	문자화, 길상과 관련된 그림, 전통적 화제의 그림, 정물민화, 유·불·선 삼교에서 비롯된 그림.	화조화, 호랑화, 산수화, 풍속화, 속신화, 불교화, 윤리화, 장식화 등으로 나눔.	꿈, 사랑, 길상, 깨달음으로 해석.	예술성을 바탕으로 화조, 동물, 물고기, 산수, 수렵, 풍속, 사화 및 일호, 권위, 세사, 지역, 문방, 문자, 기타 등으로 나눔.

민화작가	방랑과객, 불화공, 궁중화원 등으로 나누고 국민 전체가 참여한 그림.	무명화공.	화원, 화원에서 낙오한 자, 무명의 화가.	도화서 시험에 떨어진 사람, 시험 볼 엄두를 못 낸 사람, 쫓겨난 사람 등, 장인(도화서 화원. 지방관청이나 사찰, 개인집에서 일하던 화공. 일정한 곳에 속하지 않은 화원.	도화서화원, 화원을 꿈꾼 방랑화가, 취미로 민화를 그린 귀족, 지방 방랑화가.
한국화의 분류	순수화― 남화, 북화, 문인화, 선화, 원체화. 실용화― 생활화, 기록화, 종교화, 명화.	정계회화― 감상을 위한 것 방계회화― 실용성을 수반한 생활화.	민족화, 겨레그림.	정통화, 원화, 민화.	수묵산수화, 채색생활화, 감상화, 생활화.
민화의 특성	신앙을 바탕으로 해학과 풍자의 흥을 표현 어린이 마음과 같은 순백성을 지님. animism사상의 영향으로 환상적인 표현 작가의 개인성보다도 대중 참여를 나타냄.	무명화공이 일체의 이원대립을 초원한 무사의 심성으로 그려 신비스러운 미가 내포되어 있고 비합리성, 무명성, 양산성, 실용성, 종교성 같은 특성을 가짐.	오랜 세월 동안 그려진 증거로 유형을 형성하였고 진채의 미를 가짐.	민화를 실내 장식용 그림과 종교적 내용을 담은 것으로 불교, 도교, 유교 등 사상의 직·간접적인 표현으로 봄.	생활화로 불리는 이유는 생활공간과 관계가 있음.

| 민화관의 특징 | 넓은 의미의 민화관.

호랑이 그림을 한국화 개념의 기본으로 삼을 것을 주장. | 좁은 의미의 민화관. | 불화를 제외한 채색화.

유형의 고정화와 진채 사용. | 좁은 의미의 민화관.

그림의 역사가 시작될 때부터 민화의 싹이 트고 있었다고 생각. | 초상화, 불화, 팔사품도 제외한 채색화 총체적회화론 펼치면서 한국민화의 예술성에 대해 언급. 조선시대의 회화는 양반과 서민들의 소통에 의해 완성됨. |

참고도표 3. 조자용, 김중업, 김수근의 건축 활동 비교

조자용	김중업	김수근
1926년~2000년	1922년~1988년	1931년~1986년
황해도 황주	평안남도 평양	함경남도 청진
1943년 평양사범학교졸업. 1951년 미국 밴더빌트대학 공대 토목공학과 졸업. 1953년 하버드에서 구조공학으로 학위 받음. 미국의 프랭크 로이드 라이트의 영향을 받음.	1941년 일본 요코하마고등공업학교에서 건축 공부. 1952년부터 프랑스의 르 꼬르뷔제 제자.	1950년 서울대학교 건축학과 입학했으나 중단하고 일본 도쿄예술대학 건축학과 진학 1960년 도쿄대학교 대학원 석사. 요시무라 준조, 단게 겐조의 영향 받음.
보관문화훈장 자랑스런 박물관인상	서울특별시 문화상 수상 철탑산업훈장, 은탑산업훈장	국민포장 : 범태평양 건축상 철탑산업훈장, 은탑산업훈장

1955년 대구 청구대학 강의, 서울대학교 강의	1949년 서울대 공과대학 교수, 하버드대 부설 디자인학 교수	1974년 국민대학교 조형대학장
동산병원기숙사(1955) 계명대 본관(1955) 경북대 본관(1955) 계성고 강당(최초의 셸구조 건축물, 1955) 원주 감리교 병원 광주 장로교병원 부산 침례교병원 서울 YMCA(1964) 광주 YMCA 강당 그래험기념병원 부산 구세군 본영빌딩 서울 SDA병원 전주 예수병원(1971) 을지로 메디컬 센터 주한미국대사관저(1976)	명보극장(1957) 유유산업공장(1959) 부산대 본관 건국대 도서관 서강대 본관 프랑스대사관(1961) 조흥은행 본관(1963) 제주대 본관(1964) 삼일빌딩(1969) 육군박물관(1978) 성공회 제1회관(1974) 설악파크호텔(1978) 아프리카 니제르 도자기공장(1971) 나이제리아 나고스 시의 에분올루와스포츠호텔(1978)	일본대학원 재학 중 국회의사당 설계공모당선(1960) 워커힐 힐탑바(1961) 자유센터(1964) 정동빌딩(1965) 한국과학기술연구소본관(1967) 세운상가(1967) 한국일보 사옥(1969) 타워호텔(1969) 국립부여박물관(1971) 공간사옥(1971) 남영동 대공분실(1974) 서울올림픽주경기장(1977) 주한미국대사관(1983) 경동교회(1983)
1965년, Zo & Associates, Engineers-Architects 회사 운영	1956년 김중업 건축연구소	1961년 김수근 건축설계연구소
미국 대사관저는 한옥의 현대화를 한옥이 가진 전통적 미학의 틀 안에서 서구 건축 양식의 장점을 부분적으로 첨가하는 방식으로 완성함. 미대사관저는 자연과 잘 어울리는 한옥의 아름다움과 장점을 잘 살렸고 주변 환경에 적절히 어울리도록 함.	프랑스대사관은 서양건축과 한국의 전통미를 살려서 지붕을 버선코처럼 날렵하면서도 곡선미를 표현하였음. 이 건물은 한국 현대건축의 시작이라는 평가 받음.	서울 공간사옥 구관은 벽돌로 지었고 중앙에 작은 한옥과 탑으로 구성된 것이 특징. 공간구성의 기본원칙은 친밀감을 주고 창작환경을 새롭게 조성한다는 의미에서 한국인의 체형에 맞는 human scale을 적용함.

부록 II

조자용에 관한
자료 모음

참고문헌 : 단행본 · 논문 · 도록

민문화 운동가 조자용 선생

허영환__전 성신여대교수 · 박물관장, 문화재위원

탁월한 건축가 조자용

나는 불혹의 나이가 될 무렵부터는 사람을 세 가지로 나눠 보는 버릇이 생겼다. 즉 먼저 알고 먼저 깨닫는 사람(先知先覺者), 뒤에 알고 뒤에 깨닫는 사람(後知後覺者), 알지도 못하고 깨닫지도 못하는 사람(沒知沒覺者) 등이다.

42년 전에 민학회를 만들고 초대회장직을 맡아 커다란 업적을 쌓은 대갈 조자용(大葛 趙子庸, 1926~2000), 민화연구가 · 민문화운동가 · 건축가) 선생은 분명히 선지선각자였다. 한국과 미국의 명문 대학에서 건축학을 배웠고, 영어와 일어에 능통하였으며, 키가 190㎝나 되면서도 잘 생긴 호남아였고, 우렁찬 음성으로 말도 잘 하고 글도 잘 썼으며, 말술을 마시며 주량(酒量)을 자랑했던 조자용 선생을 40여 년 전에 만났던 나는 그때부터 대갈(大葛;크고 거친 베) 앞에서는 대갈(大喝;크게 꾸짖음)만 듣는 것 같았다. "허 교수, 우리 민화를 더 연구하고 더 알리며 더 아껴야 합니다."라는 말씀이었다.

40여 년 전 한국일보 문화부 기자였던 나와 조자용 선생은 함께 만나거나 밥을 먹을 때마다 "지금이 우리 민족의 중흥기입니다.", "우리 것이 좋은 것입니다.", "가장 한국적인 것이 세계적인 것입니다.", "가장 민족적인 것이 그 민족의 특수성을 초월하여 세계적인 보편성을 갖는 것입니다."라면서 서로 맞장구를 쳤다.

그 후 나는 중국유학을 갔다 온 후 1973년부터 대학교수 생활을 했는데 이 무렵 조자용 선생은 민화에 대한 사랑과 열정을 가지고 10여 권의 책을 쓰면서 강연과 민문화 운동('民文化'라는 용어는 조선생이 창작한 것이다)을 하였으며, 서울 화곡동에 있던 에밀레 박물관(대지 1천 평에 건평 210 평)도 보은군의 속리산 자락으로 옮겼다. 1981년이었다. 넓은 터에 전통문화체험장도 만들었고 각종 행사(전시회·페스티발·이벤트)도 벌였다.

조자용 선생이 민화를 수집연구하고 민문화운동에 혼신을 다하기 전에는 한국 건축계의 탁월한 건축가였다. 미국에서 건축학을 공부하고(밴더빌트 대학과 하버드 대학원 졸업) 귀국한 후(1957년)부터 여러 건물(전주 예수병원·대구 제중병원·부산 구세군 본영·서울 YMCA 빌딩·주한미국대사관저 등)을 설계하여 자금에도 여유가 생겼다.

이 가운데서도 덕수궁 서쪽 정동 숲 속에 지은 하비브하우스(전통한옥과 양식건물을 잘 조화시켜 지었다. 1975년)는 그의 최고 걸작이다.

한옥 건축에 조예가 깊은 건축가 황두진 씨(1963년생)가 이 집(물론 조자용 선생이 심혈을 기울여 몇 년 동안 설계 감리한)에 대하여 칭찬한 긴 글에서 몇 곳을 간추려 보면 다음과 같다.

_____ 앞 뜰에는 잘생긴 석조호상(石造虎像)과 석등(石燈)이 있어 한국 정원 같다. ……안 뜰에는 경주 포석정을 닮은 연못이 있다. ……내부 공간이 7량으로 거대한 규모다. 국내의 어떤 주거용 한옥보다 규모가 크다. 외교 공관으로서 각종 행사를 치르기에 전혀 손색이 없는 규모다. ……여기에는 단순한 문화적 호기심으로 넘길 수 없는 진지함이 있다. ……또 다른 점은 서양식 생활방식을 적극적으로 수용하고 있다는 것이다. ……하비브하우스는 신발을 신고 들어가는 입식구조이며 냉난방은 건물 하부에 3피트 깊이의 피트(pit)를 조성하여 중앙집중의 플로어덕트(floor duct) 방식으로 해결했다. ……이 집은 한국의 전통적 건축양식(구축술)과 미국의 생활문화(공간의 집합)가 결합한 새로운 창작물이다. ……온돌이 없다는 점이 유일한 불만이다. ……전통적 구축술에 기반을 두고 있으면서도 생활의 요구에 따라 얼마든지 다양한 공간의 집합을 만들어 낼 수 있었던 가능성, 하브하우스는 바로 그 가능성의 한 모습을 생생하게 보여주고 있다. ……나아가 한옥이 상당한 보편성을 갖는 세계적 건축양식으로 발전할 수 있는 가능성까지도 제시한다고 하겠다.

위 글에서 보듯이 조자용은 가장 한국적이면서도 세계적인 미국 대사관저를 지은 것이다. 이렇게 독창성 · 유일성 · 개별성이 뛰어난 집을 지었던 건축가 조자용은 이 무렵부터 건축에서는 손을 떼고 민화에 몰입하기 시작했다. 또 이때부터 남편의 '미친 짓'에 화가 난 부인(영문학교수 김선희 여사, 2001년 보은에서 사망)과는 거의 매일 다투기도 하였다.

민화연구 · 운동가 조자용

조자용은 호랑이와 까치그림 · 도깨비 그림과 탈 · 용그림 · 봉황그림 · 거북그림 · 도깨비와 용무늬의 전돌과 와당 등을 모으면서도 까치호랑이 그림을 제일 좋아했다. 그리고 그 민족적 가치와 예술성을 깨닫고 앞으로는 한국을 대표하는 자랑거리 그림으로서 세계에 널리 알려야 한다고 말하고 다녔다. 그래서 그가 쓴 10여 권의 민화책 가운데 까치호랑이 그림책을 맨 처음 썼다. Humour of the Korean Tiger(1970년)였다.

1926년 황해도에서 태어난 후 2000년 1월 서울에서 세상을 떠날 때까지 74년 간의 생애를 보면 그가 얼마나 괴짜 · 도깨비 · 큰무당 · 호레이 · 아웃사이더로 살았는가를 알 수 있다.

1957년 미국생활 10년을 마치고 귀국한 후 7년 동안은 집짓는 일(양식과 한식 건물)을 하였지만 민화에 관심을 가지고 수집하기 시작(1960년대 중엽부터)하였다.

1969년에는 화곡동에 에밀레박물관(처음 몇 년간은 미술관이라 했고 대지는 1천평·건평은 210평이었으며, 지하실은 건축설계 사무공간이었다)을 짓고 본격적으로 민화와 도깨비탈 등을 수집했다.

1970년 조선호텔에서 열린 UNESCO 회의에 참가한 외국인들에게 한국민화를 알리기 위해 자비를 들여 책(얇았지만 A4용지 크기의 칼라판)을 냈다. 자기 돈으로 책을 내고 외국문화인들을 대접하고, 신문사 문화부를 찾아다니는 그를(40대 중반의 잘생긴 신사였다) 나는 존경하지 않을 수 없었다.

1970년부터 1980년 보은으로 에밀레박물관을 옮기기까지 거의 매년 책을 냈고, 1976년부터는 미국과 일본에서 전시회를 열고 강연도 하였다. 이때 낸 책은 『한얼의 미술』, 『한국민화의 멋』, 『Flavor of the Korean Folk Painting』, 『서낭당』, 『韓畵 虎郎圖』, 『李朝民畵の心』, 『韓虎의 美術』, 『한화 金剛山圖』, 『Life of Buddha』, 『금강산』, 『삼신민고』, 『비나이다 비나이다 내 민족문화의 모태를 찾아서』, 『Introduction to Korean Folk Painting』이다.

1980년 에밀레박물관을 보은으로 옮기고서는 전통문화체험장도 만들고 각종 행사도 벌였다. 무녀인 김금화를 데려다 삼신굿과 살풀이굿도 했다. 또 삼신학회도 만들었다. 이 무렵부터는 이상한 기행을 많이 해서 별명(큰무당·도깨비 등)을 달고 다녔다. 이후에도 책은 더 냈다.

『한국호랑이』(1984년), 『민화란 무엇인가』(1989년), 『Traditional Korean Painting』(1992년), 『民文化 서설』(1997년), 『어린이를 위한 왕도깨비, 용, 호랑이』(1999년), 『우리 문화의 모태를 찾아서』(2001년, 사후 출판) 등이다.

민화와 민문화를 연구하고 널리 알리기 위해 30여 년 간 몸과 마음과 돈을 다 쏟아 부은 조자용의 하이라이트는 1999년 12월에 열린(45일간) 대전 엑스포전시장에서의 대행사였다. 1천 평이나 되는 넓은 전시장에 도깨비·용·호랑이·봉황·거북 등의 민화를 걸고, 도록을 만들고, 마이크를 들고 다니면서 해설하는 74세의 하얀 수염이 얼굴 가득 난 노인은 피로에 지쳤고 열광에 들떠 있었다. 그리고 행사 마지막을 10여일 남기고 쓰러졌다. 급히 서울 삼성병원으로 옮겼으나 10일 만에 세상을 떠났다. 2000년 1월 29일 사망 원인은 심근경색증.

딸 하나만 둔 그에게는 미더운 제자 겸 '아들'이 있어 그의 장례를 잘 치를 수 있었다. 1973년부터 에밀레박물관 학예사가 된 윤열수 박사(가회민화박물관장)가 선배며 스승인 조자용 선생을 정성껏 모신 것이다. 윤열수 관장은 매년 제사를 드렸고 10년 후에는 조자용 추모비(전체 예산이 약 1억 원쯤 들었다)도 세워 드렸다(2010년 10월 10일). 물론 150여 명이나 되는 선후배와 지인, 후학들이 성금을 내기도 했지만 큰 비(3m×3m 크기에 9t 무게)와 대석(4t 무게)을 속리산 천왕봉 아래 대목리까지 옮겨 세우는 일은 큰일 중의 큰일이었다.

김종규·박현숙·송규태·송창수·엄미금·윤범모·윤열수·최홍순·허균·허영환 등 40여 명은 옛 생각을 하며, 조자용 선생을 추념하며 제사도 지냈다. 따뜻한 가을날이었다.

추모시 · 추모사 · 후학들

대갈 조자용선생 추모비(大葛 趙子庸先生追慕碑)에 새겨진 추모시(홍
강리 지음) 추모사(후학들 지음) 글씨(김동인 씀)의 내용은 다음과 같다.
앞면에는 비명(碑銘)과 추모시(追慕詩), 뒷면에는 추모사(追慕詞)와 지
인, 후학들의 명단이 새겨져 있다.

추모시

대한강토 큰 인물로 황주 땅에 태어나
갈매빛 꿈을 이뤄 하버드서 학위 받고
조선얼 기리고자 민화세상 섭렵하며
자강불식 연마하여 건축사 새로 쓰니
용솟는 그 기세가 온 누리에 가득차매
선생께서 남긴 업적 후세에 빛이 될 터
생전에 못다 이루신 청사진 가슴 품고
송덕찬사 뒤로한 채 천왕봉 신선 됐네.

추모사

모름지기 한 민족의 문화는 그 민족이 보존해온 문화유산을 중심으로
가늠할 수 있다. 그러나 우리가 그 동안 보존해 온 문화재에 대한 인식은
외래문화나 지배층의 그것이었을 뿐, 정작 소중하게 지켜야 할 민족문화
나 기층문화는 오랫동안 소외되고 심지어 천시당한 시절이 있었다고 해
도 과언이 아니다.

그 암울한 시기에 민족문화의 바탕을 이루는 한민족 고유의 문화를 찾고 들춰내어 그 빼어남과 소중함을 일깨워주고 긍지를 심어주신 큰 스승이 계셨으니 그가 바로 호레이 조자용 선생이시다. 선생이 아니었던들 단군 이래 면면히 이어져 내려온 민족문화의 정수를 어찌 우리가 다시금 북돋을 수 있었을 것인가.

1926년 황해도 황주에서 태어난 선생은 뛰어난 구조공학자이자 건축가였다. 21살 되던 1947년 미국으로 건너가 밴더빌트 공대와 하버드대학원을 졸업하고 1957년 귀국하여 6.25 전쟁으로 폐허가 된 조국 땅에 대학교, 종합병원 등 많은 건축물을 지었다. 특히 서울 정동에 한옥으로 지은 미국 대사관저, 종로 2가 YMCA빌딩, 부산 구세군 본영 등이 건축가로서 선생의 혼이 담긴 걸작들이다.

그러나 석굴암 다보탑 등에 구현된 우리 옛 건축의 아름다운 선과 구조를 현대건축에 불러들여 되살리는 작업을 하던 중 선생은 한국의 기층문화와 민중 속에 스며있는 한국문화의 원형과 같은 "우리 문화의 모태"의 정겨움과 소중함에 새롭게 눈뜨게 된다. 이후 선생의 삶은 우리 기층문화에 담긴 민족혼의 정수를 찾고 밝히고 널리 알리는 데 오롯이 바쳐졌다. 긴 세월에 걸쳐 전국 방방곡곡을 누비며 누구도 눈여겨보지 않던 옛 기왓장이며, 옹기며, 민화 등을 수집, 분류하고 연구했다. 특히 민족미술의 도도한 줄기로서 민화의 가치를 새롭게 조명함으로서 민중미술의 꽃으로 민화 연구의 든든한 초석을 놓은 것은 영원히 잊혀지지 않을 그의 빛나는 업적이다.

선생은 세심한 학자일뿐더러 민족문화의 열정적인 전도사이기도 했다. 1970년 개관한 에밀레박물관은 우리나라 사립박물관의 반석이 되어 기층문화연구의 요람과도 같은 곳이었다. 이곳을 중심으로 결성되어 선생이 초대회장을 맡은 한국민중박물관협회는 오늘날 (사)한국박물관협회의 시초가 되었다.

1970년대 문화계에 큰 화두를 던진 민학(民學)운동을 비롯, 개천절 국중대회, 마을 신단의 재건, 곳곳에 장승을 세우는 일, 잃어버린 마을축제의 재현, 삼신사(三神祠) 겨레문화수련장 운영 등 수많은 문화운동들은 전적으로 그의 아름다운 열정과 집념이 이룬 결실이었다.

이렇듯 열정적인 활동을 펼치던 선생은 2000년 1월 30일 대전 엑스포 대형 전시장에서 미래의 주인공인 어린이들을 위해 호랑이 도깨비 전시회를 개최하던 중 과로로 75세를 일기로 타계하셨다.

선생은 비록 가셨지만 그가 고독하게 뿌린 씨앗은 어느새 단단히 뿌리를 내려 꽃을 피우기 시작했고, 그가 품었던 나라사랑과 민족문화사랑의 정신은 후학들에게 고스란히 이어져 활발한 연구의 동력이 되고 있다. 실로 선생이 이 땅에 살았기에 우리는 한국인임을 더욱 자랑스러워할 수 있었다.

조자용 선생을 자랑스러워하고 그리워하는 후학들은 이 조촐한 비를 세워 선생의 고귀한 집념과 열정이 민족문화를 사랑하고 연구하는 많은 이들에게 두고두고 귀감이 되기를 기원한다.

후학 일동
전면 글 홍강리, 글씨 운곡 김동인

서산대사와 공우公羽 조자용趙子庸

구활_작가

경남 양산의 통도사로 답사를 떠나는 아침에 속리산 쪽에서 부음 하나를 받았다. 조자용 두령님의 제자인 서완식 선생께서 두령님의 입적 소식을 전해 온 것이었다. 미리 예정해 놓은 답사 일정도 일정이려니와 음력 세밑 나흘 전이어서 서울의 삼성의료원까지 가고 올 차표 마련이 여간 어려운 게 아니었다. 집을 나서면서 북쪽을 향해 마음의 절을 올린 다음 "두령님, 속리산 천왕봉 밑 대목리 묘소에서 뵙겠습니다."고 말씀드린 후 답사를 떠났다. 그러나 마음 한구석엔 뭔가 찜찜한 게 영 개운치가 못했다.

우리 답사 팀은 통도사를 둘러본 후 진도 해남 강진을 거쳐 곧 어둠이 찾아올 것 같은 겨울 오후에 두륜산 대둔사에 도착했다. 3일째 계속된 호남의 폭설 주의보는 신나는 유적 답사 일정에 낭만기를 덤으로 얹어 주었다. 모든 대원들은 마치 화이트 크리스마스를 맞은 아이들처럼 즐거워하고 있었다. 절로 향해 뻗어있는 진입로는 하얀 눈으로 덮여 있었다. 밑창이 닳은 운동화는 눈길 걷기가 다소 불편했지만 아랑곳하지 않았다.

일전에 들렀던 계룡산의 갑사(甲寺)가는 길이 그렇게 아름답더니 이곳 대둔사 가는 길도 우열을 가리기가 어려울 정도로 운치로웠다. 갑사를 둘러보고 내려오면서 나는 취재노트에 나무들이 제마다 가슴팍에 달고 있는 그들의 명찰의 이름들을 적은 기억이 난다. 말채나무(층층나무과), 시무나무, 꾸지뽕나무, 회화나무, 쉬나무, 비목나무(녹나무과), 풍게나무(느릅나무과), 갈참나무, 물푸레나무, 때죽나무 등.

나는 천년을 버티고도 아직 자신 있다는 듯 서있는 이곳 대둔사 앞길의 아름드리나무들을 훑어보았다. 우리 소나무라고 해야 할 적송을 주축으로 참나무, 상수리나무, 느티나무, 단풍나무, 벚나무, 동백 등이 울울창창 숲의 터널을 이루고 있었다. 누가 나무는 보고 숲은 보지 못한다고 했던가. 여긴 나무도 보이고 숲도 보이고 그리고 보이지 않는 것들까지 훤하게 보였다.

피안교를 건너 일주문을 지났다. 중생의 세계에서 바야흐로 부처님의 나라로 들어왔던 것이다. '눈이 오고 있다.'는 말로 형언할 수 없는, 다시 말하면 동심으로 돌아가 버린 약간은 버릇없는 오만방자함이 일주문을 들어서면서도 떨쳐버리지 못했음인지 나 원 참, 이럴 수가 있나. 왼발이 중심을 잃는 순간 그만 호박이 땅에 떨어지는 소리가 나고 말았다. 머리통이 잘 다져진 눈길에 부딪히자 두 눈에는 불꽃이 튀었다. 정신도 잠시 혼미해 졌다. 바로 부도밭 앞이었다.

정신을 가다듬고 몸을 추스르고 있으려니 부도밭에서 갑자기 웃음소리가 나는 것 같았다. 휴정(休靜) 서산대사를 비롯하여 제자인 사명당 유정스님과 뇌묵당 처영스님은 물론 초의선사와 혜장선사까지 부도에 모셔진 모든 선사들이 합창으로 끌끌끌 웃고 계시는 것 같았다. 그때 나는 문득 공우 조자용 두령님도 입적하신 후 이곳 두륜산 대둔사 부도밭에 오셔서 이미 먼저 가신 선사들의 반열에 끼어 그들과 함께 눈길에 미끄러진 나를 보고 웃고 계시는 것 같았다. 두령님은 스님은 아니었지만 꼭 그럴 것만 같았다.

평소에 나는 서산대사에 대해 별로 아는 바가 없었다. 그러니만치 서산대사와 공우 조자용 두령님을 비슷한 선상에 두고 생각해볼 겨를조차 없었다. 그런데 서산대사 유물관에서 스님이 다 되어버린 듯한 일흔을 넘은 유물관 지킴이의 설명을 듣는 순간 어쩌면 서산대사와 조자용 두령님은 몹시 닮아있다는 생각이 언뜻 머리를 스쳤다.

"대사님은 이 곳 두륜산 대둔사에 오신 적이 없어요. 선조 36년 추운 겨울날 아침 묘향산 원적암에서 입적하실 시간을 눈앞에 두고 제자들에게 마지막 설법을 했습니다. 당신의 가사와 발우를 해남 땅 두륜산 대둔사에 두라고요. 대사님은 그 이유를 궁금해 하는 제자들에게 '그곳은 종통(宗通)이 돌아갈 곳이며 만세토록 허물어지지 않을 땅'이라고 하셨지요. 그래서 제자들은 묘향산 보현사와 안심사에 부도를 세워 사리를 봉안한 후 금란가사와 발우는 이곳 대둔사로 모셨지요. 불가에서 가사와 발우를 전한다는 것은 곧 자신의 법통을 전하는 것이기 때문에 대사님의 법맥은 이곳 대둔사에서 이어지게 되었지요. 아시겠지요."

그렇다. 조자용 두령님도 아무런 연고 없는 속리산 기슭에 에밀레박물관을 세우시고 해마다 개천절이 오면 국중대회를 열어 전국의 끼있는 유·무명 인사들을 끌어들여 잔치마당을 펼치셨다. 인텔리 무당 김금화 여사도 단골이었고, 사물놀이패 김덕수는 물론 멀리 제주에서 오돌또기 패들까지 찾아왔다. 단군 할아버지께서 나라를 여신 날 여든한 마리의 두둘이가 나타나 개국을 축하했듯이 우리도 두둘이가 되어 "수지 무지 족지 도지" 밤새도록 춤추며 단군할아버지의 창업을 축하해야 한다는 것이 두령님의 생각이셨다.

"춤을 춰라. 춤을 춰." "춤출 줄 몰라요." "이런 세상에. 춤을 누가 배워서 추나. 두둘이들이 댄스 강습소엘 다닌 적 있어." "춤춰라. 춤춤. 춤을 춰."

이것이 두령님의 지론이셨다.

이북 출신인 두령님은 미국 하버드대에서 구조역학을 전공하셨다. 귀국 후에는 서울대 공대 건축학과의 교수직도 마다하시고 당신이 추구하는 이상향 건설을 위해 대구의 청구대에서 제자들을 길러내셨다. 그러면서 미션스쿨인 계성고등학교의 다릿발 없는 대형 강당인 돔 건물을 처음으로 설계하신 것을 비롯, 경북대 본관 건물과 동산병원 등 대구에서 많은 건축물을 설계하셨고, 또 시공에도 직접 참여하셨다. 그러다 우리의 민속에 관심을 두시고 급기야는 전국에 흩어져 있는 민화와 그 중에서 특히 호랑이 그림을 열심히 모으셨다.

서산대사는 지리산 밑에 벽송사를 세운 벽송(碧松)선사의 법통을 이어받은 부용(芙蓉)과 경성(敬聖)의 제자이다. 그는 지리산에서 20여 년을 살며 사기(寺記)와 고승들의 전기를 기록했다. "동해 가운데 한 산이 있으니 지리산이다. 지리산의 북 쪽 봉우리가 반야봉이다. 한나라 소재(昭宰) 3년(BC 78) 마한의 왕이 진한 변한의 난을 피해 도성을 쌓을 때 황정 두 장수에게 일을 맡겨 감독케 했다. 그 후 고개 이름을 장수의 이름을 따 황령과 정령으로 불렀다." 서산대사는 황령정사를 "극락을 방불케 하는 황홀한 동산"이라고 극찬했다. 대사가 기술한 것을 유추해 보면 달궁마을 또한 2천 년 전에는 '달의 궁전'이 세워져 있던 왕궁터일 가능성은 매우 높다. 실제로 1928년 7월 심원계곡에서 쏟아진 물이 달궁마을을 덮쳐 3가구가 떠내려갔다. 다음날 물이 빠지고 난 뒤 왕궁터로 보이는 자리에 다섯 아름의 괴목나무와 네 아름의 감나무의 그루터기가 발견됐다. 그리고 지름 1.5m인 질그릇 시루와 수십 개의 청동 숟가락과 동경 2개가 나왔다.

이렇듯 지리산 속의 묵은 역사를 찾아 다녔던 서산대사와 민중 속에 숨어 있던 민화를 찾아다녔던 조자용 두령님이 동시대인은 아닐지라도 생각하는 바와 그 사상의 맥은 결국 한 뿌리가 아닐까 하는 생각을 떨쳐버릴 수가 없다. 조자용 두령님이 젊은 시절 한창 호랑이 민화를 찾아 나섰을 때 이런 일화가 있다.

지방 어느곳에서 호랑이 병풍이 나왔다. 이 소식을 듣고 달려간 두령님은 달라는 돈을 다 주고도 너무 너무 좋아서 팔뚝에 차고 있던 롤렉스 시계와 타고 갔던 자가용 지프까지 줘버리고 병풍을 둘러매고 걸어 나왔다는 얘기는 골동가의 전설처럼 전해 내려오고 있다.

서산대사는 승과(僧科) 제1회 합격생이며 제자인 사명당은 2회 합격생이었다. 서산이 선조대왕을 단 한 번 만났던 적이 있다. 정여립이 주동이 되어 무슨 일을 저질렀는데 이때 붙잡힌 요승 무업이가 "내 뒤에는 서산대사와 사명당이 있다."고 터무니없는 거짓말을 하게 된 것이 두 사람이 해후케 된 연유가 되었다. 이때 선조는 "그럴 리가." 하면서도 서산대사를 불러 올려 직접 심문을 하게 되었다. 두 사람은 서로 시(詩)를 지어 문답을 했는데 선조는 서산대사의 결백함을 알고 오히려 송구스러워했다고 한다. 이것이 나중 임진왜란이 일어났을 때 서산대사가 승병을 일으키는 계기가 되었다.

당시 불교는 선(禪)과 교(敎)로 나뉘어져 있었다. 그리고 스님들은 좌선 진언 염불 간경 등 자신들의 수행방법만을 최고로 고집하던 때였다. 서산대사는 "선은 부처의 마음이요, 교는 부처의 말씀이다."라는 논리를 펴 선종과 교종 양종을 통합하는 데 큰 몫을 하신 분이다. 조자용 두령님은 단군할아버지를 신화 속의 주인공으로 생각하지 않으셨다. 단군할아버지를 건국의 실체로 인정하셨고 삼신사상을 정립하신 분이시다. 지금도 속리산 에밀레박물관에는 단군 성전과 삼신을 모시는 사당이 있다.

그리고 두령님은 살아 생전에도 서산대사가 후진을 양성했듯이 앞으로 에밀레박물관을 이끌고 갈 후학을 염두에 두신 듯했다. 두령님의 제자 중에는 속리산에 무슨 연수를 왔다가 그냥 눌러 앉아 두령님의 가르침을 배우기 시작했던 서울대 법대생 2명이 있었다. 그 중 한 사람이 두령님의 부음을 전해 준 서완식 선생이다. 그는 지금 서울 생활을 청산하고 솔가하여 속리산 아래 삼가리에 살고 있다. 아마 그가 서산대사의 제자 사명당처럼 두령님이 못다 하신 일들을 훌륭하게 이뤄내리라고 믿고 있다.

조자용 선생님이 나의 두령님이 된 내력을 적어 둬야겠다. 80년대 초인가 신년휴가를 속리산에서 보내기 위해 눈길을 달려 에밀레박물관으로 올라갔다. 아무 안주 준비 없이 우리 일행을 맞은 선생님은 주전자에 시바스 리갈이란 서양 술과 시원한 찬물을 한데 붓고 그 술이 마치 산열매를 따다 담근 과일주와 비슷한 것이라고 설명하셨다. 그리고 보은에서 안주가 도착할 때까지 청자 대접 하나를 끄집어내 그 그릇의 설명을 안주로 삼았으나 아무도 눈치 채지 못했다. 그러나 그 술맛은 지금 생각해도 일품이었다.

심부름을 다녀 온 운전기사가 "선생님 안주 갖고 왔는데요."라고 말하자 나는 정신이 퍼뜩 들었다. 나는 "선생님께서는 여태까지 안주 없이 빈 술 먹이는 방법을 가르치셨군요."라고 말씀을 드렸다. 그랬더니 공우 선생님께서는 "그래 먹을 것이 없으니 청자 대접이라도 안주 삼아야지. 자네는 두목의 자격이 있어."라고 말씀하셨다. 그 일이 있은 후 선생님은 두령이 되셨고 나는 두목이 되어 많은 편지들을 주고받았다. 그리고 공우(公羽)라는 아호는 선생님께서 일흔을 넘기시면서 할아비 옹(翁)자를 풀어 공(公)우(羽)라고 자호하신 것 같은데 그 내력은 자상하지 못하다.

부도밭 앞에서 넘어졌다 일어나 대웅전을 향해 걸어갔다. 머리통은 띵

하고 목줄이 뻣뻣하여 "어디 막걸리라도 한 잔 했음 쓰것다."라고 생각하면서 미끄러운 눈길을 계속 걷고 있었다. 그런데 웬일인가. 이곳으로 오신 지 얼마 되지 않았다는 조자용 두령님께서 부도밭 난간을 훌쩍 타 넘어와 동행을 하시며 말을 건네셨다.

"구 두목, 우리 어디 가서 청자 대접에 막걸리나 한 사발 하지."

참고문헌

단행본

고연희, 『조선시대 산수화』 돌베개, 2007.

고유섭, 『한국건축미술사초고』 대원사, 1999.

구보타 시게코 · 남정호, 『나의 사랑 백남준』 이순, 2010.

김교빈, 『이언적』 성균관대학교출판부, 2010.

김성기, 『韓國의 傳統文化』 월인, 2001.

김수근과 장세양, 『공간사옥』 시공문화사, 2003.

김영미, 『그들의 새마을 운동』 푸른역사, 2000.

김운학, 『한국의 차문화』 이른아침, 2004.

김원일, 『발견자 피카소』 동방미디어북스, 2002.

김의정, 『차의 선구자 명원 김미희』 학고재, 2010.

김정희, 『불화 - 찬란한 불교 미술의 세계』 돌베개, 2009.

김중업, 『건축가의 빛과 그림자』 열화당, 1984.

김진숙, 『샤머니즘과 예술치료』 학지사, 2010.

김철순, 『한국민화논고』 예경출판사, 1991.

김태연, 『한국의 근현대 차인열전』 도서출판이른아침, 2012.

김호연, 『한국의 민화』 열화당, 1976.

노승대, 『마을축제』 민학선서, 1993.

데브라 브리커 발켄, 정무정 번역, 『추상표현주의』 열화당, 2006.

데이비드 코팅턴, 전경희 번역, 『큐비즘』 열화당, 2003.

돈 베이커, 박소정 번역, 『한국인의 영성』 모시는사람들, 2012

로리 슈나이더 애덤스, 박은영 번역, 『미술사방법론』 서울하우스, 2009.

마이클 설리번, 한정희외 번역, 『중국미술사』 예경, 2011.

마순자, 『Pablo Picasso』 예경, 1996.

문명대, 『한국미술사 방법론』 열화당, 2000.

문용직, 『주역의 발견』 부키, 2007.

민학회, 『民學』 제1집, 에밀레미술관, 1972.

_____, 『民學』 제2집, 에밀레미술관, 1973.

_____, 『民學會報』 1, 2, 3권.

박길룡, 『한국 현대 건축의 유전자』 공간사, 2005.

박용숙, 『한국미술의 기원 – 미술사의 근본문제』 예경, 1990.

_____, 『한국화의 세계』 서울일지사, 1975.

박정혜 등, 『왕과 국가의 회화』 돌베개, 2011.

박문순, 『금강산도 연구』 일지사 1997.

박찬승, 『민족주의 시대』 경인문화사, 2007.

박홍규, 『윌리엄 모리스 평전』 개마고원, 2007.

서수경, 『프랭크 라이트』 살림출판사, 2004.

선경식, 『진창에 뒹굴고 피투성이가 되어도』 시몬출판사, 1990.

손태룡, 『매일신문음악기사색인』 영남대학교출판부, 2002.

송호정, 『단군 – 만들어진 신화』 산처럼, 2004.

신원봉, 『인문으로 읽는 주역』 부키, 2009.

안휘준, 『청출어람의 한국미술』 사회평론, 2010.

_____, 『한국회화사』 일지사, 1980.

야나기 무네요시, 이길진 번역, 『조선과 그 예술』 신구, 2006.

엔도 키미오 글, 이은옥 번역, 『아시아 동물기 한국의 마지막 표범』 2013.

오출세, 『한국민간신앙과 문학연구』 동국대학교출판부, 2002.

유병용, 『한국 근대사와 민족주의』 집문당, 1997.

윤사순, 『실학의 철학적 특성』 나남, 2008.

윤열수, 『민화 이야기』 디자인하우스, 2007.

_____, 『신화 속 상상동물 열전』 한국문화재 보호재단, 2010.

_____, 『월간민화』 지디비주얼, 2014.

윤진영 등, 『왕의 화가들』 돌베개, 2012.

이광주, 『윌리암 모리스 세상의 모든 것을 디자인 하다』 한길아트, 2004.

이동연, 『전통예술의 미래』 채륜, 2010.

이동주, 『韓國繪畫史論』 열화당, 1994.

이선옥, 『사군자-매란국죽으로 피어난 선비의 마음』 돌베개, 2011.

이우환, 『만남을 찾아서』 학고재, 2011.

_____, 『여백의 예술』 현대문학, 2002.

_____, 『李朝의 民畫-構造로서의 繪畫』 열화당, 1977.

이인범, 『조선예술과 야나기 무네요시』 시공사, 1999

이재인 · 조병수, 『한국의 기와 문화』 태학사, 1998.

인권환, 『한국 전통문화의 현대적 모색』 태학사, 2003.

일연학연구원, 『三國遺事』 대한불교조계종, 2003.

임부연, 『실학에 길을 묻다 -정약용과 최한기』 김영사, 2007.

임석재, 『서울 건축 -개화기~일제강점기』
　　　　　이화여자대학교출판부, 2011.

_____, 『지혜롭고 행복한 집 한옥』 인물과 사상사, 2013.

전남일 등, 『한국 주거의 사회사』 돌베개, 2008.

_____, 『한국 주거의 미시사』 돌베개, 2009.

_____, 『한국 주거의 사회사』 돌베개, 2008.

정 민, 『한서이불과 논어병풍』 열림원, 2000.

정병모, 『무명화가들의 반란 민화』 다할미디어, 2011.

_____, 『미술은 아름다운 생명체이다』 다할미디어, 2001.

_____, 『민화, 가장 대중적인 그리고 한국적인』 돌베개, 2012.

정우영, 『선인들과 함께 하는 금강산 기행』 인화, 1998.

정인하, 『김중업 건축론─시적 울림의 세계』 산업도서출판공사, 1998.

_____, 『김수근 건축론─한국건축의 새로운 이념형』 미건사, 1996.

정재식, 『전통의 연속과 변화』 아카넷, 2004.

정현기, 『恨과 삶』 솔 출판사, 1994.

제임스 캐힐, 조선미 역, 『중국회화사』 열화당, 2002.

조자용, 『民學』 2권, 『韓畵 金剛山圖』 에밀레박물관, 1973.

_____, 『비나이다 비나이다』 삼신학회프레스, 1996.

_____, 『삼신민고』 가나아트, 1995.

_____, 『왕도깨비 용 호랑이』 삼신학회, 2000.

_____, 『우리 문화의 모태를 찾아서』 안그라픽스, 2001.

_____, 『장수바위』 삼신학회프레스, 1996.

_____, 『한얼의 미술』 에밀레미술관, 1971.

_____, 『한호의 미술』 에밀레미술관, 1974.

_____, 『金剛山圖』 · DIAMOND MOUNTAIN』 에밀레미술관, 1975.

_____, 『삼신사의 밤』 삼신학회, 1996.

_____, 『한국민화의 멋』 엔싸이클로피디어 브리태니커, 1972.

조정환 외, 『플럭서스 예술 혁명』 갈무리, 2011.

조흥윤, 『한국의 샤머니즘』 서울대학교출판부, 2000.

존 카터 코벨, 김유경 역, 『부여기마족과 왜(倭)』 글을읽다, 2006.

_____, 『일본에 남은 한국미술』 글을 읽다, 2008.

주남철, 『한국건축사』 고려대학교출판부, 2000.

주자나 파르치, 홍은정 번역, 『현대미술에 관한 101가지 질문』 경당, 2010.

진홍섭, 『한국미술사』 문예출판사, 2006.

집문사편집부, 『Le Corbusier 1946~1957 르꼬르뷔지에 전작품집』 집문사, 1978.

질케 폰 베르스보르트─발라베, 이수영 역, 『이우환─타자와의 만남』 학고재, 2008.

채효영, 『서양미술사 강의』 청년사, 2013.

천이두, 『한의 구조 연구』 문학과 지성, 1993.

최 열, 『한국현대미술비평사』 청년사, 2012.

최장집, 『민중에서 시민으로』 돌베개, 2009.

최정운, 『한국인의 탄생』 미지북스, 2013.

최준식, 『한국의 풍속 민간신앙』 이화여자대학교출판부, 2004.

콜린 윌슨, 이성규 역, 『아웃사이더』 범우사, 1974.

탁석산, 『한국의 민족주의를 말한다』 웅진닷컴, 2004.

한국역사연구회 현대사연구반, 『한국현대사 3』 풀빛, 1993.

한영우 외, 『다시, 실학이란 무엇인가』 푸른역사, 2007.

허균, 『궁궐장식』 돌베개, 2011.

____, 『사찰 장식 그 빛나는 상징의 세계』 돌베개, 2000.

홍가이, 『現代 美術. 文化 批評』 미진사, 19870.

홍석모, 정승모 번역, 『동국세시기』 풀빛, 2009.

홍용선, 『현대 한국화론』 월간미술세계, 2007.

황두진, 『한옥이 돌아왔다』 공간사, 2006.

황정연 등, 『조선 궁궐의 그림』 돌베개, 2012.

후지시마 가이지로, 이광노 번역, 『韓의 건축문화』 곰시, 1986.

Charles Russelld 외, 『Self-Taught Art』 University Press of Mississippi, 2001.

East-West Center, 『Culture & language learning newsletter』 vol. 4, no. 2,(1976, 3)

_____, 『East-West Center Magazine』 winter 1976.

Helmut Theodor Bossert, 『Folk Art of Europe』 1953.

Michael Owen Jones, 『Exploring Folk Art』 University Press of Colorado, Utah State University Press, 1993.

Zozayong, 『The Humour of Korean Tiger』 Emile Museum, 1970.

民藝編輯委員會, 『民藝』 6月号 738, 日本民藝協會, 2014.

_____, 『民藝』 9月号 705, 日本民藝協會, 2011.

朴銀順 『金剛山圖 硏究』 일지사, 1997.

水尾比呂志, 『柳宗悅 民藝紀行』 岩波文庫, 1986.

松井 建, 『柳宗悅と民藝の現在』 吉川弘文館, 2005.

中見眞理, 『柳宗悅 時代と思想』 東京大學出版会, 2006.

集文社編輯部, 『Le Corbusier 1946～1957. 르 꼴부지에 전작품집』
集文社, 1978.

논문

강관식, 「조선시대 도화서 화원제도」 『화원』 삼성미술관 리움, 2011.

고연희, 「책가도에 펼쳐진 시(詩)·문(文)」 계명대학교한국민화연구소, 2014.

구활, 「서산대사와 공우(公羽) 조자용(趙子庸)」 영남수필회, 2004.

김병민, 「동아시아 근대 지향과 태동과 주변 지식인의 자각」 『박지원. 박제가 새
로운 길을 찾다』 경기문화재단, 2006.

김용권, 「조선후기 민화 제작방식」 『민화학회 학술세미나』 한국민화학회, 2014.

김원교, 「그대로 박생광의 회화세계연구」 경희대학교 석사학위논문, 1990.

김유정탄생100주년기념사업추진위원회, 「한국웃음문화의 전통에 대한
토론문」 『한국 의 웃음 문화』 소명, 2008.

김이순, 「민화와 한국현대미술」 영월 국제 박물관 포럼, 2013.

김철순, 「한국민화의 주제와 정신」 『민화』 하권, 예경산업사, 1989.

김철순, 박용숙, 「한국민화」 3월호, 중앙일보사, 1978.

김쾌정, 「한국민중박물관의 변천」 『한국박물관 협회 30년』
한국박물관협회, 2007.

김현,　　　「88올림픽 마스코트 호돌이 비화」, 한국범보존기금, 2013.

김호,　　　「생활사 연구와 이규경」『19세기 조선, 생활과 사유의 변화를

　　　　　보다』 돌베개, 2005.

김홍남,　　「궁화: 궁궐 속의 민화」『민화와 장식 병풍』

　　　　　국립민속박물관, 2005.

류지연,　　「야나기 무네요시─미의 탐구여정」『야나기 무네요시』

　　　　　국립현대미술관, 2013.

민학회편집부, 「醉決時代 의 열마디 소리」『민학회보』 10호, 1985.

변영섭 외,　「문인화 읽기와 사의성 이해」『미술사 자료와 해석』

　　　　　일지사, 2008.

스기야마 다카시, 「야나기 무네요시의 생애와 업적」『야나기 무네요시』

　　　　　국립현대미술관, 2013.

신나경, 「야나기 무네요시의 민예운동과 내셔널리즘─일본의 미를 중심으로」

　　　　　소명출판, 2012.

신영훈,　「시작의 첫마디」 민학회보 창간호, 1976.

안창모,　「미스터리와 히스토리의 주인공, 건축가 조자용」

　　　　　조자용기념사업회, 2014.

안휘준,　「한국민화산고」『민화걸작전 도록』 삼성미술문화재단, 1983.

양정무,　「한국적 추상의 탄생─1970년대 한국추상미술의 역사적 의미에 대하여」

　　　　　『고요한 울림』 우양미술관, 2014.

양종승, 「황해도 무속과 무당 우옥주」『민학』 민학회보 30호, 1994.

윤범모,　「민화라는 용어와 개념, 다시 생각하기」『민화란 무엇인가』

　　　　　한국민화센터, 2013.

＿＿＿, 채색화의 복권과 회화사 연구의 반성」『길상』 가나아트, 2013.

윤열수, 「한국민화의 중시조, 조자용의 생애와 발자취」『한국민화』

　　　　　한국민화학회, 2012.

_____, 「사찰벽화 속 민화」, 『영월국제박물관 포럼』, 2013

윤진영, 「궁중회화와 민화의 경계」, 『민화란 무엇인가』, 한국민화센터, 2013.

_____, 「조자용의 민문화 연구와 저술」, 조자용기념사업회, 2014.

윤태석, 「한국박물관 협회의 창립30년」, 『한국박물관 협회 30년』,
　　　　한국박물관협회, 2007.

윤호기, 「새문안교회 4차 성전 건축 」, 새문안교회, 1966.

이겸노, 「회장피선의 뒤안」, 민학회보 제2호, 1976.

이만주, 「건축가 겨레문화연구가 조자용」, 『우리 문화의 모태를 찾아서』,
　　　　안그라픽스, 2000.

이병진, 「야나기 무네요시의 인간부재로서의 '민예'론 읽어보기」,
　　　　소명출판, 2012.

이상국, 『조선 후기 호렵도 연구』, 경주대학교 문화재학과 박사논문, 2012.

이성수, 「김수근 건축철학의 한국성에 관한 연구」, 『한국일러스학회지』 제 11권
　　　　3호, 한국일러스아트학회, 2008.

이영실, 「조자용의 민화연구와 민화운동」, 『한국민화』 제 4호, 한국민화학회, 2013.

이예성, 「윌리엄 모리스 유토피아 소식과 중세주의」, 『경주대학교논문집』
　　　　제 19 집, 경주대학교, 2006.

_____, 「윌리엄 모리스의 노동과 예술 사상」, 『국제언어문학』 제 12호,
　　　　국제 언어문학회, 2005.

이은하, 「궁중 연회도병의 화조화 병풍그림과 민화 화조화」,
　　　　한국민화연구소, 2012.

이항, 　「한민족과 한반도의 상징, 호랑이」, 한국범보존기금, 2013.

전영백, 「1970년대 이후 영국 '신미술사'의 방법론」, 『미술사와 시각문화』
　　　　9월호, 사회평론, 2010.

정병모, 「현대민화가 나아가야 할 방향」, 『우리민화의 어제와 오늘』,
　　　　가회민화박물관 출판부, 2013.

_____, 「민화에 나타난 콜라보레이션 현상」 영월국제박물관포럼, 2013.

_____, 「한국 민화의 시작 처용문배」『강좌미술사』34호, 한국미술사학과, 2010.

정인성, 「일제강점기 고구려 유적조사. 연구 재검토Ⅰ」『일본소재 고구려유물Ⅰ』 동북아역사재단, 2008.

조자용, 「세계속의 한민화」『민화걸작전 도록』 삼성미술문화재단 호암미술관, 1983.

_____, 「캘리포니아 기우제」『춤』 6월호, 1977.

_____, 「민학운동 30년의 결산」 민학회보 30호, 1994.

_____, 「민화란 무엇인가」『민화』 온양민속박물관출판부, 1981.

_____, 「한국민화의 화제와 해설」『민화』 상권, 예경출판사, 1989.

_____, 「한민화서론」『민화』 상권, 예경출판사, 1989.

조혜인, 「종교와 사회사상의 흐름」『한국사회사의 이해』 문학과 지성, 1995.

조흥윤, 「한국의 전통예술」『한국의 전통예술』 한국문화재보호재단, 1997.

주영하, 「19세기 세시 풍속에 대한 지식인의 인식」 『19세기 조선, 생활과 사유의 변화를 엿보다』 돌베개, 2005.

카타야마 마리코, 「일본의 조선회화에 관한 전람회의 동향에 대하여―궁화와 민화에 관하여」 한국민화연구소, 2011.

허 균, 「조자용 선생의 민화관과 학회의 연구방향 소론」 조자용기념사업회, 2014.

허영환, 「민문화 운동가 조자용」 민학회 40년사 기념, 2013.

홍석률, 「1960년대 한국 민족주의의 분화」『1960년대 한국의 근대화와 지식인』 선인, 2004.

황병기, 「백남준의 플럭서스」『백남준을 말하다』 해피스토리, 2006.

황용훈, 「양주 금남리 지석묘 조사보고」『경희사학 제3집』 경희대사학회, 1972

Pierre Cambon, 「Korean fantasy, the topic of modernity-innovation and abstraction」 영월박물관포럼, 2013.

Kevin Murphy, 「What is Folk Art」, Korea Minhwa Center, 2013.

Shirley A. Fedorak, 「FOLK ART」『Pop Culture – The Culture of Everyday Life』 University of

Toronto Press, 2009.

杉山亨司,　　　「柳宗悦と美術館－日本民藝館の歩みを中心に」

　　　　　　　　영월국제박물관포럼, 2013.

松田伸子,　　　「柳宗悦の 民藝의 周邊(四)－未來へのヴィジヨン」『Literatura』

　　　　　　　　12号 明 古屋工業大學外國語教室, 1992.

柳宗悦,　　　　「工藝的繪畫」『柳宗悦全集』第一三卷, 筑摩書房, 1982.

_____,　　　　「朝鮮の民畫」『柳宗悦 全集』第6卷, 筑摩書房, 1981.

栗田邦江,　　　「한국인에 의한 야나기 무네요시 연구사」

　　　　　　　　『야나기 무네요시와 한국』소명출판, 2010.

李禹煥,　　　　「李朝民畫類別考察」『李朝の 民畫』下, 講談社, 1982.

_____,　　　　「李朝民畫を 見直す」『藝術新湖』1月號 新湖社, 1980.

入江繁樹,　　　「柳宗悦の 工藝理論における〈民畫〉の 位置づけ－大律繪を

　　　　　　　　事例として」大正イマジユリィ學會29回研究會, 2011.

_____,　　　　「柳の民 キーワード」『MINHWAと大津畫－〈民畫〉という 思想』

　　　　　　　　大正イォーラム, 2013.

趙子庸,　　　　「李朝民畫の心」『李朝の美』 毎日新聞社, 1973.

_____,　　　　「生活化としての 李朝の民畫」『李朝民畫』東京新聞, 1979.

_____,　　　　「生活畫としての李朝の民畫」李朝民畫展パンフレットょり

　　　　　　　　1979年 11月 於新宿泊小田急百貨店

_____,　　　　「李朝民畫概論」『李朝の 民畫』講談社, 1982.

志和池昭一郎,　「李朝の 民畫について」『李朝の 民畫』講談社, 1982.

片山真理子,　　「朝鮮美術から民畫を考える」『MINHWAと大津畫―〈民畫〉と

　　　　　　　　いう 思想』大正イォーラム, 2013.

도록

『고요한 울림』 우양미술관, 2014.

『궁궐의 장식그림』 국립고궁박물관, 2009.

『꿈과 사랑 매혹의 우리 민화』 호암미술관, 1998.

『꿈과 현실의 아름다운 동행』 온양민속박물관, 2008.

『길상─우리 채색화 걸작전』 가나아트센터, 2011.

『吉祥 염원을 그리다』 부산박물관, 2011.

『대갈문화축제』 조자용 기념 사업회, 2014.

『民畵傑作展─개관1주년기념특별전』 호암미술관, 1983.

『민화民畵와 장식병풍裝飾屛風』 국립민속박물관, 2005.

『민화』 온양민속박물관, 1981.

『민화』 호림박물관, 2013.

『민화의 계곡Ⅰ』 조선민화박물관, 2010.

『반갑다 우리민화』 서울역사박물관, 2005.

『미국 브루클린박물관 소장 한국문화재』 국립문화재연구소, 2006.

『새천년 韓國의 民畵大典集』 한일출판사, 2002.

『선문대박물관 명품도록 민화─회화편』Ⅲ, 선문대학교박물관, 2003.

『선문대박물관 명품도록 민화─문자도편』Ⅳ, 선문대학교박물관, 2003.

『야나기 무네요시』 국립현대미술관, 2013.

『柳宗悅の民藝と巨匠たち展』 ィー・エム・アイ・ネットーク, 2004.

『李朝の 民畵』上．下．講談社, 1982.

『李朝民畵』 東京新聞, 1979.

『조선시대 문인화의 세계─정선. 김홍도 울산에 오다』 울산박물관, 2012.

『台北國立故宮博物院 神品至宝』 東京國立博物館, 2014.

『프랑스 국립기메동양박물관 소장 한국문화재』 국립문화재연구소, 1999.

『한국 박물관 개관 100주년 기념 특별전』 국립중앙박물관. 2009.

『한국민화』 경미문화사. 1980.

『화원』 삼성미술관 리움. 2011.

『韓國 朝鮮の 繪畫』『別冊太陽』 平凡社. 2008.

『Nostalgies coreennes』 국립기메박물관. 2001.

民文化 운동, 민화연구와 보급에 헌신한
선각자 조자용의 생애와 사상

조자용과 민화운동

2판 1쇄 인쇄 2019년 9월 2일
2판 1쇄 발행 2019년 9월 4일

지 은 이 이영실
펴 낸 이 유정서
펴 낸 곳 (주)디자인밈

등록번호 제2017-000152호

주   소 서울시 종로구 돈화문로 62 영훈빌딩 4층
전   화 02-765-3812
팩   스 02-6959-3817
홈페이지 www.artminhwa.com

값 18,000원